中 国 教 育 发 展 出 版 工 程

上海市纪念改革开放 40 年研究丛书

全 国 高 校 出 版 社 主 题 出 版

教育现代化的中国之路
纪念教育改革开放 40 年丛书

丛书总主编　袁振国

EDUCATION

China's Path to Education Modernization

40

从辅助教学到
重塑生态

——教育信息化发展之路

顾小清等　著

华东师范大学出版社

上海市哲学社会科学学术话语体系建设办公室
上 海 市 哲 学 社 会 科 学 规 划 办 公 室　　资助出版

全面深化改革，加快实现教育现代化

——"教育现代化的中国之路"丛书总序

1978年12月，中国共产党十一届三中全会确立了解放思想、实事求是的思想路线，作出了改革开放的重大决策。改革开放以来，中国经济40年持续增长，人均GDP从世界第171名跃升到第70名[①]，GDP总量从第9名跃升到第2名[②]，对世界经济的贡献率从1978年的3.05％提高到2016年的31.53％[③]。这在中国历史上是一个奇迹，在世界史上也是一个奇迹。

中国教育是这个奇迹的重要组成部分，也是创造这个奇迹的重要动力。中国学前教育毛入学率从1981年的12.62％提高到2016年的77.4％，超过中高收入国家平均水平5个百分点；2016年九年义务教育巩固率达到93.4％，超过高收入国家平均水平；高中教育毛入学率从1981年的39.56％提高到2016年的87.5％，高于中高收入国家平均水平5个百分点；高等教育毛入学率从1981年1.6％提高到2016年的42.7％，超过中高收入国家平均水平6个百分点。与此同时，中国的PISA成绩和大学的发展都有不俗的表现，显示了中国教育质量的大幅提升。

教育的发展促进中国的人力资源结构发生了重大变化。16—59岁人口的平均受教育年限从1981年的不到5年上升到2016年的10.35年，大专以上文化程度的人口比例由1982年的0.58％上升到2015年的12.44％[④]。中国在1990年的预期受教育

---

① 数据来源：联合国统计署（https://unstats.un.org）。统计口径为人均GDP（现价美元），其中1978年统计的国家为187个；2016年统计的国家为212个。本文有关中国的数据不包括中国香港特别行政区、中国澳门特别行政区和中国台湾地区的数据，除非另作说明。

② 数据来源：联合国统计署（https://unstats.un.org）。统计口径为GDP（现价美元），其中1978年统计的国家为187个，2016年统计的国家为212个。

③ 数据来源：世界银行数据库（https://data.worldbank.org.cn/indicator）。统计口径为GDP（2010年美元不变价），按照"中国对世界经济增长的贡献率＝中国GDP增量/世界GDP增量×100%"计算。

④ 数据来源：中华人民共和国国家统计局关于一九八二年人口普查主要数字的公报（http://www.stats.gov.cn/tjsj/tjgb/rkpcgb/qgrkpcgb/200204/t20020404_30318.html）、2015年全国1％人口抽样调查主要数据公报（http://www.stats.gov.cn/tjsj/zxfb/201604/t20160420_1346151.html）。

年限为 8.8 年,世界排名第 119 名;2015 年预期受教育年限提高到 13.5 年,世界排名上升到第 83 名。① 中国从一个人口大国转变成为一个人力资源大国,并日益向人力资源强国迈进。

揭示中国改革开放的成功经验和原因,是学术界越来越浓厚的兴趣,更是中国学者的责任所在。美国著名中国研究学者费正清(John King Fairbank,1907—1991)70 年前出版了《美国与中国》(The United States and China)一书,这是西方学者第一次把中国和美国进行对比研究的专著。在这本书中,费正清说中国正在发生一场现代化运动,这场现代化运动最基本的特征是决定放弃自己国家所有的传统和制度,然后把西方所有的文明和制度包括语言作为一个对应体,所以中国的现代化就是西方不断冲击中国,中国不断作出反应的过程。在很长时间里面,"冲击—反应模式"是西方学者对中国即将开展的现代化道路的一种共识。② 可是,1991 年他在临终前两天出版的《中国新史》(China:A New History)一书中说:"经过 50 年的阅历和观察,我发现中国的现代化发展,很可能不是一个冲击—反应的结果,而是一个自身内在基因变革和内在发展冲动的结果。"③

诺贝尔经济学奖得主罗纳德·科斯(Ronald H. Coase,1910—2013)在他 102 岁的时候,出版了一本与其助手王宁合著的叫《变革中国:市场经济的中国之路》(How China Became Capitalist)的书,书中说:"中国很成功,她的发展还会得到延续,但是,中国的经济发展,不能用传统的西方经济学来解释。中国改革的成功,是人类行为的意外后果。"④

世界是一个多元的世界,现代化不是只有一条道路,更没有一条标准的道路,中国及其教育现代化的成功实践,证明了现代化存在多种通道和实现形式,充分彰显了中国现代化成功的世界意义。

---

① 数据来源:联合国开发计划署有关教育预计学历(年)http://hdr. undp. org/en/data#;1990 年数据统计的国家数为 172 个;2015 年数据统计的国家数为 191 个。
② 费正清:《美国与中国》(第四版),世界知识出版社 2000 年版,第 132—134;451 页。
③ 费正清著,薛绚译:《费正清论中国:中国新史》,正中书局 2001 年版,第 492—493 页。
④ 罗纳德·哈里·科斯,王宁著,徐尧、李哲民译:《变革中国:市场经济的中国之路》,中信出版社 2013 年版,第 1,206—210 页。

教育现代化是中国教育改革开放的一贯主题

实践表明，改革开放以来中国教育的改革发展史，就是一部教育现代化的探索史、奋斗史，是一部中国特色社会主义教育现代化的跃进史。

1983 年邓小平为北京景山学校题词，"教育要面向现代化，面向世界，面向未来"。这集中反映了中国人民对教育发展的憧憬和决心，为中国教育的改革发展确立了思想基础和战略方向。

1985 年《中共中央关于教育体制改革的决定》明确了社会主义教育现代化建设的宏伟任务："不但必须放手使用和努力提高现有的人才，而且必须极大地提高全党对教育工作的认识，面向现代化、面向世界、面向未来，为九十年代以至下世纪初叶我国经济和社会的发展，大规模地准备新的能够坚持社会主义方向的各级各类合格人才。"

1993 年中共中央、国务院印发了《中国教育改革和发展纲要》，进一步明确了我国教育改革发展的目标："再经过几十年的努力，建立起比较成熟和完善的社会主义教育体系，实现教育的现代化。"

2010 年 7 月，《国家中长期教育改革和发展规划纲要（2010—2020 年）》明确提出："到 2020 年，基本实现教育现代化，基本形成学习型社会，进入人力资源强国行列。"该纲要要求为国家基本实现现代化提前做好人力资源准备。

2017 年中共第十九次代表大会再次强调："建设教育强国是中华民族伟大复兴的基础工程，必须把教育事业放在优先位置，加快教育现代化，办好人民满意的教育。"中共十九大报告进一步强调了实现教育现代化的紧迫感。

总而言之，教育现代化始终是中国教育改革发展的一贯主题和鲜明旗帜，已经成为凝聚全国各方面的力量优先发展教育的理想追求和精神动力，其不仅为实现工业、农业、国防、科学技术的现代化提供了人才保障和智力支持，而且对建设富强民主文明和谐美丽的社会主义现代化国家具有决定性意义。

改革开放持续深化是教育现代化的强大动力

中国教育的现代化始终是和改革开放相伴随行的。教育现代化为教育改革发展确立了总体方向,改革开放既为教育现代化的实现提供了强大动力,也为中国教育现代化迅速推进指明了基本路径。

1977 年恢复高考制度,派遣留学生出国,吹响了中国改革开放的号角。此后,教育改革在整个国家改革开放的背景下逐步展开并不断深化,经过 1977—1985 年的拨乱反正,1985—1993 年的全面启动,1993—2010 年的全面深化,2010 年以来教育综合改革的深入推进,开创了具有中国特色社会主义教育现代化的崭新局面。

1977—1985 年解放思想、拨乱反正。 从 20 世纪 50 年代后期开始,由于全党工作重点一直没有转移到经济建设上来,同时因受到"以阶级斗争为纲"的"左"的思想的影响,教育事业不但长期没有被放到应有的重要地位,而且在历次政治运动中遭到频繁冲击。"文化大革命"更使这种"左"的错误走到否定知识、取消教育的极端,从而使教育事业遭到严重破坏,广大教育工作者遭受严重摧残,不仅耽误了整整一代青少年的成长,而且使我国教育事业同世界发达国家之间在许多方面本已缩小的差距又被拉大了。中共十一届三中全会以后,经过指导思想的拨乱反正,党中央对教育工作做出了一系列新的论断和决策,我国教育事业才得以恢复,重新走上蓬勃发展的道路。

1985—1993 年教育改革全面启动。 冰冻三尺非一日之寒。改革开放初期,轻视教育、轻视知识、轻视人才的错误观念还广泛存在,教育战线"左"的影响仍没有完全克服,教育工作不适应社会主义现代化建设需要的局面短期内还没有根本扭转。面对我国对外开放、对内搞活,以及经济体制改革全面展开和世界范围新技术革命正在兴起的形势,我国教育事业的落后和教育体制的弊端就显得更加突出。特别是在教育事业管理权限的划分上,政府有关部门对学校尤其是对高等学校管得过多、统得过死,导致各级各类学校缺乏应有活力;而政府应该加以管理的事情,又没有很好地管起来。在教育结构上,基础教育薄弱,学校数量不足、质量不高,合格的师资和必要的设备严重缺乏;经济建设大量急需的职业和技术教育没有得到应有发展;高等教育内部的学科、专业结构及办学层次比例失调。与此同时，各级各类学校都普遍存在课程内容陈旧，教学方法死板，教学手段单一，以及实践环节被严重忽视等状况，不同程度脱离了经济和社会发展的需要，落后于当代科学文化的发展。为此，《中共中央关于教育体制改革的决定》明确指出："要从根本上改变这种状况，必须从教育体制入手，有系统地进行改革。"该决定也确立了"教育为社会主义建设服务，社会主义建设依靠教育"的基本方针，那就是要从教育体制改革入手，以简政放权、扩大学校的办学自主权为核心，相应地改革劳动人事制度，使各级各类教育主动适应经济和社会发展的多方面需要的意识和能力得到显著提高。

1993—2010年教育改革全面深化。这一时期，经过拨乱反正和各项教育改革的逐步展开，九年义务教育开始有计划、分阶段地实施，职业和技术教育得到相当程度的发展，高等教育发展较快，初步形成了多种层次、多种形式、学科门类基本齐全的体系；形式多样的成人教育和民族教育也得到很大发展；农村基础教育实行地方负责、分级管理的体制取得了明显效果。但是，我国教育在总体上还比较落后，尚不适应加快改革开放和现代化建设的需要；教育的战略地位在实践中还没有完全落实；教育投入不足，教师待遇偏低，办学条件较差；教育思想、教学内容和教学方法不同程度脱离实际；学校思想政治工作存在明显薄弱环节；教育管理体制及运行机制显得还比较僵化。为此，中国共产党第十四次全国代表大会明确提出，"必须把教育摆在优先发展的战略地位，努力提高全民族的思想道德和科学文化水平，这是实现我国现代化的根本大计"。为了落实这一重大战略部署，中共中央、国务院印发了《中国教育改革和发展纲要》，首次提出"国家财政性教育经费支出（包括：各级财政对教育的拨款，城乡教育费附加，企业用于举办中小学的经费，校办产业减免税部分）占国民生产总值的比例，本世纪末达到百分之四"；同时决定"教育体制改革要采取综合配套、分步推进的方针，加快步伐，改革包得过多、统得过死的体制，初步建立起与社会主义市场经济体制和政治体制、科技体制改革相适应的教育新体制"。这一纲领性文件的颁行，促进了中国教育迈上了国际化、终身化、多元化办学的新台阶。

2010年以来教育进入综合改革新阶段。经过30多年的艰苦奋斗，我国教育体制逐步完善，办学水平不断提高。21世纪第一个十年，城乡免费义务教育全面实现，职业教育快速发展，高等教育进入大众化阶段，教育公平迈出重大步伐。但是，面对经济全球化深入发展,科技进步日新月异,人才竞争日趋激烈的新形势,以及面对经济升级和社会转型对教育提出的新要求,中国教育还面临一系列重大挑战,存在诸多深层矛盾。主要表现在:教育观念相对落后,内容方法比较陈旧,中小学生课业负担过重,素质教育推进困难;学生适应社会和就业创业能力不强,创新型、实用型、复合型人才极其紧缺;教育体制机制不完善,学校办学活力不足;教育结构和布局不尽合理,城乡、区域教育发展不平衡,贫困地区、民族地区教育发展相对滞后;教育投入不足,教育优先发展的战略地位尚未得到全面落实。为此,需要通过深化教育综合改革,特别是重点领域和关键环节的改革,以立德树人为根本任务,以改革创新为强大动力,以促进公平和提高质量为战略重点,以推进考试招生制度改革和深入推进管办评分离为重要抓手,着力培养创新型、复合型、实践型和国际性人才。对此,2010年由中共中央、国务院颁布的《国家中长期教育改革和发展规划纲要(2010—2020年)》作出了全面部署,也由此开启了从教育大国迈向教育强国、实现内涵式发展的新征程。

新时代为教育现代化开辟了更加广阔的前景

2017年中国共产党第十九次全国代表大会胜利召开,开启了中国特色社会主义新时代。大会作出了我国社会主要矛盾已经转化为人民日益增长的美好生活需要和不平衡不充分的发展之间的矛盾的历史判断,提出了分两个阶段的奋斗目标:即从2020年到2035年,在全面建成小康社会的基础上,再奋斗十五年,基本实现社会主义现代化;从2035年到本世纪中叶,在基本实现现代化的基础上,再奋斗十五年,把我国建成富强民主文明和谐美丽的社会主义现代化强国。

中国未来发展、中华民族伟大复兴,关键靠人才,基础在教育。强国必先强教,中共十九大报告明确提出,建设教育强国是中华民族伟大复兴的基础工程,强调要把教育事业放在优先发展位置,加快教育现代化,办好人民满意的教育。这为新时代中国教育改革发展确立了新方位,提出了新目标,指明了新路径。面向2035乃至2050年,教育必须坚持全面深化改革,坚决破除一切不合时宜的思想观念和体制机制弊端,突破利益固化的藩篱,吸收人类文明有益成果,尊重教育规律和人才成长规律,在教育结构和教育布局优化上作出更大努力，在教育公平和教育质量提升上迈出更大步伐，在激发教育活力上采取更有力的措施，系统创新人才培养模式，全面提高个性化、多样化、高质量教育服务的供给能力，坚持中国特色社会主义教育道路，不断推进教育治理体系和治理能力的现代化。

总结经验，面向未来，走向世界

改革开放 40 年来中国教育发生的巨大变化，提高了全民素质，增强了综合国力，造福于亿万人民。回顾中国教育改革开放的历史进程，分析各重要历史阶段面对各种复杂问题的解决之道，总结教育破浪前进的成功经验，深刻认识蕴藏于现象后的规律性特征，对丰富和发展中国特色社会主义教育理论体系，坚定中国特色社会主义教育道路自信具有不可替代的重要意义。为此，我们组织编写了这套"教育现代化的中国之路——纪念教育改革开放 40 年"丛书，并列为上海社科"改革开放 40 年"研究系列项目重点课题。丛书以中国特色社会主义教育现代化为价值引领，以历史进程为经，以重大事件为纬，分为 10 卷，为总结各级各类教育理论创新、制度创新、政策创新和教育事业跨越式发展的成就和经验进行系统尝试，为构建具有中国特色的教育理论体系和话语体系作应有的努力。

理论研究的任务不仅是为了认识世界，更是为了改造世界。认识规律的最终目的是为了引领实践。中国教育已经完成了从教育弱国向教育大国的转变，如何从教育大国向教育强国迈进，任务更艰巨，事业更伟大。面对信息化、网络化、数据化的扑面而来，面对充满了不确定的未来，加深对教育规律的认识，加强对人才成长成才规律的认识，才能够继往开来，加快教育现代化步伐，办更加公平、更高质量、更具活力的教育，沿着中国特色社会主义的正确道路不断前进。

中国教育的成就不仅造福于中国人民，而且为世界的教育创新作出了自己的贡献。实现教育现代化没有可以照抄照搬的路径和模式。中国教育改革开放 40 年来，我们坚持积极学习借鉴世界先进理念和成功经验，坚持尊重教育规律，坚持扎根中国大地办教育，成功地开辟了一条在一个人口众多、发展不平衡、整体发展水平很低的国家，跨越式发展实现教育现代化的道路。总结 40 年教育改革开放的历程，可以为世界实现教育现代化提供中国经验和中国智慧,也可以为加快我国教育现代化,日益走近世界舞台中央、不断为人类作出更大贡献添薪助力。

丛书总主编袁振国

2018 年 5 月

序　言

　　信息技术作为推进社会发展的核心力量之一，在改革开放以来的教育变革和发展中逐渐发挥出重要的推进作用。正是在改革开放以后，我国的教育信息化事业得以重启，教育技术作为学科和实践的领域均得到长足的发展。改革开放40年来，在教育信息化政策的引领以及技术进步的双重推动下，我国的教育信息化经历了"计算机的普及要从娃娃做起"，"迎接21世纪的教育振兴行动"，"校校通"，"班班通"以及"人人通"的发展历程，形成了凸显中国特色的教育信息化发展之路，体现出教育技术从辅助教学到重塑教育生态的变革之势。

　　带着对信息技术促进教育变革的期许，教育实践领域将技术引进课堂并开展着各种尝试，探索如何应用信息技术促进教育教学的努力在改革开放40年间从未停歇。中国教育技术界围绕教育信息化的建设内容，从环境、资源、应用、师资等角度围绕为什么应用技术、应用哪些技术、如何使用技术等问题开展实践探索。作为对这一发展之路的审视，本书回顾了40年间教育信息化发展的历史变迁，勾勒了教育技术从辅助教学到重塑教育生态的变革轨迹。

　　40年教育信息化是一个逐步推进的过程，从资源建设到深化应用，从硬件配置到数据革命，从意识觉醒到创新教育是40年历史的浓缩。本书从纵向视角回望40年教育信息化历史，把40年的历史切分成五个关键时期：政策驱动下的计算机教育期（1978—1998）、面向新世纪的教育振兴行动期（1999—2007）、走入基础教育的"校校通"工程建设期（2000—2012）、追求均衡的"班班通"工程推进期（2012—2015）、走向融合创新的"人人通"工程深化期（2012—2016）。而第二个视角从横向角度审视每一个阶段内的教育信息化内涵，在资源、网络、应用、产业、人才、法规六个关键要素上，足以刻画40年来的教育信息化全景图。

　　当然，这五个阶段并非彼此割裂，而是在不断交叉之中推进教育信息化的广度与深度。若是把这40年放到数字革命的历史框架中，则呈现出"动"、"静"相依的剧烈对比,从中可以清晰地审视技术与教育之间相互促进的态势。

人类走过了农耕社会、工业社会、信息社会,已经进入到用"智能"作为当今社会时代记忆的新阶段——智能社会,新的科技革命改变着教育内容、教育模式,教育如何变革才能帮助未来的人才建构起符合时代要求的思维方式和知识结构,这是时代赋予的新挑战。适应性、个性化、基于位置的学习等新形态或将成为人们应对挑战的落脚点,伴随着计算机的识别与理解能力不断提升,深度学习的广泛应用,脑认知与脑增强的进一步强化,一个新的链接网络呼之欲出,这其中将产生难以想象的互动与联系,将从根本上改变人类的生活、学习方式,最大限度地释放教育的潜能,彰显自由与个性。

目　录

第三章
迎接 21 世纪的教育振兴行动：现代远程教育的启动 / 85

第四章
"校校通"：现代远程教育走进基础教育 / 129

第五章

"班班通"：技术应用的转型之路 / 173

第六章
"人人通"：技术与教育走向深度融合 / 215

第七章

面对不确定的未来，信息技术如何重塑教育形态 / 263

第一章

教育信息化带动教育现代化愿景

　　在如今社会潮流涌动的时期,新一轮的资源争夺战正在全球上演,社会面貌发生着翻天覆地的变化。纵观人类历史,一方面,技术作为推动人类历史发展的核心力量,与教育这一人力资本发动机竞相成为推动经济社会发展的主力;另一方面,在人类发展史上起到关键作用的经济革命,往往是经由新型通信技术和能源体系交汇之力而催生发展。哈佛大学教授戈尔丁(Claudia Goldin)和卡茨(Lawrence Katz)从经济学角度研究技术变革、教育和人力资本需求与供给之间的深层关系,提出了"技术与教育赛跑"这一命题。他们的这一研究从经济学角度揭示了技术发展与教育之间的供求消长,从而为今天的教育如何在技术飞速发展的进程中更好地定位提供了全新的思路。从经济学角度分析,技术发展无疑是促进社会经济进步的一个关键因素。但随着技术的发展,技术需求、人力资源投入、教育回报之间越来越体现出此消彼长的关系。20世纪的前四分之三,经济社会发展中的技术需求—教育提供人力资源供给满足技术需求—教育得到经济回报这样的循环关系一直得以延续。而到了20世纪末,这个相对平衡的关系链条发生了重大变化,技术进步的速度已经超越人力资本发展的供给,延续了一个世纪之久的教育体制,已经在技术的指数式发展面前处于下风,其人力资本的供给在与技术发展的竞赛中显得力不从心。显然,技术及经济发展对人力资本供给产生了新的需求,而教育体系"生产"人力资本的能力却下降了。

　　特别是进入21世纪以来,教育在与技术的赛跑中,更是显得力所不逮:在20世纪90年代以前,由于计算机的普及,那些只需低教育水平就能胜任的工作岗位逐渐被机器取代,而20世纪90年代以后,信息技术的突飞猛进,导致许多社会职位消失,由此加剧了对于高端管理人才以及具备复杂问题解决能力的人才的需求。技术持续领跑的态势下,亟须教育来提供满足所需的人力资源。技术的发展带来了以"制造业数字化"为核心特征的"第三次工业革命",生产技术不断进步、劳动者素质和技能不断提高,进而带来劳动生产率的飞速提升。与前两次工业革命最重大的差别,是第三次工业革命大量地用机器替代人力,包括大量替代脑力以及最大限度替代体力。这将是一个持续长达六七十年甚至上百年的创造性"颠覆"过程,它在诱发一系列技术创新浪潮的同时,也将导致生产方式和组织结构的深刻变革,从而使国家竞争力的基础和全球产业竞争格局彻底重构。这一轮技术与教育的赛跑中,制胜法宝依然是能够满足技术需求从而获得经济发展的人力资本。今天的教育格局业已滞后,面对技术对人力资本的全新需求,如何变革教育,成为各国能否在 21 世纪得到发展与制胜的关键所在。

第一节　教育成为社会经济发展原动力

近年来,整个世界经济格局动荡,后金融危机尚未褪去阴影,各国都在努力寻求突破口,以占据时代发展的先机。其中,经济发展是永恒的话题。而教育无疑是为经济发展提供人力资本的源动力。世界各个发达国家纷纷出台一系列发展规划,围绕的核心始终都是如何最大限度发挥本国的资源优势,提升人力资本的质量,以此来推动本国经济的新飞跃。

一、教育成为经济发展背后的推手

改革开放的历史轨迹中,教育成为发展背后的推手。自 1978 年以来,中国经济稳步发展,在整个国际市场动荡的时局之中,以兼容并蓄的政策不断重塑着中国特色。作为社会主义发展中国家,中国正步入改革开放的攻坚时期,要想实现强国之梦,发展经济是必由之路。但是,发展与问题总是并存的。产业结构转型、经济发展模式创新成为中国迈向世界强国的首要挑战。在这样的背景之下,要想突破经济发展的桎梏,以教育储备创新人才无疑是整个国家社会经济发展的导向性方针。

(一) 政策引导的经济复苏

回溯到 1978 年,历经十年"文革"的阻滞,我国面临着国际社会日益紧张的局势,复苏中国经济刻不容缓。中共十一届三中全会决定要实行改革开放,重塑国民经济结构,调整对外政策,由此引发了我国国民经济的复苏。1979 年,中共中央、国务院决定在深圳、珠海、汕头和厦门试办经济特区,以利用境外资金、技术、人才和管理经验来发展本国和本地经济。截至目前,我国经济特区已经形成了东西兼顾、海陆联通的立体式格局,对改革开放以来的经济复苏发挥了重要作用。除了宏观经济的总体把控,在改革开放之初,对于民生经济的关注焦点主要落在了农村经济改革问题上。1982年1月1日,中央"一号文件"《全国农村工作会议纪要》总结农村改革情况,并对当年和此后一个时期农村改革和农业发展作出具体部署。这使广大农村地区迅速摘掉贫困落后的帽子,逐步走上富裕的道路,中国因此创造了令世人瞩目的用世界上7%的土地养活世界上22%人口的奇迹。后续的四年中,中共中央陆续颁布了关于三农问题的"一号文件":1983年的《当前农村经济政策的若干问题》;1984年的《关于一九八四年农村工作的通知》;1985年的《关于进一步活跃农村经济的十项政策》;1986年的《关于一九八六年农村工作的部署》。五个"一号文件"带动了全国农村经济的快速复苏与发展,极大地提升了广大农民脱贫致富的积极性。

(二)市场带动的经济发展

哪里有社会分工和商品生产,哪里就有"市场"。市场量和社会劳动专业化的程度有着不可分割的联系。没有市场,就没有商品经济。市场的价值往往就在于利用价格杠杆、供求目标以及行业竞争的手段和工具对整个市场的发展进行自发式干预,使得市场资源能够得到有效配置。正是出于市场的自发式调节,企业之间才会形成竞争意识,而优胜劣汰能促进企业的进步与发展。市场调节的自发性与微观性特征也使得市场能够不断促进生产方及时适应市场需求,为其提供符合需求的产品。市场力量的日益强盛,促使我国社会生产流程逐渐走向专业化分工的道路,劳动力资源的分配与选拔步入专业化的发展轨道。

实现劳动力专业化在市场经济的带动之下显得迫在眉睫,不论是工业生产还是农业发展,劳动专业化都是必然选择。自1987年以来,我国市场得到不断开拓,其作用力度和范围也在不断加大。意识到市场活力对经济发展的重要作用,从1991年以后,中共中央开始调整经济发展模式,缩小指令性计划管理的范围。市场经济由此开始发挥主导作用,推动企业单位生产的不断更新、与时俱进,也促使企业能够以市场需求为导向,把握用户的个性化诉求,以提供针对性的解决方案为主要手段实现经济效益。正是由于市场经济的快速发展,整个社会生产出现了分化,不仅是工种上的分化,更加体现在人力资本素质上的分化,由此对整个人力资本的格局产生了强大影响。这种影响随着市场经济的发展变化,促使人力资本的培养快速适应社会生产的需求。

（三）人才推动的知识经济

随着改革开放进程的不断推进,拥有一般通用技能的人才在社会生产中的优势逐渐凸显。教育作为社会人力资本的孵化器,对于人才的塑造向来都是以社会需求为目标的。尤其是在进入 21 世纪之后,社会对于人才的渴求程度日益凸显。以人才引进为抓手突破发展瓶颈,成为 20 世纪末、21 世纪初所有行业的共识。"人才经济"逐渐成为人们口中不断言及的高频词汇。我们在中国知网中输入检索条件"(主题 = 人才经济)(精确匹配)",共检索出 564 篇相关文献。从年度发文数量上来看,1994 年是"人才经济"发文数量爆发的一年(22 篇)(见图 1 - 1)。可以看出,1994 年是人才经济开始膨胀的触发点。而在这一年中,中国社会与国际环境发生了巨大的变化。就国内而言,1994 年对于中国,是名副其实的"改革年"、"攻坚年"和"关键年"。在接下来的两年内,中国成功实现了宏观调控,实现了经济软着陆。这不仅代表中国经济在前期的资本积累中得到了进一步的提升,更是把中国的综合国力展示到了世界舞台。尤其是在这一年,我国经济发展的各种方针政策都把目标直接或间接指向了不断培养劳动力素质,提高人才的社会经济效益。1994 年,国务院颁布的《中国 21 世纪议程——中国 21 世纪人口、环境与发展白皮书》中提出"进一步改革科技体制和教育体制,促进科技经济一体化,提高国民素质和培养人才",无疑是把人才建设作为发展经济的关键抓手。

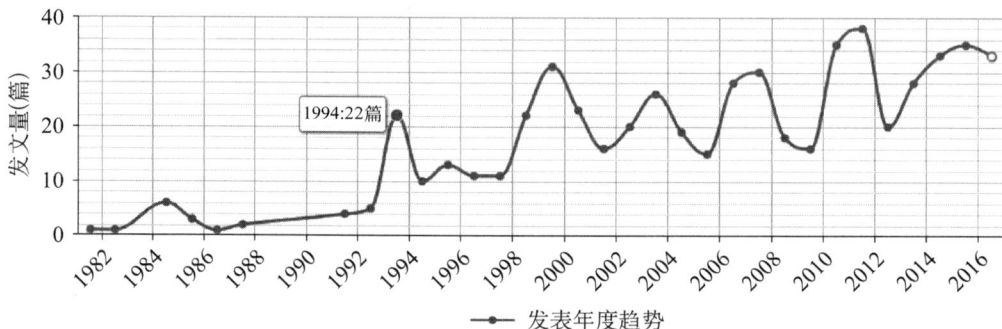

图 1 - 1 "人才经济"年度发文数量变化

由此可以看出,人才塑造在整个社会进程之中承担着越来越重要的角色。历史发展风云变幻,不同时代对于人才的诉求也在不断变化。教育作为人才的孵化器,向社会输送人力资本从而创造人力资本价值,发挥人力资本优势,推动社会转型发展。总的来说,经济发展得益于人力资本的积累,而人力资本的塑造就不得不看教育如何应对时代的呼声。

二、社会转型中的公众教育

20世纪以来,美国的成就无疑是世界各国效仿的典范。在世界经济从复苏走向腾飞的世纪,美国率先超越了前任世界领袖——英国,跃居世界经济霸主地位。美国领跑全世界的技术创新和经济发展,其最大的秘密正是在于率先实现了平民及平权的普及教育。教育的率先普及给美国实际带来的是人力资本在数量上的极大优势。这使得美国民众在社会建设过程之中能够更为胜任一般性的工作,掌握大众意义的技能,也因此造就了美国在20世纪领跑世界经济发展以及技术创新的局面。

所以,公众教育在整个社会转型过程中所扮演的角色无疑是一种隐性的投入,纵观整个世界发展历程,对于教育的投入始终都是各国争相追求的目标之一。不论是精英式的教育,还是大众教育,都在一定程度上为社会生产创造了大量的劳动力,这些劳动力进入市场就成为人力资本,我们不妨通过一个简单的关系图来解释(图1-2)。

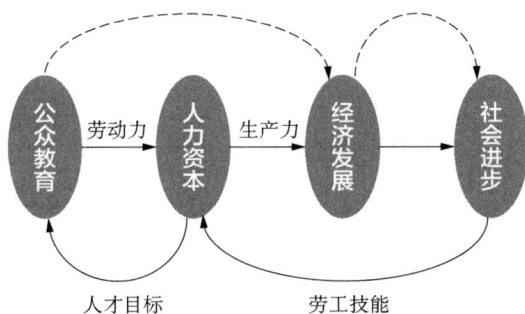

图1-2　公众教育与社会进步的作用模式

人力资本的塑造要回归于教育之中,什么样的时期需要什么样的人力资本,不同时期人力资本的培养目标以及价值是否得到了正确的认识,这些都需要我们有一个清晰的认识,才能够正确地把握时代发展的方向与脉络。

三、技术与教育成为时代发展的动力源

从农业经济时代到工业经济时代,到信息化经济时代,再到当下的知识经济时代,时代前行的步伐始终都在技术与教育的双重推动下,带动人才的储备和经济的发展,并经由经济发展、教育供给、科技推动、人才支撑四个关键要素的相互作用,共同促进社会的进步(见图1-3)。

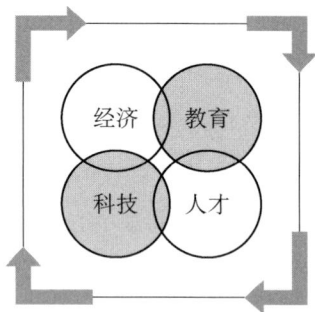

图1-3 经济、科技、人才、教育四环相交模式

科学技术是第一生产力,科学技术革命带动和推动着社会生产力的发展与经济的腾飞,这是近当代社会经济发展的规律之一。科学技术的发展离不开人才的推动,三次科学技术革命的历史表明,科学技术革命不会也不能凭空产生,其产生和转移的基础在于人力资本的积累。可见,时代发展背后所隐藏着的规律始终都围绕着技术的推动以及教育的补给。

(一) 推动时代进步的技术力量

1. 第一历史阶段:以电力技术为标志的能源革命

18世纪60年代英国发明珍妮纺纱机,而后蒸汽动力机器问世,正式开启了声势浩大的第一次产业革命。动力技术的革新,推动着各国工业的快速发展。1866年,德国人西门子制成了世界上第一台实用发电机。这一发明使人类追求远大于蒸汽的动力的梦想成为现实。此后,电动机、无线电、内燃机相继问世,这些发明和应用导致了第二次产业革命,其主要标志就是电力的广泛应用,它的实质则是能源革命。

2. 第二历史阶段:以微电子技术为标志的信息革命

20世纪中期以来,以微电子技术为标志的当代科学技术出现了空前繁荣的景象。1946年电子管式电子计算机出现后,信息的数字化呼唤着信息时代的来临。1947年晶体管问世、1960年硅集成电路出现、70年代兴起的集成光路、80年代投入应用的光通信……这些技术发明改变了整个社会的面貌,并在工业生产中发挥了极大的作用。自1946年第一台电子计算机问世,人类开始走向高速计算的新世界。计算机的不断升级换代以及计算技术的无所不在,为20世纪科技革命提供了巨大的帮助。

3. 第三阶段:以人工智能为代表的智能化革命

历经第二阶段的信息革命,工业生产领域内的计算能力得到了极大的提升。基于

这样的技术基础,以解放人,将繁重、刻板、形式化的脑力劳动交给机器去完成的新一轮科技革命逐渐迈向大众。用机器取代人工,这也昭示着我们目前正在发生一场解放脑力劳动的革命。1997年,国际象棋电脑深蓝与世界冠军卡斯帕罗夫比赛获得了胜利,在世界范围内引起了极大的反响;2011年,IBM公司的人工智能计算机系统"沃森"在智力竞赛节目《危险边缘》中击败了两位前比赛冠军;2017年5月,人工智能程序阿尔法狗完胜围棋世界排名第一的柯洁。虽然目前还处于人工智能商业发展的早期阶段,但机器学习、深度学习、人机接口等方面的不断进步已经昭示了其巨大的发展前景。

正是因为技术在时代进步之中承担的重要角色以及责任,国际社会对于技术本身以及技术工人的关注程度也在日益强化。2017年5月4日,经合组织发布的《2017技能展望:技能与全球价值链(*OECD Skills Outlook 2017:Skills and Global Value Chains*)》报告宣称,在竞争日益激烈的国际环境中,提供劳工适当的技能组合将有助于确保他们在全球化浪潮之中获得新的工作机会并提高生产力,技能已经成为21世纪的全球货币。技能以远远超出劳动力市场收入和经济增长所能衡量的方式影响着人们的生活和国家发展,成为解决不平等和促进社会流动的关键所在。

(二)贯穿时代发展的教育供给

教育无疑是一个国家和民族崛起兴盛的强大力量。生产力和经济的发展,不仅需要高素质的劳动者,还需要大量专业人才,这是由专业的教育所提供的。劳动力质量(通常被称为人力资本)是在劳动生产率增长中发挥根本性作用的第一因素。

教育向来都是随着经济发展而前行的,同样也是伴随着技术革新与演进而发展的。在农业社会,人们关注的焦点在于如何获取生存技能,而工业社会的教育更多的是关注培养劳工的生产技能。当经济进步达到一定水平时,教育体系自然也就要随着转变,把更多的知识传递给人们,更加高级的技术需求促使劳动力素质不断提升。在很长的一段时间内,教育推动甚至决定着社会与政治以及技术与经济的发展。致力于全球社会变革和教育治理思想实验室的联合国教科文组织(United Nations Educational,Scientific and Cultural Organization,缩写UNESCO)结合国际社会的发展现实,先后发布了三份意义深远的教育报告。这三份报告在一定程度上代表了世界教育的发展历程。

1.《学会生存——教育世界的今天和明天》:终身教育（1972 年）

多年来,全民教育一直是联合国教科文组织的优先任务。日益发展的科学技术,也迫使教育者思考如何保证学习者掌握尽可能多的高水平知识。为此,联合国教科文组织于 1972 年发布了《学会生存——教育世界的今天和明天》(*Learn to be:The World of Today and Tomorrow*)的报告(又被称为《富尔报告》),①该报告认为:20 世纪科学技术的发展改变了世界,科学技术革命把人类带入了学习化社会。人们只有不断学习才能适应科学技术革命所带来的生产和社会的变革。而"教育是随着经济的进展而进展的,从而也是随着生产技术的演进而演进的"。因而科学技术革命使得知识与训练,也就是教育有了全新的意义。在发展过程当中,科学技术把人类带入了学习化社会,人类只有不断学习才能适应科学技术革命带来的生产变革与社会变迁。报告从而提出了终身教育的理念。这个报告还提出了一个重要的理念,就是学习化社会。这两个理念影响了我们的教育。

2.《教育——内在的财富》:教育平等(1996 年)

随着社会不断发展,全球经济、科学、文化和政治方面的相互依赖关系与日俱增。但是,世界性的问题也伴随着经济的发展和国际竞争的日益激烈而变得不容乐观。全世界都需要重新思考自身的发展道路究竟在何处。因此,联合国教科文组织在 1996 年发布了《教育——内在的财富》(*Learning:The Treasure With-in*)的报告(人们习惯称之为《德洛尔报告》)。② 这个报告充满了乐观主义、理想主义。在教育发展趋势上,《德洛尔报告》提出了一系列影响后世教育发展的理念,如社会化教育、大众化教育、多样化教育、个性化教育、信息化教育、国际化教育等;并且把教育定义为在社会发展与个人发展中起基础性作用的因素,认为教育是社会的核心,是提高社会生活质量的基本手段,更是对未来发展的一项重要投资事业。因而,应该创造一些在教学内容和教学方法上要求更高的教育机会,以满足个人的不同需要。应该培养教师,使其适应优秀学生的不同学习需要。教师已不再只是教学生学习,还要教学生寻找信息,使这些

---

① UNESCO:"Learning to be:The world of education today and tomorrow",http://unesdoc. unesco. org/images/0010/001095/109590eo. pdf,检索日期 2017 - 8 - 10。

② UNESCO:"Learning:The Treasure With-in",http://unesdoc. unesco. org/images/0000/000018/001801e. pdf,检索日期 2017 - 8 - 10。

信息相互联系起来,并且以批判的精神对待这些信息。任何学校,它的一个重要的优先事项均应是制定和实行能够激发学习热情的课程计划,提供广泛深入的学习机会,满足具有天资的学生的需要。

该报告重申了 1972《学会生存——教育世界的今天和明天》所提的终身教育思想,认为终身教育是进入 21 世纪的一把钥匙,应该把终身教育放在社会的中心位置上,实现教育社会化并最终进入一个"教育社会"。为了能够实现这一终极目标,《德洛尔报告》提出了 21 世纪教育的"四大支柱",即学会认知、学会做事、学会合作、学会生存。这是人类教育思想发展史上的一个里程碑。四大支柱具有强调德育基础、重视能力培养、让学生学会认知等特征,它能较好地适应信息社会发展的需要,与传统教育相比,更显示其革命性。所以,它理应受到国际教育界的普遍重视与欢迎。

3.《反思教育:向"全球共同利益"的理念转变?》:回归人文主义(2015 年)

21 世纪,可谓是一个动荡的时代,对于人权和尊严的渴求正在上升。世界在变化,教育也必须变化。这种形势呼吁新的教育形式,培养当今及今后社会和经济所需要的能力。这意味着教育所承担的责任已然超越识字和算术的基本要求,要以新的学习环境和新的学习方法为重点,以促进正义、社会公平和全球团结为目标。教育必须教导人们学会如何在承受压力的地球上生活。新的数字技术的发展带来了信息和知识的迅速膨胀,并且有助于世界各地更多人口获得这些信息和知识。新的通信和社交空间正在改变关于"社会"的概念,需要可以强制执行的法律和其他保障措施来防止这些技术被过度使用、滥用和误用。

在这个背景下,联合国教科文组织于 2015 年发布了第三个报告《反思教育:向"全球共同利益"的理念转变?》(*Rethinking Education*:*Towards a Global Common Good*?)(简称《反思教育》)。① 《反思教育》报告重申了以人文主义教育观指导教育的核心理念,强调教育要尊重生命,尊重人格、和平、平等,尊重人的权益,而且要为可持续发展承担责任。

《反思教育》报告指出现在有些人认为,由于电子学习、移动学习和其他数字技术

---

① UNESCO:"Rethinking Education:Towards a global common good?", http://unesdoc. unesco. org/images/0023/002325/232555e. pdf,检索日期 2017 - 8 - 11。

为人们提供了大量学习机会,学校教育模式在数字时代是没有前途的。学校教育目前的产业模式的确是为了满足一个多世纪前的生产需求而设计出来的,而学习模式在过去几十年里发生了巨大的变化,知识来源改变了,我们与知识之间的交流互动方式也改变了。正规教育系统变化缓慢,目前的状态与其过去二百多年间的情况依然非常相似,这也是事实。但学校教育的重要性并没有削弱。学校教育是制度化学习和在家庭之外实现社会化的第一步,是社会学习(学会做人和学会共存)的重要组成部分,学习不应只是个人的事情。作为一种社会经验,学生需要与他人共同学习,以及通过与同伴和老师进行讨论及辩论的方式来学习。报告指出:"信息量和知识量激增,要求个人和集体采取定性方法来处理信息和知识的传输、传播和获取。考虑到信息和通信技术的潜力,教师现在应成为向导,引导学习者(从幼儿时期开始,贯穿整个学习轨迹)通过不断扩大知识库来实现发展和进步。"

放眼全球,这是一个最好的时代,经济增长迅猛,财富创造快速,全球的贫困率也得到有效控制。这也是一个充满变数的时代,环境危机、文化和宗教不宽容、贫富差距等只是众多挑战和问题中较突出的几个。这是一个全球治理的时代,全球的政治体系是一个以持续进化和相互作用为特征的集合体,多样化的私人和公共行为体在地方、国家、国际等多个层级和范围上互动。包括联合国教科文组织在内的跨国组织将教育纳入其工作范围,共同寻找解决问题的办法。伴随着社会的进步,教育在不断调整其发展重点,为社会矛盾的缓解、民生问题的攻克、人的全面发展提供了必要的人力资本供给,促使社会实现进一步转型与发展。

第二节　教育信息化带动教育现代化开始萌芽

学习和教育正在经历一场意义深远的变革。诸如全球化日益深入、外包高级认知任务的持续增长、有效地参与解决复杂问题的迫切需要等变化,正在改变着我们的思想、学习、工作以及合作的方式。学生学习进入工作环境的新知识与技能需要与多个领域的专家进行合作,需要一些职业道路的追求,还需要与不同背景的人进行互动与合作。这些变化创造了新的教育需求:学习者应该被教育去适应多样化的、技术性的、面向问题的世界,尽管这个世界目前还不存在。创新的信息技术支持了丰富的学习景观。信息技术被认为是教育变革和改革的有力工具,[1]以教育信息化带动教育现代化的愿景在世纪交替之中开始萌芽。

一、技术变革教育的愿景

(一) 技术丰富的教育景观

教育对技术所抱有的最大期待,可能就是以技术不断增加生产力。也就是说,借由技术,可以同样的甚至更低的成本,让学生获取更多的信息。就如同 20 世纪初期那般,改革者们希冀电影、无线电和电视能够给教育教学带来更大的效益。

学习者可能是不同年级或学校等机构中的一名学生,也可能是一名在职工人,还可能是试图了解更多关于他们周围世界的探险家。一些学习者可能是初学者,而其他人可能有丰富的知识背景以及非常具体的目标。有些人学习是因为他们需要通过测试,满足学校的课程要求,其他人学习是因为他们热衷于一些活动,[2]因此我们需要更多个性化的教学。学习的内容也开始转向有意义的个人问题的探索,以及基本技能和核心能力的获得。在传统的学习环境中,学生的学习在很大程度上取决于课程。学习者有机会通过探索对个人有意义的问题来获得经验,而探索有意义的问题是获得基本技能和 21 世纪核心能力的重要途径。

研究表明,技术有助于实现以学习者为中心的教学环境。技术为学习者和教师提供了更丰富的可能性。信息技术被用作学生发现学习主题、解决问题并为学习过程中的问题提供解决方案的工具。信息技术使知识获取变得更为容易,概念知识能够更好地被理解。[3] 他们通过访问、选择、组织和解释信息与数据来建立新的知识。通过信息通信技术的学习,学生更有能力从各种来源收集使用信息和数据,并对学习材料的质量进行评估。

---

[1] Fu, J. S., "ICT in education: A critical literature review and its implications", *International Journal of Education and Development using Information and Communication Technology*, 2013(1), p. 112.

[2] K. Collins, R. Ison, "Living with environmental change: adaptation as social learning", *Environmental Policy and Governance*, 2009(19), pp. 351 – 357.

[3] Brush, T., Glazewski, K. D., & Hew, K. F., "Development of an instrument to measure preservice teachers' technology skills, technology beliefs, and technology barriers", *Computers in the Schools*, 2008 (25), pp. 112 – 125.

在技术的介入下,教育面貌发生着变化,这些变化在以技术支持为基础的学习环境之中潜移默化地进行着。很多教育的要素和形式在我们日常生活之中已经变得非常常见,而有的则隐藏于现实背后。具体来说,教育的理想国是对技术有用论者们所认可的教育景象的一个总体描述(见图1-4)。

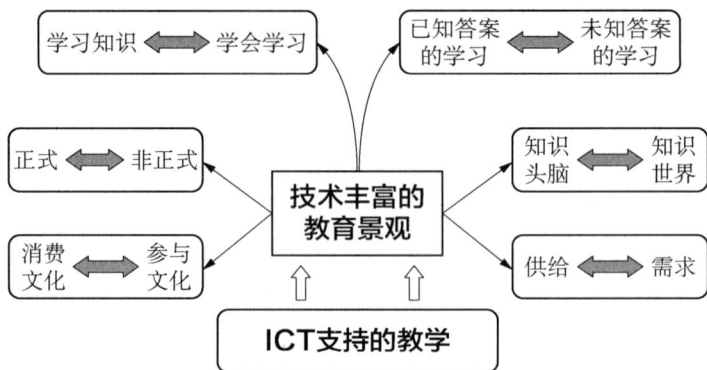

图1-4　技术丰富的教育景观

当前强调的学习主要是集中发生在学校之中的正式学习。21世纪的学习除了传统课程本位的课堂学习外,还需要探索多种类型的学习方式。必须把学习定义为一项包容性的、社会的、非正式的、参与性和创造性的终身活动。

正如Reid所指出的那样,[①]信息通信技术(ICT)为学生提供了更多的时间来探索更多的内容,使他们能够更好地理解各种知识的概念与关联。信息技术的使用也改变了教学和学习的关系,改变了传统的以教师为中心的教学方法,要求教师在自定义和调整自己的教学素材方面更具创意。

(二) 信息化带动教育变革的艰难起步

技术正悄无声息地融入教与学的各个方面,利用信息技术促进教育变革的观点已得到普遍认同,近年来各国教育教学改革实践都日益昭示着信息化的重要性。然而,人们寄予厚望的"教育信息化带动教育变革"究竟能否实现? 如何才能够实现? 愿景

---

① Reid, S., "The integration of ICT into classroom teaching", *Alberta Journal of Educational Research*, 2002(48), pp. 30 – 46.

的实现需要假以时日,但对此的诘问也始终伴随着信息化带动教育变革的起步,并将伴随其一路前行。

在本书前面的分析中我们已经展示了使用信息技术的优势,但仍然存在与其使用相关的障碍或挑战。不论从学生学习的角度,还是从教师应用信息技术的角度,目前都还缺乏如何有效地将技术与现有教学内容知识相结合,以支持学生学习的成熟机制。[①] 除了学生和教师使用信息技术所面临的挑战之外,行政和信息技术基础设施方面也存在其他障碍。我们团队在全国范围内的调研中发现,学校的信息化规划还是处于起步阶段,缺乏适当的课程内容和教学计划,缺乏适当的硬件、软件和资源的支持。

那么,教育信息化作用是否发生? 按照有关学者的分析,目前的 ICT 教育应用还处于早期阶段,对于学习效果的提升、教学的改进还未能提供充足的证据加以说明。正如伦敦大学学院的 Machin 教授所指出的,衡量信息技术与教育产出的因果关系是一件非常困难的事情。[②] 所以,在努力推进信息技术与教育深度融合发展的进程中,对于 ICT 教育应用效果的评测始终都备受瞩目。

2009 年,欧盟终身学习研究中心(Centre for Research on Education and Lifelong Learning,简称 CRELL)测量 ICT 教育应用有效性与影响力的项目提出了 ICT 教育应用评估框架。该框架的基本出发点是:在教育信息化高投入的背景下,寻找 ICT 有效改善教与学的证据,评估各成员国已有政策的有效性,并为今后教育政策制定提供依据。[③]

另外,值得一提的是泛美开发银行(Inter-American Development Bank,简称 IDB)的 ICT 学习影响分析框架。在技术介入已经达到一定程度的情况下,ICT 教育应用面

[①] Hutchison, A., & Reinking, D., "Teachers' perceptions of integrating information and communication technologies into literacy instruction: A national survey in the United States", *Reading Research Quarterly*, 2011, 46(4), pp. 312 - 333.

[②] Machin, S. et al. : "New technologies in schools: Is there a pay off?", http://ftp. iza. org/dp2234. pdf♯search = %22New%20technologies%20in%20schools%3A%20,检索日期 2017 - 8 - 10。

[③] Kikis, K., Scheuermann, F., & Villalba, E., "A framework for understanding and evaluating the impact of information and communication technologies in education In European Commission", in: Joint Research Centre, eds. *Assessing the effects of ICT in education — Indicators, criteria and benchmarks for international comparisons*. Luxembourg: Publications Office of the European Union, 2009, pp. 69 - 82.

临的重大任务是质量的改善。为此,泛美开发银行于 2009 年提出一个通用概念框架,①用于设计、实施、监测和评价 ICT 教育整合效果。该框架将 ICT 对学习者的学习效果分为实践改变、学生卷入、学生技能和学生成绩四个维度,并且将实践改变与学生卷入视为中介因素,通过这些中介因素,最终对学生成绩与学生技能产生影响。

究竟教育信息化能不能承载起教育变革的重任?这一争辩的结论尚未明晰,但不能否认的是,信息技术确实为学习提供了更大的空间与机会,且为人们提供了刻画学生的行为印记、全面展现学习过程与结果的可能性。而我们需要做的就是寻找到这样的行为印记来回应"技术促进学习"的争议。正如 Roberts 表示的那样,人们希冀信息技术促进教育教学的变革,这并非一蹴而就的过程。如果一味强调技术本身,忽视学生的基本素养,那么这些技术也并不能改变教与学的现有面貌。② 联合国教科文组织也指出:"我们面临的不是技术挑战,而是教育挑战。"

二、教育信息化的作用机制

纵观人类历史,技术作为推动人类历史发展的核心推进力,与教育这一人力资本发动机竞相成为推动经济社会发展的主力。哈佛大学教授戈尔丁和卡茨从经济学角度提出的"技术与教育的赛跑"话题,也可以很好地概括技术与教育在历史上以及在过去几十年间彼此推动、竞相赛跑的图景(如图 1-5 所示)。工业革命期间,正是由于教育领跑,产生了能够满足技术需求的人力资源,从而造就了社会和经济的发展。但随着技术的发展,技术进步增长的速度已经超越教育,使得延续了世纪之久的教育体制,在技术指数式发展面前处于下风。特别是进入 21 世纪以来,教育在与技术的赛跑中,更是体现力所不逮。

---

① Cabrol, M. & Severin, E., "ICT to improve quality in education —A conceptual framework and indicators in the use of information communication technology for education (ICT4E) In European Commission", in: Joint Research Centre, eds. *Assessing the effects of ICT in education — Indicators, criteria and benchmarks for international comparisons*. Luxembourg: Publications Office of the European Union, 2009, pp. 83 - 106.

② Roberts, J.: "Can technology genuinely reduce teacher workload?", http://www. advanced-learning. co. uk/wp-content/uploads/2016/03/Can-Technology-Genuinely-Reduce-Teacher-Workload-2. pdf,检索日期 2017 - 8 - 14。

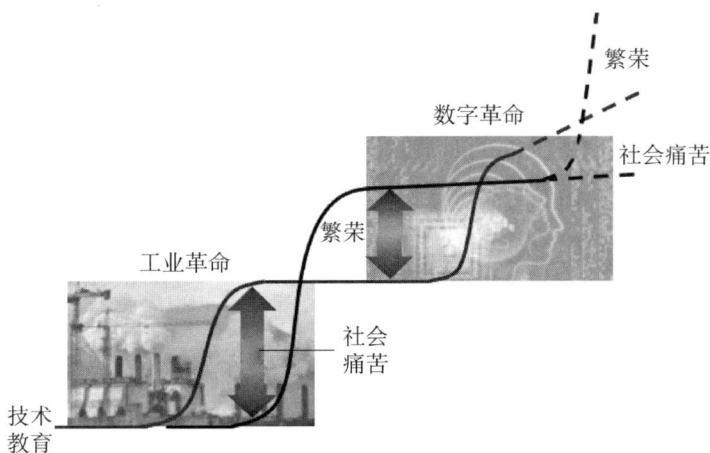

图 1‑5　技术与教育的赛跑

　　进入 21 世纪,技术与教育的角逐再次到了一个关键转折点,那就是当前技术发展的速率,依然超乎了教育的想象。如果教育不做好应对和准备,将迎来再一次的"社会痛苦",也就是缺乏技术推动下的足够的、适合的人力资本。世界正在朝向第四次工业革命迈进,全球人力资本格局正在变得越来越复杂。正如 2016 年 1 月世界经济论坛发布的《未来就业报告》所揭示的那样,技术对传统行业的破坏需要员工进行技能转移。技术可能创造出更多的职业类型。世界经济论坛《未来就业报告》指出,今天进入小学的儿童中,有 60% 可能最终在目前还不存在的工作类型中工作。

　　投资人力资本成为经济发展的必要条件。为了在今天的创新驱动型经济中蓬勃发展,工人需要具备与过去不同的技能组合。除了识字和算术等基础技能,他们还需要合作、创新和解决问题等能力,以及学习的持久性、好奇心和主动性等品格素质。为了能为第四次工业革命培育更好的人才,企业必须重新思考自己作为"现成"人力资本消费者的角色,而与教育工作者和政府合作,帮助教育体系跟上劳动力市场的需要。新兴的数字平台已经开始为潜在的工作人员提供更为方便的在线择业市场,实际上这将逐渐演变成为一个新的数字化劳动力市场。

　　今天的许多教育制度与当今劳动力市场上所需的技能无关,或者说当下教育目的的达成并不尽如人意,在参与国际成人能力评估项目(PIAAC)(2013)的 24 个国家中,平均 16％的成年人识字能力较差，平均 19％的成年人计算能力较差，只有平均 6％的成年人具备"技术丰富环境中解决问题"的最高能力水平。虽然目前的教育制度是寻求认知技能发展的，但是与个人协作、创新、自我导向和解决问题能力相关的非认知技能越来越重要。目前的教育制度不能适应现在或未来的劳动力市场。在许多国家，失业、就业不足使得大量人口在经济建设上处于不活跃状态，教育投资并没有带来个人及其家庭劳动力市场回报的增长。最重要的是，从教育到就业的过渡已经充满诸多的不确定性。当下，各国迫切需要打破劳动和教育部门之间以及全球教育与就业对话之间的鸿沟。随着今天的经济变得越来越多以知识为本、技术驱动和全球化，靠学校教育来为人们提供终身技能的想法显然将被时代所淘汰。

从在线大学课程学习、自我导向，到正式的在职员工技术培训，越来越多的人认识到，除了提高教育程度外，各国在其劳动力市场上拥有多样化的不同技能水平也是至关重要的。正如世界经济论坛 2015 年发布的《教育新视界：释放技术的潜能》所强调的那样[①]，21 世纪越来越需要的将是对基础技术能力的良好培训；要在迅速发展的科技型社会中茁壮成长，学生不仅要在语言艺术、数学、科学等领域拥有强大的技能，还必须掌握一定的技能和素养，如批判性思维、解决问题、坚持、协作、好奇心等。然而，许多国家的学生常常没有获取到这些技能。劳动力市场的变化增加了对所有人这方面的技能需求，而不仅仅要求少数人拥有这些技能。在世界各国，熟练工作越来越集中于解决非结构化问题，以及有效分析信息。此外，技术在社会生产与生活的方方面面正在越来越多地代替体力劳动。作为回应，教育技术领域的众多创新开始显现有助于解决技能差距的潜力。随着"数字化"转型的不断推进，"以人为本"已经成为数字化浪潮中创造新价值和确保可持续性的关键所在。在新的数字化环境中，诸如领导力发展和外部人才收购等领域，可能会需要完全不同的创新方法，各商业组织都要做好准备并迅速调整，特别是要确保每位员工都能融入全新的环境之中。

然而，鉴于当前尚处于技术采用的早期阶段，教育技术只是解决世界各地教育面临挑战的一个潜在组成部分。我们认识到，它对基础教育中学生学习影响的全部潜力

---

① World Economic Forum："New Vision for Education：Unlocking the Potential of Technology"，http://www3. weforum. org/docs/WEFUSA_NewVisionforEducation_Report2015. pdf，检索日期 2017－8－14。

尚未实现。不可否认,在新一轮的竞赛之中,教育和终身学习将发挥重要作用。技术可以被纳入更广泛的教育政策决策中,使其标准和目标与 21 世纪的技能相一致。当前,随着技术的发展,改变教育机会和质量的技术潜力已十分充足。新技术为解放和培育人力资本潜力提供了巨大的机会空间。对于工人来说,技术在降低就业门槛的同时带来更多的机会。对于雇主,数字化劳动力市场正在扩大获得新人才的机会。就像这些新技术影响劳动力市场一样,它们还具备改变我们在整个生命周期中学习方法的潜力。我们如何教育下一代,以及如何重新培养那些面临经济效益下降的职业技能成为亟待回答的问题。各国政府、企业领导、教育机构和个人都必须了解正在进行的规模性变革,从根本上重新思考全球人才价值链。各国应当最大限度地增加人力资本投资的经济回馈。为了积极应对经济、社会和个人的未来需求,我们必须重新思考学习和工作的意义,并与各利益相关方一道确保人人能够发挥自身潜力,从而实现教育技术和终身学习的承诺。

第三节　教育信息化进程中的教育生态

教育信息化的发展进程,伴随着教育生态的调整和进化。在此过程中,社会诉求始终都是如何最大限度地释放人力资本的价值,使之能够成为社会资本积累的筹码。针对人力资本的转型诉求,知识生产方式以及教育和教学的方式也在不断地延续、颠覆以及重整,从而使教育生态得到不断调整与完善。

一、人力资本积累的转型

Lucas 认为区域经济增长只能被理解为人力资本的一个功能。[①] 具体来说,教育水平与随后的收入和人口增长密切相关。Simon 也发现了人力资本水平与大都市统计区(MSA)层面就业增长之间"积极、深刻而持久的关系"。[②] 在教育和技术尚未止戈

---

① Lucas，R. E.，"On the mechanics of economic development". *Journal of monetary economics*，1988(22)，pp. 3 - 42.

② Simon，C. J.，"Human capital and metropolitan employment growth"，*Journal of Urban Economics*，1998(43)，pp. 223 - 243.

的竞赛之中，人力资本的积累亦处在不断过渡和转型之中。

（一）从学会知识向学会学习迁移

学会知识，作为学习和教育的目标，注重课程中知识资本的积累，强调文化中心理论。学会知识向来被认为是教育应该达到的首要结果，注重课程中知识的简单积累，强调理论、事实和技能的交流。课程教学目标也往往被拆分成一个连贯的、精密的目标序列，但这一系列的目标却把学生培养成了"考试机器"。而学会学习则是一个泛化的概念，它并不是为了必须将学生塑造成一个既定的终极角色。学会学习不强调学习的具体内容，学会学习的核心观念在于通过亲自参与进行学习，教师并不是单纯地授课，而是与学生一起解决问题。美国终身学习设计中心（L3D）基于"横向和纵向一体化"的理念建立了一个学习社区，会集了来自不同层次的个体，包括本科生、硕士生、博士生、教师和工人。教学和教育与其说是让学生接触信息，还不如说是让学生接触特定群体。① 技术的很大优势在于它可以把学习者和那些与他们不了解的社区关联到一起。

过去，大多数媒体的设计强调制作者和用户之间清晰的界限。社会化计算（基于社会化生产和群体协作）的提升促进了消费文化（专注于生产完整的人工产品，被动地消费）向参与文化（在对个人有意义的问题上，所有人都参与并贡献策略）的转变。参与文化能够提供特有的产品资源和差异潜能，能够使拥有问题的学习者参与到解决问题的过程中。这是必要的，因为解决自身不明确的问题无法假手于他人。当下的教育机构通常将学习者培训成知识的消费者，培养学生的"消费主义"心态，而不是培养学生在日后生活中对"问题的所有权"的掌握。因此，学生、职员、市民通常感觉受到教师、管理者、政府所做决策的无视，他们否认他们在某种条件下也能发挥积极作用的机会因素。参与文化的重要特征在于：（1）人们会参与对自己而言有意义的问题的解决；（2）可能仅有一小部分参与者会主动贡献知识，但是当人们有贡献动机时，所有人都认为他们必须去贡献知识，且他们拥有去贡献知识的能力；（3）需要大量的维护机制去创造一种低门槛，这种门槛是对与其他人一起作出分享贡献而言的；（4）要使参与文

---

① Brown，J. S.，& Duguid，P.，"Organizational Learning and Communities-of-practice：Toward a Unified View of Working，Learning，and Innovation"，*Organization science*，1991(2)，pp. 40－57.

化变得可推行且成功形成,必须有足够数量的参与者扮演更积极、更苛刻的角色,起着决定性的作用;(5)鼓励和支持通往更苛刻角色形成过程的迂回路径,我们需要建立一种机制,这种机制能够促进学习者更多地参与,同时促进附属知识的获取,而这些附属知识是更苛刻、更复杂角色所需求的;(6)奖励结构(诸如:声誉、社会资本的积累)对于激励人们作出贡献是重要的。参与文化与其他的概念框架相关,尤其是实践共同体和拓展性学习。[1][2] 参与文化补充并超越了实践共同体,这些实践共同体通过支持对某问题相关专业知识的多维整合,将焦点放在利用对此问题感兴趣团体的创造才能方面。参与文化有助于各种类型的分配,去创造不同类型的人工产品和学习时机。通过分摊处理大问题时的负担使问题得到有效且更加快速的解决,社会分配活动变得更加有趣、更加激励人。在这样的设置中,参与者可以独立工作,需要去做的工作模块化为单个人就能够去做的主题和活动。将能力不同的人的成果聚集在一起,能够使作品量增加且异步,且人们在不同的时期均可以使用这些作品。社区的多样性允许不同动机等级的参与者,通过贡献不同容量的模块来进行合作;因此,社区模块的作品需要不同的专业等级和动机等级。认识论分配应支持人们去处理系统性的问题,这些问题是紧密耦合且超过人类个人认知的,且不能被模块化为个人就能独立解决的小部分。[3]

(二) 从学会学习到学会创造迁移

学习应该是生活的一部分,是生存以及与世界交流的一个本质结果,并非一个与生活其他部分独立的过程。因此,学习者需要的不仅仅是教师,也需要一个通往新世界的途径。长期以来,创新被认为是刺激经济增长的根本因素。熊彼特在20世纪初的重要作品《经济发展理论》中确定了创新在"创造性破坏"中发挥的作用,由此产生新的产业,并以为资本主义经济增长和扩张设定高潮的方式重塑了旧产业。罗伯特·索

[1] Engeström, Y., "Expansive learning at work: Toward an activity theoretical reconceptualization". *Journal of education and work*, 2001(14), pp. 133 - 156.

[2] Engeström, Y., & Sannino, A., "Studies of expansive learning: Foundations, findings and future challenges". *Educational research review*, 2010(5), pp. 1 - 24.

[3] Arias, E., Eden, H., Fischer, G., Gorman, A., & Scharff, E., "Transcending the individual human mind—creating shared understanding through collaborative design". *ACM Transactions on Computer-Human Interaction* (*TOCHI*), 2000(7), pp. 84 - 113.

洛(R. M. Solow)认为技术变革是经济进步的动力。[①] 保罗·罗默(Paul Romer)等人相关的新增长理论认为,创新和知识积累与应用是经济发展的关键因素,创新可能会导致更多的有价值的产出与给定的资本和劳动的组合。[②]

人力资本因素尤其在推动区域经济增长方面发挥重要作用。芝加哥大学社会学家罗伯特·帕克(Robert Park)在 20 世纪 20 年代的著作,引起了人们对于城市聚集人类自身智慧、精神和激发人类创造力的关注。城市的常态化运作要归功于"开放式制度",吸引不同背景的人才以激发他们的创造力。约翰·汤普逊(John Thompson)是率先建议城市发挥新思想和创新能力的先驱之一。罗伯特·卢卡斯(Robert Lucas)根据简·雅各布斯(Jane Jacobs)的观点,提出了城市的基本理论,认为城市作为人力资本的集合,会产生新的思想和经济增长。[③] Glaeser 等人改进了这些见解,并发现了人力资本与区域增长之间的联系。[④]

传统工业化时代人才培养和选拔的标准符合大机器生产的标准化需求,对时间单元和知识体系进行切割,以最经济的课程化手段对人的学习行为进行结构性安排;对人的学习能力和特质进行淘汰式甄别和分化,以最经济的学校层次和类别的划分对人实行角色的分化与固化,以最大限度地满足社会化大生产的组织化要求,具有其特定时代的效率性。但是,以信息化时代的发展观来衡量,这是一种貌似平等而并不一定平等、貌似有效而并不一定有效的公平。最有效率的教育活动不是培养少数英才,而是面向大众真正地因材施教,让每个人都获得更大的进步和最大潜能的激发。

二、知识生产方式的变更

知识的传递与生成浸没在整个技术丰富的环境之中,知识获得变得廉价,但是提

① Solow, R. M., "Technical change and the aggregate production function", *The review of Economics and Statistics*, 1957, pp. 312 - 320.

② Romer, P. M., "The origins of endogenous growth", *Journal of economic perspectives*, 1994(8), pp. 3 - 22.

③ Lucas, R. E., "On the mechanics of economic development", *Journal of monetary economics*, 1988(22), pp. 3 - 42.

④ Glaeser, E. L., Scheinkman, J., & Shleifer, A., "Economic growth in a cross-section of cities", *Journal of monetary economics*, 1995(36), pp. 117 - 143.

炼知识的难度却在不断加大,生产知识变得更加重要。而技术的介入使得知识生产方式开始出现碎片化的现象,知识散布于技术塑造的各个环境之中。互联网改变了知识的创造和传播方式,影响了人们的话语方式和行动逻辑。技术的作用应该不仅仅是支持传统的教学方法。Erdogan Tezci 指出,教师不仅应该学习如何利用技术来增强传统教学或提高生产率,而且还应该从以学生为中心的角度学习如何将信息技术融入课堂活动中,以促进学生学习。① 这意味着教师需要以创造性和富有成效的方式使用信息通信技术,以创造更具吸引力、更有价值的活动以及更有效的教学。② 因此,Castro Sánchez 和 Elena Chisino Alemán 于 2011 年提出,教师应该对课堂上的信息技术整合保持开放态度,教师必须学习新的教学策略,以适应新技术的教学。③ 谷歌社区作为知识创造新模式,面向所有人开放,以"用户创造内容"为代表的知识创造模式已然成为一种趋势,"草根"也成为知识创造一股不可忽视的力量。知识传播从一开始的口耳传播,逐渐演变为龟甲竹简上的文字,再到后来纸张成为其传播的载体。而到了今天,移动社交和自媒体使得新形态知识产品与服务涌现出来,基于社交网络、在线问答社区的知识交流模式,个体的传播能量被激活,人人都可以进行知识的社会化表达与分享。传统的信息权威模式正在逐步瓦解,用户对内容、消息的需求在互联网社群得到满足。互联网经济领域的社群经济也正是基于技术所带来的知识传播方式发生变革:利用互联网用户关系凝聚的诸多分散的群体,更多是因共同的价值取向、行为方式、兴趣爱好而凝聚;互联网成为当今时代的重要生产力技术,也的的确确是因为这一技术造就了广泛的知识流通。

三、教育生态不断进化

知识和信息的积累是塑造整个教育生态的必然基础,最终结果的外化表征就是我

---

① Tezci，E.，"Factors that influence pre-service teachers' ICT usage in education"，*European Journal of Teacher Education*，2011(34)，pp. 483 - 499.

② Brush，T.，Glazewski，K. D.，& Hew，K. F.，"Development of an instrument to measure preservice teachers' technology skills, technology beliefs, and technology barriers"，*Computers in the Schools*，2008 (25)，pp. 112 - 125.

③ Sánchez，J. J. C.，& Alemán，E. C.，"Teachers' opinion survey on the use of ICT tools to support attendance-based teaching"，*Computers & Education*，2011(3)，pp. 911 - 915.

们能够看得到的教育生态的演变,教育生态涵盖教育环境、输入(人力、物力、财力、信息)、转换过程(弹性调控)、输出(人才、教育成果)等内容。在这场由技术引爆的处于变革之中的信息社会,教育面临的挑战不仅仅体现在其形式和内容上,还包括整个教育产业、教育的发展趋势,乃至教育的社会角色和地位。从社会的角度来看,自 20 世纪 60 年代人力资本论创立以来,大批实证研究证明了个人和社会的收入与其受教育的程度相关联。当教育基础设施足够发达时,技术发展带来的人才需求增长,倘若和教育输出的人才供给增长能够相互平衡,则将为社会创造广泛的繁荣。但进入 20 世纪后期,教育的发展速度落后于技术,使得人才供给跟不上社会需求,一方面是个人技术教育程度的差异拉大了收入分配在各个阶层之间的差距,另一方面绝大多数位于技能分布底层人员的收入被相近的替代者所影响,教育年限与经济回报之间的投入与产出不再是线性的关系。映射到社会实际就是技术开始替代劳动力,转变市场对劳动力的需求,这是教育需要解决的问题。世界经济论坛 2016 年发布的报告认为,提高自动化程度和在劳动力队伍中引入人工智能,未来 5 年内将使 15 个主要经济体失去 710 万个就业岗位。与此同时,技术进步将仅能带来 200 万个新工作岗位。在美国,50% 的职位受到自动化的威胁;在法国,42% 的职位面临来自机器人替代的挑战。全球经济产值在飞速前进,技术进步让劳动密集型产业的岗位大量消失,并进一步渗透到简单脑力劳动的领域。目前全球可以看作是处于第四次工业革命的前期,即所谓的工业 4.0。这个发展过程与过去几次西方工业革命所带来的社会变革非常相似:技术进步导致人工岗位被机器取代,大量的普通工人失去工作,同时产生新的需求、新的岗位,对人力资源则提出了新的更高的要求。大范围的行业岗位轮替也影响着市场对人才的需求,如何输出能够应对当前技术化市场的人才,是当下教育面临的课题。

第四节　教育信息化带动教育现代化的脉络

改革开放 40 年,教育信息化对于现代化建设进程的影响正在发生,站在历史变迁的风口,我们需要回首走过的路程,审视 40 年来的经验成就,梳理教育信息化带动教育现代化的基本脉络,为推进我国教育事业的发展提供更具力量的佐证。为此,本书以历史回顾为主线,从两个视角去勾勒改革开放 40 年来我国教育信息化的演变路径。

第一个视角是纵向视角，以时间为主线，把改革开放之初到当下的 40 年历史，切分成五个关键时期，每一个关键时期以该时期内的关键事件为标志，凸显不同时期内的主要建设目标与成就。这五个关键时期分别是计算机教育期、教育振兴行动期、"校校通"工程建设期、"班班通"工程推进期、"人人通"工程深化期。需要强调的是，五个阶段并非彼此割裂，而是在不断交叉之中推进教育信息化的广度与深度。第二个视角是横向视角，对每一个时期内的教育信息化建设进行诠释，从资源、网络、应用、产业、人才、法规六个关键要素入手，刻画 40 年来的教育信息化全景图。

在这个脉络的引领下，我国的教育信息化不断完善、成熟。从最初的资源建设一步步走向了以人为本，促进人的发展在整个教育信息化 40 年的历程之中不断被彰显。由物到人，反映的是我国教育信息化生态系统不断被建立、健全。其次，教育信息化的数据驱动力量不断被扩大。在推进教育信息化应用的过程中，数据的力量逐步得到彰显，以数据驱动应用不断深入、以数据保障应用的卓有成效业已成为一种共识。教育信息化的智能性诉求不断被强化。如果说改革开放之初的教育信息化是数字化复刻的话，那么 40 年来，我国教育信息化的自生长性不断得以强化，智能性的特点在当下已经越来越为人们所青睐。

40 年的发展，40 年的成就，40 年的风雨兼程，以教育信息化带动教育现代化的道路依旧很漫长。从内生、封闭、自主创新的工业化时代，到开放、无边界的互联网时代，技术是这个浪潮中创新的基石。2015 年 5 月，习近平总书记指出，"通过教育信息化，逐步缩小区域、城乡数字差距，大力促进教育公平"，互联网平等、公平、强化小众市场、削弱信息不对称的特征，已然对"互联网 + 教育"市场提供了利好环境，基于大数据的个性化学习、优质教育资源的获取、覆盖各类教育需求，互联网必将为教育带来颠覆性变革。

第二章

『计算机的普及要从娃娃做起』

1978 年改革开放之后,随着我国教育事业逐步复苏,计算机技术开始得到发展。1984 年 2 月 16 日,邓小平同志在上海展览中心观看了"电脑娃娃"的程序设计,对孩子们表现出的对电脑的热情感到欣慰,并作出指示:"计算机的普及要从娃娃做起。"自此,"计算机的普及要从娃娃做起"成为我国计算机教育(主要指中小学计算机教育)兴起和发展的重要方针。由于国家层面的重视,我国掀起了计算机教育的初次热潮,计算机教育由此真正进入了自点而面、自上而下的新的建设阶段。此后,计算机教育不仅逐渐成为我国教育信息化建设的重心,也成为推动我国教育信息化发展的核心动力。

其实,教育信息化的概念是基于 1993 年美国"信息高速公路"计划提出的,是一个出现较晚的概念。但我国的教育信息化建设则是基于我国电化教育的建设和发展而展开的,不过两者在内涵和实践建设上具备较高的一致性,因此不妨将电化教育后期发展阶段(1978—1994 年)融入到我国教育信息化建设进程中来。所以我国的教育信息化可谓先有其事,后有其名。经过文献梳理,本章将教育信息化的起步阶段在时间上划定为 1978—1998 年,它又可细分为电化教育阶段(1978—1994 年,包括视听教育阶段和计算机教育前期阶段)和信息化教育萌芽阶段(1994—1998 年,包括计算机教育后期阶段和现代远程教育发轫阶段)。

在此期间,我国教育信息化持续发展,并随着信息通信技术(ICT)的进步而不断拓展深入。前期以视听教育为主的电化教育快速发展,随着教育媒体的不断更新,幻灯教育、电视教育、录像教育纷至沓来,一次次掀起全国教育热潮。计算机教育也是基于电化教育而展开的,在计算机教育的初期,计算机作为新引入的教育媒体之一,计算机硬件配置和课件开发是视听教育的建设内容之一,并且因为计算机巨大的教育潜在价值,计算机教育逐渐成为电化教育建设的重心。但随着技术的飞速进步,尤其是在计算机教育后期,以多媒体计算机、互联网为代表的 ICT 迅猛发展,使教育媒体和技术发生了重大的突破和转变,现代教育技术在电化教育和计算机教育的基础上形成了信息技术和教育相整合的核心特征。由此,计算机教育不仅承接了电化教育利用现代教育技术优化教育过程的使命,更是作为电化教育与信息化教育之间的过渡,促进了电化教育向信息化教育的转向。虽然广义上仍可以用电化教育来概括这个时期现代教育技术在教育中的应用,但现代教育技术的实质已产生了改变,教育信息化建设不再以新教育媒体和技术的教学应用与设施建设为主体,而是转变为以教育信息资源的开发、整合和利用为主体。媒体和技术都成为信息的载体和工具,信息化教育由此进入萌芽期。

而在教育信息化建设的过程中,教育信息网络基础、教育信息资源、信息资源的利用和信息技术的应用、信息化人才的培养和培训、教育信息产业和信息化政策、法规和标准六方面的建设贯穿于整个起步阶段。其中在教育信息化发展的起步阶段,又以网络、资源、应用等基础建设为主。同时,教育信息化作为一项国家战略,起步阶段通过一系列的政策调控、法规规范和标准建设指导了我国教育信息化建设和发展。本章以教育信息化起步阶段建设过程中的三个重要事件为节点展开讨论:(1)1978 年,"文革"后首次全国教育工作会议召开、电化教育局和中央电化教育馆成立以及《关于电化教育工作的初步规划(讨论稿)》颁布,标志着我国电化教育的正式重启,也意味着我国教育信息化建设的正式起步;(2)1982 年 9 月,北京大学附中、清华大学附中、北京师范大学附中等五所高等院校附中计算机选修课教学试点设立,标志着我国计算机教育的诞生;(3)1998 年 6 月,教育部报请国务院批转《关于发展我国现代远程教育的意见》,有力推动了我国由第二代远程教育(广播电视远程教育)向第三代远程教育(网络远程教育)的转变,由此现代远程教育正式作为一种新教育形式步入国家推进阶段。同时基于这三个节点事件,本章将我国教育信息化起步阶段相应地划分为三个时期,并通过论述各时期的教育信息化重点建设内容,对我国教育信息化起步阶段的建设和发展作简要的回顾。

第一节　百废待兴中的教育信息化

我国教育信息化建设的起步阶段是一个存亡续绝的艰难过程。尤其是在 1978 年到 1982 年这五年时间里百废待兴的局面下,由于"文革"的影响,基本停滞 10 年后才重新起步的教育信息化建设,无疑是一个重拾以往经验努力接续发展的过程,也是一个已然处于落后状态下学习进步的过程。在探索和奋斗中,经过五年的建设发展,我国的教育信息化建设终于步入正轨,电化教育从重新起步走向壮大,视听教育也步入了其发展的后期阶段,而计算机教育呼之欲出,一幅教育信息化发展、转变的鸿图就此展开。

在此时期,以视听教育为核心的电化教育是我国教育信息化建设的主要内容,在种种困难之中,我国电教资源的建设、电教资源和技术的应用都取得了有效发展和一定的成果,幻灯教育、电视教育、录像教育在我国掀起一次次电教热潮。而在电化教育探索和实践的过程中,国家也制定政策和规划,对电化教育的发展作了相应的引领指导和规范管控。

一、电教资源亟待建设

电化教育作为我国特有的教育信息化发展阶段,其起步可以追溯至 20 世纪初,其诞生的标志性事件为 1915 年金陵大学在专门放映场地利用广播配合电影进行民众教育。[①] 电化教育之名始于 1936 年,是当时电影教育和播音教育的简称,从字面上理解,就是将当时电影和播音等先进"电气化"媒体技术和后来"电子化"媒体技术与教育相结合后的一种新教育形态。广义的电化教育主要是指在现代教育思想、理论的指导下,运用现代教育技术(主要是教育媒体技术)进行教育活动,以实现教育过程最优化。[②] 随着教育媒体技术的发展,电化教育通过对新教育媒体技术的不断整合而保持着研究和实践领域的不断扩张,从视听教育阶段前期的电影、播音到后期的投影、电视、录像,再到计算机教育阶段的个人计算机,从普通学校教育扩展到包含多类型(普通教育、特殊教育和成人教育)、多级别(学前教育、基础教育和高等教育)和多方位(家庭教育、学校教育和社会教育)的综合教育体系,电化教育的内涵和外延均得到了很大的拓展。电化教育是我国实现现代教育媒体完全普及的必经阶段,其发展是教育和新媒体技术不断结合的过程,也是教育走向现代化的必然选择。

---

① 李龙:《"电教百年"回眸——继承电化教育优良传统开创教育技术辉煌未来》,《中国电化教育》2012 年第 3 期,第 8—15 页。

② 南国农,李运林编著:《电化教育学》(第二版),高等教育出版社 1998 年版,第 2 页。

　　"文革"时期,我国电化教育机构被撤销,人员下放,设备散失,全国电化教育工作陷入停滞和低谷之中。"文革"结束之后,随着经济的发展和教育的复苏,邓小平同志代表党中央于 1977 年和 1978 年先后同意筹建中央电化教育馆和中央广播电视大学,从而引发全国各界对电化教育的广泛重视。但由于停顿了接近 10 年之久,我国电化教育面临的现状是经费严重不足和电教资源极度匮乏,无论是人力资源,即从事电化教育工作的人员,包括电教专业人员、电教学科教师以及所有从事电教科学、电教事业、电教产业的人员,还是物力资源,如电化教育教室、幻灯机、投影机、录音机、录像机、电视机等硬件资源,以及记录存储教学信息的幻灯片、投影片、录音带、录像带等软件资源,都呈捉襟见肘之状。经费匮乏和资源短缺使我国电化教育的发展陷入动力不足的困境,严重制约了电化教育的发展。

　　在经费方面,此阶段电化教育虽然逐渐受到国家的重视,但整体教育投入仍严重不足。据 1978 年联合国教科文组织统计,当年中国教育投资在国民经济生产总值中的比例,排在有统计数字的 149 个国家的第 130 位,1976 年甚至排在倒数第二位。直到 1983 年国家对电化教育投入力度明显加大,加上当时世界银行发放相应的教育贷款,我国电化教育经费严重紧缺的情况才得以缓解。人才队伍方面,此阶段我国还没有正规的电化教育专业,只能从其他学科如物理、无线电等专业抽调部分人员充实电化教育队伍,直到 1983 年,经教育部批准,华南师范大学和华东师范大学才开设了电化教育本科专业,培养专业人才。硬件方面,此阶段我国电化教育设备极其简陋,主要是一些国产的幻灯机、投影机、录音机、扩音设备等小件;软件方面,则主要是通过国外进口、高校之间的交流、对相关电视节目复制以及各个学校自制来进行视听资源建设。[1] 也正是因为经费、人员、技术和软硬件的匮乏,导致我国采购和制作的视听资料在量上严重不足,在质上也参差不齐。

　　在此百废待兴的局面下,1978 年 4 月 22 日至 5 月 16 日,"文革"后的首次全国教育工作会议在北京召开,会议上邓小平同志提出:"要制订加速发展电视、广播等现代化教育手段的措施,这是多快好省发展教育事业的重要途径,必须引起充分的重视。""教育部和各地教育行政部门要采取切实有效的措施,比如充分利用广播、电视,举办

---

[1] 南国农编著:《中国电化教育(教育技术)史》,人民教育出版社 2013 年版,第 60 页。

各种训练班、进修班,编印教学参考资料等,大力培训师资。"①

由此,我国电化教育资源建设正式打开局面,虽然依然存在着经费不足、设备器材不足、人员不足等困难,但在国家重视和大力支持下,立机构、组队伍、添设备、编教材、出书刊、开课程、建专业、搞实验,包括电教资源在内的电化教育建设开始全面恢复和发展。1978 年,经国务院批准,教育部成立了电化教育局和中央电化教育馆。此后,全国各级各类电化教育机构也先后建立,形成了由电化教育馆系统、广播电视大学系统、教育电视台系统、学校电化教育机构系统和企事业电化教育机构系统五大系统组成的完整电化教育机构体系。全国电教机构系统的建立,有效指导了全国电化教育事业的起步和恢复发展,有力促进了全国电化教育工作的顺利开展。与此同时,电化教育的学术机构和专业协会也初步形成,1978 年全国科学大会提出在北京师范大学和华东师范大学设立现代教育技术研究所,在南京理工学院设立卫星教育研究室,并在1979 年经教育部批准,北京师范大学和华东师范大学正式成立现代教育技术研究所。之后,全国大部分省、自治区、直辖市的师范类学校陆续成立了现代教育技术研究所,从事电教基础理论引进研究、组织编译、收集整理,电教资料制作发行以及电教师资培训等科研工作。1979 年,在西北师范大学受教育部电化教育局委托举办电化教育研讨班期间,由 37 所院校代表发起成立了中国电化教育研究会。随后多种协会陆续产生,据时任教育部副部长黄辛白 1983 年 10 月 7 日在第一次全国电化教育工作会议上作的《适应教育事业发展需要,努力开创电教工作新局面》报告(以下简称"《开创电教新局面》报告"),到 1983 年,全国已成立 26 个电教学术团体②③,这些学术研究机构的出现,搭建了我国高等院校电化教育理论研究和实践探索的交流平台,对同期我国电化教育事业的发展起到了重要的推动作用。

在此期间,我国电化教育专业技术人员队伍也在快速建立,据《开创电教新局面》报告,1983 年我国电化教育专职人员约有 15 000 人,兼职人员约有 28 000 人,初步形成了一支热心电教、积极探索的电教工作队伍。而到了 1985 年,我国已有电教人员

---

① 邓小平:《在全国教育工作会议上的讲话》,《山西师院》1978 年第 2 期,第 1—5 页。

② 黄辛白:《适应教育事业发展需要,努力开创电教工作新局面》,《电化教育研究》1983 年第 4 期,第 1—8 页。

③ 南国农编著:《中国电化教育(教育技术)史》,人民教育出版社 2013 年版,第 61—62 页。

101 799 人,其中专职人员 52 746 人,兼职人员 49 053 人。另外,电大系统也有专职人员约 24 000 人。专业技术人员队伍的建立,有效地指导、引领和帮助了数百万名一线学科教师运用教育技术改进自己的教学工作。同时,我国电化教育硬件设备也在快速地建设,通过国外引进和国内自行生产相结合,"两机一幕"(投影机、收录机和银幕)进教室在全国范围展开,电影放映机、电视机、录像机甚至计算机在部分发达地区也不乏配置。到 1982 年 9 月,全国教育系统拥有幻灯机、投影器约 20 万台,录音机 20 多万台,电唱机 7 万多台,电影放映机近 2 万台,录像制作设备数百套,放像设备数千套,还有一定数量的语言实验室、电化教室等,为电化教育在我国的发展奠定了初步的物质基础。[1][2]

在教材建设上,为适应大中小学思想政治教育、学科教学和培训中小学师资的需要,电教人员与广大教师相结合,在这一时期较大规模地组织编制了一批电教教材。高等学校编制电视教材数量较多,几年间,有的学校自制的就有几十部到百余部,加上校际协作、电影转录和交流复制,已有几百部可供使用。如《中共党史》29 个选题的电视教材就是由十余所高等学校协作编制的,在当时发行 500 套。有数十所高等学校有摄制教学影片的能力,几年间自制自用、交流使用的也有几百部教学影片,其中医学院校数量最大。幻灯片、投影片在高等学校的医学、生物、建筑、制图、美术、地质、地理、外语等学科中也有较快的发展。如南京大学自制的幻灯片有三万多张,投影片一万多张。中小学方面,由有关省市分工编制的 13 个学科的教学幻灯片也大部完成,并提供给学校使用。由中小学教师自己编制使用的幻灯片、投影片数量更大。各省、直辖市、自治区电教馆还录制了一批用于师资培训的电教教材,如北京市电教馆自制的电视教材就有 300 部。这些电教教材对加强青少年爱国主义和共产主义教育,解决教学中的重点、难点,提高教学质量都发挥了积极作用。[3]

在书刊出版上,电化教育的再次起步重新引发了学者对电化教育的研究,1978 年张建邦编著的《电脑教学》,1979 年由人民教育出版社出版的坂元昂编、钟启泉译的

---

① 黄辛白:《适应教育事业发展需要,努力开创电教工作新局面》,《电化教育研究》1983 年第 4 期,第 1—8 页。

② 南国农:《我国电化教育学科建设的回顾与展望》,《华东师范大学学报(教育科学版)》1990 年第 1 期,第 21—30 页。

③ 黄辛白:《适应教育事业发展需要,努力开创电教工作新局面》,《电化教育研究》1983 年第 4 期,第 1—8 页。

《教育工艺学简述》,是这一时期我国为数不多的电化教育专著。但这只是个开始,随着我国电化教育的发展和学者的深入研究探索,1983 年萧树滋撰写并出版《电化教育》,1984 年南国农撰写并出版《电化教育基础》,1985 年全国电化教育课程教材编审组组织编写和审定了《电化教育学》(南国农主编)、《电化教育基础》(梁育腾、丁学儒主编),并分别出版。1985 年,在电化教育局支持下成立的"电化教育丛书"编委会制定了电教专业 15 门课程和 23 种电教丛书的编写计划。由此,我国电化教育理论研究迈出坚实步伐。与此同时,电教期刊的纷纷创办和出版,也为电教研究者的广泛研讨和交流提供了平台,为电教事业的发展提供了有益的理论和经验。1978 年,由吉林省教育厅主办、吉林省电化教育馆出版的《中小学电教》杂志创刊,这是国内最早公开发行的、影响力较大的一份面向中小学的电化教育刊物。随后《沈阳电教》(1978)、《山西电教》(1979)、《外语电化教学》(1979)、《现代远距离教育》(1979)、《电化教育》(1980,后更名为《中国电化教育》)、《电化教育研究》(1980)、《中国电大教育》(1981)相继创刊出版,全国各省、自治区、直辖市电化教育馆都创办了自己的刊物,许多地方的高校教育技术研究会也创办了电化教育刊物。多种刊物的创办对宣传电化教育、交流教育技术、研究电化教育,起到了很好的推动作用。[1]

在课程和专业建设上,此期间电教课程主要是面向电教人员和教师的培训,为提升电教队伍专业能力素质,中央电教馆和各地、各校采取多种形式举办了幻灯技术、电影放映、设备维修、电教课师资进修等业务、技术培训班。据《开创电教新局面》报告,截至 1983 年,仅全国性和地区性的电影、电视教材编导讲习班就举办过 22 次,参加者达 16 000 人次,从而提高了电教人员和教师的业务、技术水平,推动了电化教育的深入开展。在专业建设上,虽然从 1952 年全国高校院系调整,直到 30 年后的 1983 年,我国高校中华南师范大学和华东师范大学才率先恢复设置电化教育专业,但从 1978 年开始,为培养电化教育专业人才,杭州大学、浙江师范学院、福建师范大学便陆续在物理系设置了电化教育方向研究课程,电化教育专业建设从此再次起步。[2][3]

---

① 南国农编著:《中国电化教育(教育技术)史》,人民教育出版社 2013 年版,第 243—254 页。
② 黄辛白:《适应教育事业发展需要,努力开创电教工作新局面》,《电化教育研究》1983 年第 4 期,第 1—8 页。
③ 南国农编著:《中国电化教育(教育技术)史》,人民教育出版社 2013 年版,第 61 页。

　　同时,电化教学实验对促进电化教育深入发展的重要性也得到教育界的认可,教育界普遍认同只有通过教育实验的实践才能检验电化教育理论,促进电化教育发展。在此期间,不少地方和高等学校积极开展电教研究和分学科的电教实验,举办了各种形式的研究会、讨论会,写出了一批具有一定水平的论文,取得了可喜的成果。如北京市崇文区电化教育馆在 1981 年成立小学语文电化教育研究组,在 1982 年成立物理、生物、算术、地理等电化教育研究组,西城区也于 1982 年在全区开展单科电化教学研究。在中小学方面,吉林省采取单科突破、湖南等省采取"五定"(定学校、定学科、定班级、定教师、定课题)的方法,积极开展中小学电教实验,为电化教育的深入开展提供了有益的经验。①②

　　在这五年间,经过各方面不懈的努力,各级各类学校中的相当一部分积极开展了电化教育,收到了良好效果。据《开创电教新局面》报告,到 1982 年 9 月,电教工作开展得比较频繁,并且已经建立了电教机构的学校共有 16 000 多所。其中高等学校近500 所,约占全国高校总数的 70%;中师 300 多所,约占全国中师总数的 40%;中专开展的比例数也较大;中学 7 000 多所,占全国中学总数的 7.5%;小学有 7 000 多所,占全国小学总数的 0.88%。在这些学校中,学生接受电化教育的课时平均达到总学时的 5%左右。在幼儿教育、校外教育中,电化教育也有所开展。③ 虽然各级各类学校之间、各省市自治区之间和城乡之间电教发展仍很不平衡,但电教资源的高效建设有力推动了电化教育的重新起步,百舸争流,电化教育酝酿着欣欣向荣的景象,正可谓是"沉舟侧畔千帆过,病树前头万木春"。

二、教育电视走入课堂

　　1936 年 1 月,英国广播公司(BBC)在伦敦建立了世界上第一个电视发射台,开始播出电视节目,这是电视正式产生的标志。此时的广播电视主要用于商业广告宣传。

---

① 黄辛白:《适应教育事业发展需要,努力开创电教工作新局面》,《电化教育研究》1983 年第 4 期,第 1—8 页。

② 南国农编著:《中国电化教育(教育技术)史》,人民教育出版社 2013 年版,第 49—50 页。

③ 黄辛白:《适应教育事业发展需要,努力开创电教工作新局面》,《电化教育研究》1983 年第 4 期,第 1—8 页。

20 世纪 40 年代初,闭路电视出现并首先应用于工业生产现场,被称为工业电视。而后也有个别用于教学活动,被称为教育电视,这也是最早出现的闭路教育电视。但由于当时的闭路电视系统设备过于复杂,价格昂贵,操作也不便,所以它的发展非常缓慢。但到了 20 世纪中期,随着电视技术的发展,电视设备的体积缩小,价格下降,操作简便,闭路电视系统有了很大改进与发展,这时人们再次考虑把闭路电视系统用于教学活动。其中最早、最典型的要数美国的马里兰州,48 所公立学校通过电缆连接构成了一个闭路电视系统用于教学活动。随着适合教学用的普及型磁带录像机的出现,闭路教育电视系统被进一步简化,并发展为教育电视录像演播系统和放映系统,操作使用更为方便,因而得到迅速的普及和发展。

我国教育电视的发展也是从工厂利用工业闭路电视对工人进行业余教育开始的,随着其教育功效的显现,以及对国外开展教育电视经验的学习,我国教育系统开始引入闭路电视系统,教育电视逐步走入学校。教育电视在我国的发展主要可分为两个系统:一是自成体系的学校电视系统,主要就是校园内或学校间(小范围的)的以电缆传送信息的闭路电视系统,以及为了使用方便和节省费用,限于学校范围内接收的小功率校园开路电视系统;二是全向的开路电视系统,主要是通过电视台发送电波,以电视大学、电视中学、电视讲座、电视教学节目等为播送形式的面向社会全体的广播电视系统。前者可根据学校教学需要和教学工作安排,灵活编辑教学内容,合理安排教学时间,充分发挥教育电视的教育功效;后者虽然播放时间和内容相对固定统一,但教学节目辐射范围覆盖全国,教学对象包括大部分社会成员,教学内容丰富全面,教学节目质量较高,能够有效弥补我国教育资源尤其是师资的不足。

关于学校电视系统,虽然早在 1974 年江苏省南通四中与南通电表厂合作,进行了电视教学实验,随后一部分学校也进行了相似实验,[①]但规模较小,并未产生足够的影响。随着 1978 年电化教育的重新起步,在我国已建成的覆盖全国的彩色电视网的基础上,电视作为当时的新兴媒体,凭借视听同步和真实多彩的信息传播效果,以及后期

---

① 李龙:《加强史学研究,促进学科发展(一)——"教育技术史"学科初探》,《电化教育研究》2006 年第 11 期,第 3—8 页。

和录像设备的结合,其教育功效受到国家和教育界的重视,希望能通过教育电视不仅实现优化教学过程的目的,同时弥补我国教师短缺的问题。另外,教育电视这种新颖的教学媒体和创新的教学方式也得到了家长和学生的喜爱。

此阶段的学校电视系统,一方面是教育系统接收了一部分工业系统淘汰的工业闭路电视系统,部分学校将其改造成校园闭路教育电视系统进行闭路电视教学,另一方面是部分学校购置小功率发射机、公用天线和 VO 系列摄像设备,进行开路电视教学。① 教育电视也由此正式走进学校、走入课堂,"两机一幕"变成了"四机一幕"(投影机、收录机、电视机、录像机和银幕),"教育电视热"开始兴起。尤其是在 1978 年 7 月,教育部发出了《关于学校开办教育电视有关问题的通知》,对全国电视教育教学中出现的问题和急于求成的不合理现象作了总结和纠正,对学校应用教育电视的途径和方法作了规定,有效规范和促进了教育电视的学校应用,由此,我国的电视教育进入了有序发展的新阶段。

20 世纪 80 年代以来,很多医院为了提高诊治疾病的水平,添置了许多医疗及检查设备,如 CT、彩色多普勒显像仪、动态心电图仪、肌电图仪、大型带电视的 X 线机以及内窥镜、关节镜、腹腔镜、胃镜、膀胱镜等。这些设备基本都带有视频输入接口,可与彩色监视器连接。电视医学作为一种利用带有彩色监视器的医学设备诊治疾病的方法由此诞生。由于电视医学带有电视屏幕,可供人现场观看学习,还可通过视频输出入接口串接摄像机、录像机,录制许多重要宝贵的资料供人学习研究,因而它又具有了教育的功能。教育电视成为临床实践教学、资料教学、专业课题研究教学和专业学术讲座等领域的重要教学工具,在医学教育领域得到广泛重视和快速发展,尤其是随着 80 年代末继续医学教育在全国的开展,教育电视更是有了快马加鞭式的发展,成为医学教育领域不可或缺的重要组成部分。即使是在信息化时代的当下,数字技术日新月异,教育电视仍以新的技术形式在包括医学教育在内的教育领域中占有重要的一席之地。

---

① 南国农编著:《中国电化教育(教育技术)史》,人民教育出版社 2013 年版,第 339 页。

案例 2-1

医学教育中大放异彩的教育电视

《产前检查》是西安医学院电教中心在 20 世纪 80 年代初录制的彩色电视录像之一,为妇产科医学教学提供了极大的方便。产科检查本来是临床课教学,必须让学生直接接触病人,但由于妇产科的特殊性,很多女病人并不愿意让学生见习和实习,因此实践教学往往收效不佳。而利用彩色电视录像设备,不仅可以将典型病例的体征症状、病情变化及诊断治疗全部资料进行录像保存,并且可以避免学生和病人的直接接触,不仅能够保证学生学习效果,而且减轻了病人的思想负担。

与此同批的录像还有《坐骨神经腓肠肌标本制备》、《组织学切片标本观察法》、《传出神经受体药理实验》、《电生理仪器使用方法》、《神经干的动作电位》、《大骨节病》、《诊断学第一部分———一般检查》、《噪声》、《常见精神病》以及《胃大部切除术》、《脑膜瘤摘除术》、《子宫下段剖腹产》等各种手术共 24 部。同时西安医学院电教中心还通过转录其他医科学校部分教学电视节目、彩色电视录像丰富自身教学资源,共同提升教学效果。正是通过对电视录像教学的积极探索,西安医学院电教中心利用教育电视和自身院校专业的互补结合,不仅充分发挥了彩色电视录像清晰鲜明、生动形象、感染力强的特点,而且利用教育电视不受时间空间的限制,可以扩大微观、缩小宏观,可以缩时延时的优点,使学生看到直观难以看到的各种图像和疾病发生过程,以比幻灯更生动具体,有声有色,比电影后期加工简单,可以直播,也可以录像重放的技术效果,有效提高了专业教育质量,受到教师和同学们的普遍欢迎。[①]

关于广播电视系统,此阶段我国基于微波通信和彩色电视网(后期发展为卫星电视网)的广播电视大学系统正值快速兴起时期,电视作为其主要教育媒介,有力促进了

---

① 朱全义:《彩色电视录像在医学教育上的应用》,《西安交通大学学报(医学版)》1981 年第 2 期,第 303—306,232 页。

我国远程教育的发展。在第二次世界大战结束之后,美国学校出现教师严重不足的问题,当时美国国内教师缺口达 55% 之多,许多重要学科如物理、化学、数学、外语等均无人任教。为了解决这一困境,美国便开始考虑利用广播电视播送教学节目。1948年,美国堪萨斯专科学校、密歇根大学及部分商业电视台成功地创办了第一家教育电视台,这家电视台在 1950 年获得美国联邦交通委员会批准,成为世界第一座专业性的教育电视台。从 1951 年开始,法国、英国、意大利、瑞典等国都纷纷利用广播电视系统开办教育电视。而随着通信卫星技术的发展,天上的卫星为教育电视发展开拓了新的领域。1974 年 5 月,美国发射了"应用技术卫星 6 号"直接用来播送教学节目,进行扫盲、普通教育、职业训练和成人教育。1975 年,印度也租用了这一卫星播放农村教育节目。我国的远程电视教育起源于 1960 年北京电视大学成立,同年上海电视大学、沈阳市广播电视大学、哈尔滨广播电视大学和次年广州市电视大学成立,开创了我国第一代远程教育,遗憾的是随着"文革"的到来,这些学校仅发展了五六年的时间便纷纷被迫停办。

直到 1977 年,时任中央文教科技领导职务的邓小平同志在和到访的英国首相希斯的会晤中,就我国当时人才紧缺的问题展开了协商。希斯介绍了英国利用电视等现代化手段开设开放大学培养大量人才的经验,引发了我国的思考和重视,邓小平同志表示要借鉴经验,利用电视手段加快发展我国的教育事业。1978 年,邓小平同志亲笔批示同意教育部和中央广播事业局筹建中央广播电视大学。筹建过程中,这两个部门派团考察了英国、欧美及日本广播电视教育工作的情况和经验,并最终制定了《中央广播电视大学试行方案》。1979 年 2 月 6 日,在邓小平同志批准创办中央广播电视大学一周年后,中央广播电视大学和 28 所省级广播电视大学正式开学,开设了机械电子、数学、物理专业,招收通过入学考试的正式学员 32.24 万人,其中全科生 9.77 万人,单双科生 22.47 万人,此外还有相当数量的自学视听生,我国第二代远程教育正式起航。到 1982 年,全国广播电视大学首届毕业生达 9.2 万人。自此,广播电视大学在国家的不断重视下迅速发展,不仅为当时因"文革"失去学习机会的一代人找回了希望,同时也创造了中国远程教育史上的第一次辉煌。①

---

① 南国农编著:《中国电化教育(教育技术)史》,人民教育出版社 2013 年版,第 102—103 页。

三、指导规划电化教育开展

在改革开放初期,为促进电化教育有序发展,我国通过颁布实施一系列电化教育政策,或提出落实发展目标和战略,或总结解决建设和实践问题,或强化完善宏观调控和管理,指导和规划了我国电化教育建设的方向,有效保障了我国电化教育建设的开展和落实。

1978年5月,在全国教育工作会议和国外考察的基础上,经过充分的准备与酝酿,教育部印发了《关于电化教育工作的初步规划(讨论稿)》(以下简称"《初步规划》")。《初步规划》详细讨论了改革开放初期我国电化教育的发展步骤与目标,奠定了我国电化教育事业重新起步和发展的基调,从此,我国电化教育的发展与媒体技术的发展同步,拉开了中国教育信息化发展的序幕。《初步规划》的实施有力推动了新教育技术和媒体在社会及学校教育中的应用,诸如电影、电视、广播、幻灯、录音等电化教育手段开始在教育教学中广泛运用。同时,各地知名大学纷纷开设电化教育方向,其中北京师范大学被批准成立中央电化教育馆,负责领导全国的电化教育工作。

在《初步规划》的基础上,此后国家相继发布了一系列的电化教育政策,主要是对电化教育中具体项目实践的总结、问题的指出和发展的指导管理,其中主要有:(1)面向幻灯教育的1978年教育部发布的《关于召开"幻灯教学汇报会"的通知》、《关于全国幻灯教学汇报会的总结》,1979年教育部发布的《关于编审教学幻灯片中某些问题的通知》、《关于教学幻灯片编制工作的几点意见》、《关于中小学教学幻灯片编制工作的暂行规定》,两年时间内的数个政策文件,体现了我国幻灯教育在摸索中前进的历程。1978年11月召开的全国幻灯教学汇报会和会后印发的《关于全国幻灯教学汇报会的总结》,肯定了幻灯教学形象生动、图像清楚的优点,同时提出了"三年内普及幻灯教学"的目标。会议和文件不仅促进了幻灯教学的全面推广,更是推动了全国中小学电化教育的蓬勃开展。但在实践过程中,很快就发现"三年内普及幻灯教学"的要求是很难实现的,也是不切实际的:除了资金短缺这一主要因素外,当时生产的幻灯机、投影机质量低、效果差,而且供不应求;教师对开展幻灯、投影教学的认识和经验的积累也需要一定的时间。① 于是1979年发布的《关于编审教学幻灯片中某些问题的通知》强

---

① 李龙:《加强史学研究,促进学科发展(二)——"教育技术史"学科初探》,《电化教育研究》2006年第12期,第21—26页。

调：要确保幻灯片质量，紧扣教材，解决重难点；能用实物、实验、模型、挂图、板书容易解决而且效果好的，就不要用幻灯片；幻灯片要少而精，讲究实效；要附文字说明和教法建议。后续的政策文件同样强调了幻灯教学需要加强管控和引导，及时纠正了要求过急的"幻灯教学热"；(2)面向电影教育的 1979 年教育部发布的《关于教学电影工作的几点意见》中确定，教学电影选题计划由电化教育局负责，剧本与双片编审由编写或拍摄单位负责，发行由中央电化教育馆负责，政策文件明确了教学电影的权责界限，有利于电影教育的有序发展；(3)面向广播电视大学系统规划方面，1978 年获中共中央批准的教育部、中央广播电视局制定的《关于筹备电视大学的请示报告》，同年教育部发布的《中央广播电视大学试行方案》，促成了中央广播电视大学的成立，为展开面向全国的广播电视教育提供了有力支撑；1979 年教育部发布的《关于 1980 年广播电视大学招生工作的通知》、1981 年教育部发布的《关于解决广播电视大学办学和课程播出几个问题的意见》、《关于广播电视大学审批权限问题的通知》，通过加强对广播电视大学的管理和指导，有力推动了广播电视远程教育的发展和壮大；(4)面向电视录像教学的 1978 年教育部发布的《关于学校开办教育电视有关问题的通知》，对全国电视教学中出现的问题和急于求成的不合理现象作了总结和纠正；(5)面向电化教育设备管理的 1979 年教育部发布的《关于开展电化教学所需用房的几点意见》、《关于加强电化教育设备的管理问题》，1980 年教育部发布的《关于加强电视录像设备管理的通知》，进一步规范了电教设备的管理；(6)面向电化教育专项应用的 1980 年教育部发布的《关于运用电教手段加强学生政治思想教育的通知》，提出利用电影、电视等新媒体技术提升思想政治教育工作水平。

另外，根据电化教育建设实践对电化教育整体发展作出的总结和指导，如 1981 年教育部印发的《关于当前开展电化教育工作的通知》、《关于电化教育工作中的几个问题的意见》，针对电化教育已有发展，提出新问题、新方向，进一步推动了我国电化教育的健康、快速发展。

第二节　迅猛崛起的计算机教育

1981 年，世界第三次计算机教育会议以后，计算机教育的中心议题已从高等教育逐步移至基础教育领域,计算机与基础教育相结合,成为世界教育改革的一大趋势。1982 年 9 月,教育部决定在北京大学附中、清华大学附中、北京师范大学附中等五所高等院校附中进行计算机选修课教学试点,标志着我国计算机教育的诞生。1984 年,邓小平同志作出"计算机的普及要从娃娃做起"的指示,计算机教育从国家层面开始推进,成为我国基础教育发展的重要方针,促成了计算机教育向中小学普及的发展战略。我国计算机教育自诞生以来,其教育主体主要是中小学,其教育目的是对中小学生进行计算机普及教育,向学生普及计算机基础知识,培养学生计算机基础能力。自计算机教育诞生到拓展成为信息技术教育的近 20 年时间里,我国计算机教育迅猛发展,并逐渐成为我国教育信息化建设的主要内容。

　　计算机教育的发展为我国的教育信息化建设奠定了坚实的基础,也促成了由电化教育走向信息化教育的转向。其中,在 1982 年到 1997 年 16 年的发展过程中,电化教育资源和理论建设持续进行,并随着 ICT 的发展而不断更新;广播电视大学远程教育系统走向成熟,同样随着 ICT 的发展,网络远程教育系统小荷初露;而计算机教育从诞生、兴起到飞速发展,逐渐成为我国教育信息化建设的重心,其中 ICT 的发展利用和信息资源的建设应用是计算机教育发展的重要动力和支撑,而国家的政策引领和宏观调控同样发挥了重要推动作用。

　　一、电教资源和理论的更新

　　电化教育的资源建设包括硬件建设和软件建设,其中硬件建设主要指电化教育基础设备、设施的建设,软件建设主要指电化教育教学资源的建设,电化教育的理论建设则主要指电化教育理论和方法的建设。

　　电教资源和理论的更新主要可分为两个阶段,但并非后阶段就是对前阶段建设进行否定和完全替换,阶段的变化只是电化教育建设重心的更改,第二阶段中第一阶段的建设仍在继续,并且两个阶段的建设内容具备一定的重复延伸。

　　第一阶段是从 80 年代初期至 90 年代初期,即视听教育的后期阶段。硬件建设上,从"两机一幕"(投影机、收录机和银幕)到电教系统工程(主要指"八室一站三系统"),"八室"是普通电教室、多媒体综合电教室、语言实验室、计算机室、学科专用电教室、微型电教室、视听阅览室和电教教材库;"一站"是卫星地面接收站;"三系统"是广播系统、闭路电视系统和计算机网络系统)的建设,其中语言实验室和普通电教室("三机一幕":投影机、收录机、电视机和银幕)的建设发展相当快,语言实验室于80年代初便在我国外语院校和高校外语系普遍建成,之后又陆续在普教系统和师范教育系统普及。而对于普通电教室,有些经济发达地区在90年代后期已经基本普及。计算机室的建设在90年代中后期也有较大的发展,有的地区,当时学校计算机的拥有量甚至超过了幻灯、投影的拥有量。电教系统工程的建设为我国电化教育的开展和普及奠定了坚实基础,同时也对计算机教育的兴起和现代远程教育的启动作出了巨大贡献。软件建设上,由个别学科的重点难点幻灯、录音教材的开发到各科现代教材体系(包括文字教材系统和视听教材系统两部分)的初步建立,80年代以来,各级学校制作了数以万计的各类电教教材,包括幻灯、投影、录音、电视、计算机课件等,特别是制作了一批与九年义务教育文字教材配套的音像教材,在一定程度上缓解了学校对电教教材的急需,提升了教学质量,为我国电化教育深入学校、优化教学提供了有力保障。理论建设上,由电教概念、特点、作用的简单阐释到初步构建并形成为一个以"七论"(本质论、功能论、发展论、媒体论、过程论、方法论、管理论)为内容的理论体系框架,一个以课堂播放教学法、远距离播放教学法、程序教学法、微型教学法、现代成绩考查法等为内容的电化教育方法体系,为我国电化教育的迅速发展提供了理论和方法上的指导。[1][2]

第二阶段则是从90年代中期起,即信息化教育的萌芽时期。此时,随着以计算机为核心的多媒体网络教育系统初步建成并投入使用,电化教育的资源和理论建设重点也进行了相应的更新。硬件建设即信息技术设备、设施的建设,以计算机教室、多媒体教室、网络教室、校园网、电子备课室、电子阅览室、数字图书馆等作为主要建设内容,并得到迅猛发展。到90年代末期,全国中小学已拥有计算机165万台,计算机教室近10万个,建立校园网的学校有近3 000所。软件建设即信息技术课程、教材的建设,主要以网上课程、电子教材、教学信息资源库等作为主要建设内容,同样呈欣欣向荣发展之势。中国教育装备行业协会图书装备专业委员会(2012年更名为中国教育装备行

---

[1] 南国农:《80年代以来中国电化教育的发展》,《电化教育研究》2000年第12期,第3—6页。
[2] 南国农:《从视听教育到信息化教育——我国电化教育25年》,《中国电化教育》2003年第9期,第22—25页。

业协会学校图书装备分会)报告统计显示,截至1995年底,全国中小学拥有计算机课件28万个,光盘教材约9万张。① 并且随着"九五"重点科技攻关项目——"计算机辅助教学软件研制开发与应用"(96-750)的实施,我国教育信息化软件建设,不论是数量还是质量方面都得到了很大程度的提升。理论建设即信息技术理论、方法的建设,以教育信息化建设的理论基础、教育信息化建设的基本理论与方法、网络环境下的教与学理论和方法的探究作为主要建设内容。经过电化教育研究工作者的探索和耕耘,初步建立了以六种现代教育观(素质教育观、终身教育观、创新教育观、双主体教育观、情商为主教育观、四大支柱教育观)和三个"三种"学与教理论(三种学习理论:行为主义、认知主义、人本主义学习理论;三种教学理论:赞可夫、布鲁纳、巴班斯基的教学理论;三种传播理论:拉斯威尔、宣伟伯、贝罗的传播理论)为基本内容的理论基础框架,以及多种现代教学模式(多媒体优化组合课堂教学模式;计算机及辅助教学模式;利用互联网及卫星传播授课模式;基于多媒体网络的交互式教学模式;利用网上资源自主学习模式)。②

二、远程教育网络日趋壮大

我国在此阶段的远程教育仍主要是以中央广播电视大学为主导,覆盖全国城乡的广播电视大学系统(也称为我国第二代远程教育),但网络远程教育(第三代远程教育)开始进入人们的视野。

(一)广播电视大学开启二代远程教育"快车道"

我国第二代远程教育始于1979年全国广播电视大学系统的建成,标志是全国广播电视大学正式开学招生,终于1999年第三代远程教育(即网络远程教育)的正式启动,标志是中央广播电视大学以《中国广播电视大学系统模式分析》报告完成教育部现代远程开放教育研究项目"中央广播电视大学人才培养模式改革与开放教育试点"。③ 到1999年,全国已有中央电大1所,省、市级电大44所,地市级电大823所,县级电大

---

① 图书装备专业委员会:《积极发展教育技术,推动教育现代化》,http://www.ceiea.com/html/200902/20090221143955w1nw.shtml♯,检索日期2017-8-14。
② 南国农:《教育信息化建设的几个理论和实际问题(上)》,《电化教育研究》2002年第11期,第3—6页。
③ 南国农编著:《中国电化教育(教育技术)史》,人民教育出版社2013年版,第103—107页。

1 766 所,共开设了 511 个专业的电大网络系统。在此过程中,电视作为第二代远程教育的主要教育媒体,教育电视随着广播电视大学系统的快速发展也得到了显著的拓展,尤其是在 1986 年卫星电视教育正式开播之后,依托迅速发展的卫星教育电视网,教育电视在培训中小学师资、开展职工岗位培训和专业技术人员继续教育、播出电大课程和农村实用技术等方面都取得了显著的成效。到 1997 年,已经形成了由中国教育电视台和地方教育电视台、站(卫星地面接收站)、点(教育放像点),以及地方有线电视台教育频道构成的世界上最大规模的教育电视传输收视网络,覆盖面由前期因缺乏优质教育资源而进行针对性建设的农村及边远地区向城市和发达地区扩展,节目内容由单纯的教学节目向综合性教育节目扩展,节目形式由"人头像"、"课堂搬家"向注重节目的思想性、知识性和可视性的统一发展,收视方式由单位集体收看为主向进入家庭、分散收看为主转变,受益人口已达两亿人。凭借教育电视对我国教育事业发展的重要推动作用,卫星电视教育成为我国教育事业不可缺少的组成部分。

(二) 走向三代远程教育,获取更为广博的格局

与此同时,在 1982 年到 1997 年的 16 年时间里,中国经历了第二代远程教育从初创到成熟,再到向第三代远程教育转变的整体过程。在此过程中,我国的远程教育不仅自身网络不断更新、成熟,同时作为高等教育、成人教育和继续教育的重要组成部分,改善了我国教育的结构和布局。在初创建设阶段,1982 年,在广播电视大学有了第一批毕业生后,同年又增设了文科、理工科和师范类等专业类。1983 年,又增设了经济管理科 7 个专业类,以后又逐步发展,使广播电视大学成为开展多学科高等专科教育的全国重点高校。从 1982 年起,部分省级广播电视大学开始附设中专部,开展广播电视中等专业教育,年招生数从 1979 年的 9.78 万余名增长到 1985 年的 27.3 万余名,在 6 年中增长近 2 倍。在 1985 年,广播电视大学共有注册全科专科生 67.4 万名,分别相当于同年全国普通高等学校和其他成人高等学校在校生总数的 40% 和 64%。也就是说,在 1985 年,中国所有在校大学本专科学生中,1/5 是广播电视大学学生。此外,全国各地电大还有大量单科生和自学视听生。总之,中国广播电视大学发展很快,到 1985 年已经成为一个结构和功能独特,具有相当规模的全国性远程教育系统:1 所中央广播电视大学,35 所省级广播电视大学,600 多所地市级分校,1 100 多所县级工作站和 30 000 多个覆盖全国城乡的基层教学班;拥有 24 754 名专职教职工(其中专任教师 11 229 名)和 15 795 名兼职辅导教师。[①] 而到了 90 年代末期,中国广播电视大学从 1979—1997 年共为国家培养输送了大专层次的毕业生 230.99 万人,培养人才的数量约占全国普通高等学校的 1/3,成人高等学校的 1/2。此外,电大还是一个进行多层次办学的大学,除主要为国家培养输送大专层次的人才外,还举办了电视中专与燎原学校。90 年代后期,还进行了"专升本"与"高职"的试点,并与自学考试合作开拓了"注册视听生"教育。此外,至 1997 年,全国电大拥有教职工已达到 5.54 万人,其中专任教师 2.63 万人,在专任教师中,具有高级职称的为 4 681 人,具有中级职称的为 12 283 人。同时,还聘任了兼职教师 1.93 万人,其中具有高级职称的为 6 278 人,具有中级职称的为 10 744 人。此外,全国电大的办学条件得到了很大的改善,1997 年固定资产已达到 44.03 亿元。

1995 年,在全国电大庆祝建校 15 周年之际,国家教委发布了《关于广播电视大学贯彻〈中国教育改革和发展纲要〉的意见》(以下简称"《贯彻意见》")这一重要文件。《贯彻意见》确定了我国广播电视大学在 21 世纪初的发展目标,即初步建成有中国特色的远程开放大学。《贯彻意见》指出,要实现上述目标,必须推进我国广播电视大学的开放性和现代化建设,即通常所说的做好开放性和现代化两项命题。同时,国家教委决定在广播电视大学实行招收注册视听生教育和专科起点的本科教育两项试点。上述的政策推进和试点实施,成为我国广播电视大学发展的新契机,并为第三代远程教育的战略革新和起飞作了准备。[②]

随着计算机网络的兴起,在 90 年代末期,四大网络——中关村地区教育与科研示范网(NCFC,中国科技网的前身)、中国公用计算机互联网(ChinaNet)、中国教育和科研计算机网(CERNET)和国家公用经济信息通信网(金桥网)——基本实现全国联网,我国网络基础建设已具备一定水平。从 1996 年起清华大学等普通高校提出要开展双向交互式远程教育,1996 年 2 月,清华大学校长王大中教授提出在清华大学开展远程教育的设想。同年,清华大学校务委员会通过了远程教育的实施方案《现代化远程教

① 丁兴富:《我国远程教育的繁荣、发展和调整——中国远程教育的历史发展和分期(2)》,《现代远距离教育》2001 年第 2 期,第 6—9 页。
② 同上注。

育工程项目建议书》，并开始筹建远程教育系统网络。1997 年 3 月，清华大学向国家教委电教办提交了《关于拟建立清华大学远程教育卫星传输网的报告》。1997 年下半年开始用 10 周的时间进行远程交互系统的联试，对齐鲁石化、南海、顺德、长沙、南京 5 个站点试播了因特网基础等 8 门课程，每门课程的听课人数大约 200 人。清华大学的实验得到了国家的肯定，一批高校纷纷行动起来，浙江大学也在 1997 年向国家教委电教办提出了《关于在浙江大学建立国家教委远程教育杭州中心站的请示》；湖南大学则在 1997 年成为我国第一所网上大学，并在 1998 年开始利用湖南电信公众网以及湖南电信在全省各地市的设施开设网络课程，在计算机和英语专业招收 3 500 多名网上学生，进行远程教育试点。高校和社会各界纷纷利用计算机网络参与举办远程教育的积极形势，使网络远程教育得到了国家和社会的关注。1997 年 12 月，国家教委下发了《关于高等学校开展远程教育有关问题的通知》，原则上明确支持发展远程教育，同时提出要全国规划和协调。网络远程教育正式进入国家统筹发展新阶段。[①]

三、初具规模的计算机教育

1946 年，世界上第一台电子计算机在美国诞生，在 50 年代，美国出现了程序教学和教学机器，计算机开始应用于教学，当时在社会上引起了一股研究教学机器的热潮。1981 年，在瑞士洛桑举行的第三次世界计算机教育大会上，苏联学者伊尔肖夫首先提出了这样一个观点："计算机程序设计语言是第二文化。"当时这个观点的提出得到了出席会议的大多数专家的认可，也包括出席会议的中国专家的支持和认同。同时，本次会议上提出了计算机教育重心向基础教育转移的议题，在全世界范围掀起了计算机教育与基础教育相结合的教育改革浪潮。次年，教育部根据相关领域专家的建议，决定在清华大学、北京大学、北京师范大学等五所高校的附属中学开设计算机选修课。[②] 我国计算机教育的主体是中小学，所以一般计算机教育讲的就是中小学的计算机基础教育，从教育目的和内容层面分析，它大致可分为三个阶段：计算机教育前期和后期。

---

① 丁兴富：《我国组织实施跨世纪的现代远程教育工程——中国远程教育的历史发展和分期(3)》，《现代远距离教育》2001 年第 3 期，第 7—12 页。
② 南国农：《中国教育技术发展概述》，《现代远距离教育》2010 年第 5 期，第 17—18 页。

(一)基础教育中的计算机教育扩张

计算机教育前期阶段,时间是从 1982 到 1994 年。1982 年,教育部在清华附中、北大附中、北师大附中、复旦附中和华东师大附中五所高等院校附中开设计算机选修课,标志着我国计算机教育的开始。1983 年,北京市完全中学和重点小学开始配备计算机,开设计算机课程。同年,教育部主持召开了全国中学计算机试验工作会议,制定了高中计算机选修课的教学大纲,其核心内容是学习 BASIC 程序设计。1984 年,邓小平同志在上海展览中心观看了"电脑娃娃"们的程序设计表演,并提出"计算机的普及要从娃娃做起"。同年,教育部成立全国中学计算机教育试验中心,负责开展中学计算机教育实验应用。1986 年,国家教委召开了第三次全国中学计算机教育工作会议,在1983 年制定的教学大纲中增加了 3 个应用软件的内容:字处理、数据库和电子表格,课程的目的包括了计算机的应用。1987 年全国中学计算机教育实验中心改名为全国中学计算机教育研究中心,标志着中学计算机教育由实验阶段过渡为研究阶段。1991年,国家教委成立中小学计算机教育领导小组,将计算机教育扩大到小学,并于同年10 月在济南举行了第四届全国中小学计算机教育工作会议。1992 年,国家教委发出《关于加强中小学计算机教育的几点意见》,明确中小学计算机教育工作中应当注意的问题。同年,全国中学计算机教育研究中心改名为全国中小学计算机教育研究中心(现为全国中小学信息技术教育研究中心),负责开展中小学计算机教育研究,指导全国中小学计算机教育的开展。在此阶段,计算机硬件基础建设也取得了一定的发展,全国学校计算机设备的配置由 1989 年的 76 862 台发展为 1994 年的 210 707 台,相比增长了 174%,开展计算机教育的学校由 1989 年的 7 081 所发展为 1994 年的 26 294所,相比增加了 271%。

(二)热点的迁移:计算机辅助教学(CAI)

在此期间,计算机辅助教学也从国外引进并进入具体实施阶段,成为研究的热点。1986 年,国家计委将计算机辅助教育作为"七五"重点项目,我国也于此时开始批量生产中华学习机。同年的第三次全国中学计算机教育工作会议上也明确提出在有条件的地区和学校逐步开展计算机辅助教育。1987 年在上海成立全国计算机辅助教育学会,同年,机械工业部成立全国中华学习机教育软件评审委员会,在 1987—1990 年连续进行四次中华学习机教育软件评审,评审通过 155 个合格教育软件。与此同时,在

1987 年和 1990 年分别由北京师范大学出版社和华东师范大学出版社出版了我国关于计算机辅助教学的早期论著《计算机辅助教育》(丁有豫、解月光主编)和《计算机与教育》(傅德荣编著)。1993 年中央电化教育馆和上海教育科学研究所联合在上海召开全国计算机辅助教学研讨会,1994 年中央电化教育馆和内蒙古师范大学在呼和浩特联合举办全国中小学计算机辅助教学研讨会。[①] 到 90 年代后期,全国已开发出近千种(套)各类教育教学软件。其中在"七五"期间,由全国中小学计算机教育研究中心承担国家计委下达的国家"七五"重点科技攻关项目,组织开发了以当时的中华学习机为平台的教学软件 150 多套,并通过了验收,当时开发的很多教学软件至今还在一些中小学使用;"八五"期间,因种种原因,尤其是经费原因,教育软件的开发处于自发状态;"九五"期间,由于家用电脑市场的迅速发展,很多公司企业开始投资开发教育软件,但大多是开发一些迎合应试教育需要的复习题库软件,用于学校教学的软件很少。同时,国家计委和国家教委下达了"九五"重点科研项目,第一期投入 1 500 万元,由教育部负责组织研制开发计算机辅助教学软件,研制成果向全国推广。

由于计算机配备仍然局限于有条件的少数地区和学校,此阶段仍处于注重硬件配备的 CAI 实施阶段,CAI 研究除了介绍国外的一些经验、成果外,主要也只是介绍一些计算机的配置、购买与维护等内容,不过在后期随着计算机硬件的逐步普及,我国 CAI 的研究与发展逐步走向深入。

在此期间,也有部分有实力的、硬件配置较完善的中小学认识到计算机教育不应只局限于开设计算机课程,开始结合 CAI 在我国的传播和初步发展,积极进行计算机在辅助教学和管理方面的探索和试验,为中小学计算机教育开拓新的应用领域。

案例 2-2

不只是"学",而且要"用"的计算机

天津一中自 1983 年开设计算机课后,便认为计算机教育不应局限于单纯的计算机语言教学,于是开始尝试将计算机课程学习和计算机基础应用相结合。他

---

① 南国农编著:《中国电化教育(教育技术)史》,人民教育出版社 2013 年版,第 436 页。

们开始探索如何把计算机教学和其他学科教学结合起来,通过开展 CAI 实验,在利用计算机作为新教育媒体和技术开展学科教学的同时,结合教学实践丰富 CAI 研究内容。8 年来,天津一中共编制了辅助数学、物理、化学、生物、政治、地理等学科的教学软件 16 套,并一直坚持使用。并且在 80 年代末,天津一中开始研究利用计算机辅助学校行政管理,他们应用数据库系统先后实现了工资、人事、团籍、学风评比、学生成绩统计、阅卷和学校行政文件管理。计算机辅助管理显示出极大的优越性,明显提高了学校行政管理的效率和科学化水平。计算机教育在天津一中以后的教育教学现代化改革实验中,发挥了重要的先导和基础作用。[①]

案例 2 - 3

CAI 大有可为的先见之明

广西柳州钢铁厂三小和柳州铁路五小自 1989 年便在小学低年级数学教学中进行了 CAI 实验。他们首先将计算机作为教学工具应用到数学教学之中,经过对如何在课堂应用新教学媒体的研究和探索,形成了一种新的数学教学模式,取得了显著的教学成果,并在此基础上向其他学科拓展,构建了一套包括多学科在内的 CAI 模式。这两所小学经过三年的实验,通过利用 CAI 创设个性化、自主性的教学环境,不仅符合了计算机教育的发展趋势,也为两所学校计算机教育开拓了新的领域,有力提升了学校的教学质量。(1)激发了学生的学习兴趣,使学生乐学爱学。计算机图、文、声、情并茂,形象、生动、直观地传递教学内容,不但使学生的注意力比较容易集中,产生浓厚的学习兴趣,而且增加了教学容量,加大了训练密度。虽然每课时训练习题达四五十题之多,但由于计算机传递信息快捷,反馈及时,学生对训练多不以为苦,反以为乐。(2)提升了课堂效率,减轻了师生负担。

---

① 程淑华:《全国中小学计算机教育工作综述》,《人民教育》1992 年第 1 期,第 22—24 页。

教师利用 CAI 题库完成快速、自动、有序的出题,学生可以快速地机上作答,节省了课堂时间,提升了课堂效率。同时,学生的作业基本上在课内完成,减轻了学生课外作业负担,计算机还可以自动批改作业,同样减轻了教师的负担。(3)促进学生能力发展,提升学生综合素质。学生利用计算机解决问题时,必须眼、手、脑并用,快速反应,使学生的口算、笔算、速算能力和思维能力得到充分发展,提升了学生的综合素质和学校教学质量。①

(三) 迈向别样的信息技术教育

计算机教育后期阶段,主要是从 1994 年开始,并在 2000 年正式改名为"信息技术教育"。1994 年前后,随着计算机技术的成熟、计算机市场的拓展和微机价格的下降,国产微机如长城、联想的产品已经十分普及,我国中小学领域配置计算机的学校不断增多,计算机教育的辐射范围大幅度扩散。并且多媒体技术、卫星通信技术和互联网技术等 ICT 的快速成熟和有效利用,使计算机成为社会变革发展的重要技术力量,使信息技术能力成为新时代(信息时代)人才的必备能力素养,计算机教育在国家的进一步重视下飞速发展。与此同时,计算机课程的地位、性质、目的和内容进一步明确,计算机课程逐步发展成为中小学的一门独立的知识性与技能性相结合的基础性学科。在此时期,计算机教育的主要内容仍为开设计算机课程,课程内容进一步向计算机等 ICT 应用拓展深化,随后在素质教育这一国家教育战略背景下,逐渐转变为更加重视 ICT 应用和实践的信息技术课程。其中课程目标从掌握计算机基础知识和技能向提升信息技术素质转变,核心是提升学生的信息处理能力和综合运用能力;课程内容从将计算机作为唯一学习对象向将计算机作为学习工具解决实际问题转变;学习方法上由于对信息技术应用和实践的重视,对研究性、协作性和自主性提出了更高要求;课程评价上由计算机知识考查向电子作品设计转变。此阶段的教育信息化主要建设内容侧重于计算机教育资源的建设和计算机教育理论的发展,也是我国计算机教育的普及实践阶段。

---

① 程淑华:《全国中小学计算机教育工作综述》,《人民教育》1992 年第 1 期,第 22—24 页。

中国教育装备行业协会图书装备专业委员会 1995 年底对全国 29 个省、自治区、直辖市（缺贵州省）的统计显示，"八五"期间我国教育技术总投资超过 115 亿元，其中财政预算内投入占 80％，预算外投入占 20％，平均每年投入 23 亿元。① 国家教委于 1996 年在全国建立 100 个中小学计算机教育实验区，并鼓励有条件的地区和学校试行计算机教育，并拟订了一个关于 1 000 所学校教育手段现代化试点项目的五年计划，试点学校平均装备微机百余台，大多包括多媒体教室、电脑教学机房、电子阅览室等建设内容。② 到 1996 年，全国开展计算机教育的中小学已达 5 万所，规模已由单个学校向社区大面积普及发展，全国学校计算机设备的配置增长到了 513 696 台，比 1994 年增长了 144％，开展计算机教育的学校也由 1994 年的 26 294 所发展为 1996 年的 40 851 所，相比增加 55％，装机质量已由单机向网络化、多媒体发展，部分有条件的学校已实现了计算机联网，个别城市中主要的中小学已和 CERNET 联网。国家教委全国中小学计算机教育研究中心统计显示，到 1996 年，全国累计学习并初步掌握计算机操作技术的中小学生已达 2 167 万名。③ 而到了 90 年代末，全国中小学装机总数接近 10 万台，配置计算机机房的学校达到 6 万所，④计算机教育的基础建设初具规模并进入快速发展期。

在计算机教育资源的建设上，主要包括计算机课程教材体系的建设和 CAI 软件的开发利用。在教材体系建设的过程中，根据国家提出的"一纲多本"原则，即各地区、学校可根据教学实践编写不同类型、不同特色的计算机教材，此阶段我国中小学计算机教材的编写成果不菲。而 CAI 软件的发展则有力推动了计算机教育向信息化教育拓展的趋势，这种拓展的趋势其实在信息技术课程取代计算机课程的过程中也有所体现，其核心特点就是将计算机等 ICT 作为教育教学的工具，区别只是信息技术课程的辐射范围在信息技术这一门课程的教学中，而 CAI 则将其拓展到全部学科教学中。

---

① 图书装备专业委员会：《积极发展教育技术，推动教育现代化》，http://www.ceiea.com/html/200902/20090221143955w1nw.shtml＃，检索日期 2017-8-14。
② 祝智庭：《中国教育信息化十年》，《中国电化教育》2011 年第 1 期，第 20—25 页。
③ 国家教委科技司：《实施"科教兴国"战略推动国家信息化发展》，《管理信息系统》1997 年第 8 期，第 3—8 页。
④ 祝智庭：《关于教育信息化的技术哲学观透视》，《华东师范大学学报（教育科学版）》1999 年第 2 期，第 11—20 页。

在 CAI 中,计算机作为新一代信息媒介和平台的教育功效得以发挥,尤其是随着多媒体技术和互联网技术的成熟、应用以及同计算机的有机结合,计算机成为辅助教学和革新教育的有力工具。我国 CAI 发展的初期,硬件使用的是单机形式,此时计算机主要用于个别化教学。这种模式打破了传统的以教师为中心的教学模式,使学习者的学习兴趣得到了提高,主动性得到了发挥。但是,在这种模式下,教师的主导作用却受到了影响。同时,师生、生生之间的交流被隔断,不利于学生的全面发展。到 90 年代初,多媒体技术日趋成熟并立即投入教育、教学活动中,引起 CAI 模式由单纯的个别化教学向多媒体课堂演示教学模式转变,使 CAI 同传统教学模式实现了有机结合。课堂演示教学模式下,计算机可同时与教师、学生实现交互,加强了教师和学生的联系。这既发挥了教师的主导作用,同时又由于多媒体的参与使得教学信息的呈现方式丰富多彩,从而激发了学生的兴趣,学习的主动性被调动起来,教学效率得到极大提高。而随着信息高速公路的开通,互联网的应用使 CAI 模式又由原来的个别化教学、课堂演示发展为协作式多媒体网络教学。在计算机网络通信工具的支持下,学生们可以突破地域和时间上的限制,进行同伴互教、小组讨论、小组练习、小组课题等合作性学习。教师可以通过网络随时检查学生的学习情况,解答学生的疑难问题,给学生布置作业。这种教学有的在局域网内进行,有的在互联网上进行。因此资源的共享度得到极大提高,使教学呈现开放性,远距离教学更加方便可行。另一方面,CAI 软件的内涵此时有了较大的变化,从一开始的"计算机课件"向"组件"(指将微教学单元自由组合起来的平台)发展。由于不同的计算机辅助教学模式需要有不同的软件予以支持,但"课件本身具有教学目标的特定性、教学内容的完整性、教学模式的固定性和教学结构的封闭性"等特点,决定了课件在教学活动中使用范围有一定的局限性,不能适应灵活多样的教学模式。针对这一缺陷,软件开发的工作由"计算机课件"向"组件"发展,一种更为灵活的、适应不同教师和不同教学情境的工具型、资料型、开放型的教学平台已成为CAI 教学软件的发展方向。

而计算机教育理论研究方面,也顺应了计算机教育向信息化教育拓展的趋势,主要通过科学规划的计算机教育实验,总结计算机教育在具体实践中所体现的规律、原理和方法,并提升教育教学效率和效果。其中影响力比较突出的有:多媒体组合教学设计研究、小学语文"四结合"教学改革实验研究和信息高速公路与多媒体辅助教育的研究等。其中在 1994 年展开的小学语文"四结合"教学改革实验研究,是国家教委基础教育司的重点科研项目,规模宏大,影响深刻,该项目把以计算机为基础的现代教育技术作为手段,以先进的教育科学理论为指导,探讨深化基础教育改革的途径,把小学语文教育与计算机教育融为一体,做到"识字教学、阅读理解、作文训练、电脑应用"四者结合。[①] 通过该实验,研究者不仅验证了新教学模式的效用,促进了教育技术研究,同时在对多媒体组合教学工具的应用中,更新了教师的教学观念,改进了教师的教学方法,提升了教师的教学设计能力,也培养出了一批适应计算机工具、理解校园信息文化和善于利用计算机教学环境的新教育技术人才,有力地促进了我国计算机教育在学校层面的深入和发展。

在此期间,许多学校意识到计算机课程重心的调整和方向的转变,以及计算机教育的拓展趋势,或配合或主动地积极进行计算机教育实验和探索,为计算机教育在我国的进一步发展提供了宝贵的经验。

案例 2 - 4

计算机课程的演变

江苏常熟中学凭借教育资源优势,计算机教育开展状况较为良好,其发展过程充分反映了我国计算机课程重心的变化。在 20 世纪 80 年代初,主要是以学习编程语言为主,从 90 年代开始,逐步从单一的 BASIC 语言教学转向重视计算机应用的教学,要求学生理解和掌握计算机的基础知识和基本操作技能,培养他们用现代化的工具和方法去处理信息。在初中阶段主要侧重于对学生进行计算机操作技能训练,并进行简单的程序设计教学。高中阶段主要学习磁盘操作系统、汉字处理系统和程序设计方面的技能。在十多年的教学中,有 7 500 多名学生接受了计算机教学,并多次在全国、省、市组织的计算机竞赛中获奖。[②]

---

① 何克抗:《论现代教育技术与教育深化改革(下)——关于 ME 命题的论证》,《电化教育研究》1999 年第 2 期,第 21—29 页。

② 高琴姝:《苏南发达地区中小学计算机教育的回顾与展望》,《吴中学刊》1998 年第 4 期,第 70—74 页。

案例 2 - 5

一所"计算机教育实验学校"的主动求变

苏州市平江区实验小学在 1994 获得了第一批全国中小学计算机教育研究中心"计算机教育实验学校"的称号,计算机教育实施水平处于我国前列,其对计算机教育的探索和求变无疑反映了我国计算机教育发展的方向。

在计算机课程安排上,平江区实验小学根据 1994 年制定的计算机课程实施纲要,在学校自身基础上进行了详细的课程规划,不仅响应了将计算机课程作为中小学一门独立的基础性学科的发展要求,把教学时间延长为 368 个学时,并且在教学内容上进一步重视计算机应用,其比例达 80%,具体内容和课时量分别为计算机语言 74 学时,计算机基础知识和基本操作 48 学时,计算机常用软件使用 164 学时,汉字输入与简单字处理及学习考核 82 学时。在计算机辅助教学上,平江区实验小学利用学校机房 Novell 网的优势将益智软件与课堂教学结合起来,让学生交替进行基本训练和益智软件操作,使学生在浓厚的兴趣中较顺利地掌握了计算机的操作知识。并且通过合适选材,积极引导,学校利用课外活动组织兴趣小组,使一批优秀的学生脱颖而出,在市级、省级、国家级的比赛中屡获佳绩。

在计算机教育研究和实验上,平江区实验小学为了保证计算机实验教育能继续稳步向深层发展,加快探索和推进了计算机与教育的整合,以期实现计算机教育向信息化教育的拓展。其在 1996 年提出了三年奋斗目标,选定了学校计算机教育实验的总课题"创设计算机教育环境,让学生生动、活泼、主动地学习",然后落实到语文、数学、英语、自然、社会等学科以及 CAI、计算机课程教学等几个课题中分步实施,取得了丰富的研究成果。①

此外,高校的计算机教育虽然不是我国计算机教育的主体,但从宏观角度来讲,也可将其视为我国计算机教育的一部分。根据教育目的的不同,高校的计算机教育主要

---

① 高琴妹:《苏南发达地区中小学计算机教育的回顾与展望》,《吴中学刊》1998 年第 4 期,第 70—74 页。

可分为计算机专业教育和计算机基础教育。

计算机专业教育主要是为了培养计算机专业人才,使学生具备从事计算机软件或硬件设计、开发和研究的系统知识和能力,在我国拥有较长的发展历程。北京大学在1955年便创办了计算数学专业,该专业是其计算机专业的前身。我国第一个正式的计算机专业是1956年由哈尔滨工业大学创办的,当时隶属仪器制造系;1958年,为响应我国《1956—1967年科学技术发展远景规划纲要》(简称"十二年科技规划"),清华大学、上海交通大学、西安交通大学、南京大学、中国科学技术大学、电子科技大学、东北大学等一批高校相继建立了计算机专业,共同开拓电子计算机这一新兴技术领域,不过大多隶属于电子、自动化、数学等系。改革开放之后,我国高校计算机专业教育继续发展,从宽泛的计算机学科类专业来讲,到1983年,我国大学设置计算机专业的高校约有100所,其中约三分之一是数学系办的计算数学专业。随着计算机学科的专业化,一批专业办得早、师资力量强的学校成立了计算机系,计算机学科走向专业化,所以严格来说,1983年,全国开设有计算机专业的高校是64所。到了90年代初,计算机专业走出重点理工科院校,许多学校开始开办计算机及应用专业,计算机专业建设快速发展,从1985年到1995年的十年里,普通本科高校计算机专业点数增加了1.7倍,达到1 017个;计算机专业本科在校生数增加了2.6倍,达到13万多人。到1995年,全国共有564所高校开设了计算机专业,其中硕士点180个,博士点36个。同年毕业生中,计算机类专科毕业生1.78万人,本科毕业生1.05万人,硕士毕业生1 239人,博士毕业生83人。随着90年中期计算机和互联网等信息技术的革命性变革,计算机应用更加普及和广泛,计算机专业人才需求迅猛增加,特别是计算机应用专业,从1995年到2004年初,全国再次增加了318所本科高校。高校计算机专业数量的迅猛增长,有力推动了我国高校计算机专业教育的发展,为我国包括教育信息化在内的信息化事业发展培养了大量专业人才,有效推动了我国的现代化建设。

高校的计算机基础教育则主要是针对非计算机专业人员的计算机知识普及教育,目的是为了让所有非计算机专业的大学生具备基本的计算机应用能力和信息素养,其形式是开设计算机基础课程。其起步阶段为20世纪80年代,高校的计算机基础教育从无到有建立起来,由理工科开始,迅速扩展到农林医、财经管理、师范等专业,继而扩展到文科、艺术、体育等专业。到80年代末,全国高校几乎所有专业都开设了计算机课程,对大学生进行初步的计算机教育。在 1982 年第二次全国计算机教育学术讨论会上,相关代表便提出要在师范院校大力开展计算机基础教育,尤其是在教师和研究生教育中要普及计算机基础教育。1984 年全国高等院校计算机基础教育研究会(以下简称为"研究会")成立,高校的计算机基础教育开始有组织地推进。1986 年,研究会提出高等学校计算机基础教育"四层次"教学方案:第一层次为计算机基础知识和程序设计;第二层次为微机原理与应用(机电专业)或微机系统与应用(非机电专业);第三层次为软件技术基础;第四层次为结合专业的计算机课程。其中第一层次又可细分为计算机应用基础,主要适用于文科类专业,学生主要学习一些计算机的初步知识以及计算机的初步使用,如文字处理、电子表格制作、某些现成应用软件的使用等;程序设计,主要适用于理、工、农、林、医、经济等类专业,使学生具备利用计算机高级语言进行一般程序设计的能力。此方案自提出后,在我国高校中迅速推广并付诸实践。许多高校按此方案规划学校的非计算机专业的计算机教育,取得了很好的效果。自此,我国高校计算机基础教育开始迈入快车道。90 年代是规范阶段。90 年代初,国家教委和各地区教育行政部门开始进一步重视对高校非计算机专业学生的计算机教育,成立了计算机基础课程教学指导委员会,把计算机基础课程正式纳入大学的基础课体系,作为重要的必修课,提出了"三个层次"教学模式,即计算机文化基础教育(适用于文、理科全体学生)、计算机技术基础教育(其中计算机软件基础适用于理科全体、文科部分学生,计算机硬件基础适用于部分理科学生)和计算机应用基础教育(其中计算机信息处理基础适用于文、理科全体学生,计算机图形处理基础适用于文、理科部分学生),各校领导普遍重视,加大投入、增加学时、健全队伍。全国高校计算机中心建设与管理研究会 1993 年的抽样调查显示,高校中开设计算机基础和计算机软件技术基础两类课程的分别占 59% 和 66%。1994 年 9 月,国家教委高等教育司向全国 55 所综合大学、财经院校、外语院校、师范院校发出"普通高等学校文科专业计算机基础教学状况"的调查问卷,涉及中文、历史、哲学、经济、法学、政治学、社会学、外语、新闻、图书情报、档案学等各类文科专业。回收的 33 所学校的答卷表明:其中近 90% 的学校已在文科专业开设了计算机课程,基本上都将其列为必修课。1994 年 11 月,国家教委高等教育司颁发了《加强计算机基础教育,促进高校教学质量的提高》的文件,要求各高校尽快使计算机基础教育工作上一个新台阶,并把该目标当作当时高校的重要任务之一。同月,继 1990 年国家教委组织成立理科计算机科学教学指导委员会、工科计算机基础课程教学指导委员会之后,国家教委高等教育司成立了普通高等学校文科专业计算机基础教学指导组,制定了《普通高等学校文科专业计算机基础课程教学大纲(试行)》,并组织编写相应的教材。同时,在 1994 年,第一次全国计算机等级考试面向全社会开考,虽然不强制要求大学生参加考试,但其对计算机应用能力的有效考查,使其迅速成为社会认可度较高的职业能力考试之一。总之,在 90 年代,全国各高校的计算机基础教育水平有大幅度的提高,创造和积累了许多好的经验,出现了大批优秀的教材,为进一步的发展打下了良好的基础,不仅提升了我国高等教育人才的信息技术能力和素质,也为我国信息化建设提供了重要人力支持。[①]

在此期间,许多高校面向非计算机专业学生开展了计算机基础教育课程,并制定了针对高校自身专业开设情况的计算机基础教育标准,对不同专业学生的计算机能力目标作了详细的规定,有力地促进了我国高等人才信息技术能力和素质的提升。

案例 2-6

一个"个性化"的计算机基础教育标准

20 世纪 90 年代初,电子科技大学为了加强非计算机类专业的计算机基础教育,普遍提高大学生掌握计算机知识和应用计算机能力,以适应专业的发展和迎接新技术革命的挑战,在非计算机类各本专科学生中,尝试开展了"计算机应用知识和能力"的分级教学和等级考核工作。其关于计算机应用知识和能力的分级方法如下:

计算机应用知识和能力 I 级——计算机应用能力初步;

计算机应用知识和能力 II 级——高级程序设计语言和数据库使用能力;

计算机应用知识和能力 III 级:

---

① 谭浩强:《高等学校计算机基础教育改革的新阶段》,《计算机教育》2003 年第 1 期,第 27—28 页。

Ⅲ级偏硬——程序编制和典型微机应用系统的分析能力；

Ⅲ级偏软——熟练的程序编制能力和软件开发初步能力。

关于计算机应用能力的知识范围：

Ⅰ级：

计算机初步知识；

使用操作系统（DOS、CCDOS）的初步知识和能力；

文字编辑能力（C—WORDSTAR）；

使用集成软件——表格和图表能力（C—SUPERCALE3）。

Ⅱ级：

1. 理工科——高级程序设计语言能力；

含①组：BASIC、FORTRAN 语言；②组：C、PASCAL 语言；要求学生在以上二组内各选修一门语言。

2. 文管科——高级程序设计语言能力，要求学生任修一门语言，掌握数据库的知识和使用。

Ⅲ级：

Ⅲ级偏硬——程序编制典型微机应用系统的分析能力；

包含计算机硬件基础知识；数据结构基础知识；汇编语言基础知识；微机接口技术，微机系统及应用基础。

Ⅲ级偏软——熟练的程序编制能力和软件开发初步能力；

包含计算机软件基础知识；数据结构基础知识；汇编语言基础知识，软件工程基础知识；数据库原理及应用知识。

对学生的计算机能力分级要求：

要求全校本科学生的计算机应用能力（逐步）达到如下等级，如表 2-1[1]：

---

[1] 王锡林，常蓬彬：《高等学校计算机基础教育比较研究》，《兰州大学学报》1992 年第 S1 期，第 72—77 页。

表 2-1 计算机应用能力等级标准	
学生科类	要求达到等级
文科	计算机应用能力 I —Ⅱ
管理	计算机应用能力 Ⅱ—Ⅲ
理科	计算机应用能力 Ⅲ
工科	计算机应用能力 Ⅲ

与此同时,CAI 在我国高等教育领域也取得了巨大发展。1985 年,国家教委电化教育局便委托华东师范大学在上海召开全国计算机辅助教育学术交流会。而从 1986 年开始,北京大学、南京大学等三十多所高校的二百多位教师就开始了高等化学试题库的研制,并在 1991 年完成第一期工作。1993 年 12 月,在清华大学成立了全国普通高等工科学校计算机辅助教学协作组,并在 1994 年先后在武汉大学和西南师范大学(现西南大学)成立了全国高等学校理科计算机辅助教学和试题库协作组与全国高等学校文科计算机辅助教学协作组,三个 CAI 协作组开发了大量的 CAI 软件。1994 年国家教委高教司对全国高等工业学校的 CAI 研制和使用情况调查显示,在接受调查的 122 所学校中,有 117 所学校研制或者使用了教学软件,共达 1 764 件,其中学校自己开发研制的达 924 件。全国高等学校工科本科基础课程教学指导委员会在国家教委的指导下,已经开发出高等数学、大学物理、材料力学、理论力学和结构力学等 5 门课程的试题库,另外 30 门基础课程的试题库也在开发建设中。其他科类也不同程度地开展了 CAI,并研制出一批较高水平的教学软件。到 1997 年,全国 288 所工科院校中有 30%的学校建立了 CAI 实验室,并有 20%的学校使用计算机网络支持 CAI;部分学校成立了 CAI 研究中心,清华大学等一批学校成立了多个 CAI 教室,CAI 在高校基础教学中已得到大规模应用。虽然 CAI 在全国高校中的发展并不平衡,但在高等教育领域已初步奠定了基础。

四、规范引领计算机教育发展

自 1982 年我国计算机教育诞生以来,便得到国家的重视和支持。在 1984 年,邓小平同志提出"计算机的普及要从娃娃做起"之后,计算机教育更是引发了全国关注,其发展进入加速轨道。特别是 1986 年第三次全国中小学计算机教育工作会议之后,我国中小学计算机教育有了较大的发展,在师资队伍建设、教材建设、机器配置和软件研制等方面都取得了可喜的成绩。在 1982—1997 年的 16 年时间里,国家为规范和推动计算机教育的发展,颁布了一系列不同层次的政策文件,这里择要进行讨论。

(一) 成立专门机构,加强计算机教育研究、实践和管理

1983 年,教育部颁布《关于在实验中学建立全国中学计算机教育试验中心事》,为更好指导各地计算机教育实验的开展,加强了对中学计算机教育的研究。1984 年 1 月,教育部成立"全国中学计算机教育试验中心",作为半官方性质的专门机构,开展中学计算机教育实验应用,以期逐步在全国中学实行计算机教育。1987 年 2 月,国家教委下发通知成立了"全国中学计算机教育研究中心",将原来挂靠在北京师范大学附属实验中学的"全国中学计算机教育试验中心"提升为"全国中学计算机教育研究中心",分设北京和上海两个部,分别挂靠在北京师范大学和华东师范大学,由教委基础司和这两所大学共同领导,中心的成立标志着中学计算机教育由实验阶段过渡为研究阶段,对促进我国中学计算机教育事业的发展起了积极作用。1992 年 2 月,国家教委下发了《关于将全国中学计算机教育研究中心改名为全国中小学计算机教育研究中心的通知》,这次更名开启了计算机教育进入小学阶段的研究和实践,可以说是"计算机的普及要从娃娃做起"的落实。同年 8 月国家教委又发文《关于成立全国中小学计算机教育领导小组的通知》,正式将计算机教育扩大到小学,并加强了对全国中小学计算机教育工作的领导。1994 年 10 月,国家教委下达了《关于公布第一批中小学计算机教育研究与实验学校的通知》,批准北京第二实验小学等 18 所中小学校为基础教育司联系的第一批中小学计算机教育研究与实验学校(定名为"全国中小学计算机教育研究中心计算机教育实验学校"),并下发了第二批实验学校的审批条件和审批办法。

(二) 制定教学大纲,指导中小学计算机课程的设置和实施

1983 年 10 月,第一次全国中学计算机教育工作会议上,教育部制定了《中学计算机选修课教学大纲》,指导中学计算机课程的开设。1984 年,教育部颁布《中学电子计算机选修课教学纲要(试行)》,在《中学计算机选修课教学大纲》的基础上,以学习程序设计为基本内容,规定了中学计算机选修课的目的。1986 年 5 月,第三次全国中学计算机教育工作会议讨论修订了《普通中学电子计算机选修课教学大纲（试行）》,1986年9月,国家教委中学教育司颁布《关于印发〈全国中学计算机教育工作会议纪要〉的通知》,提出在有条件的地区和学校逐步开展计算机教育。1987年10月,国家教委正式颁布了《普通中学电子计算机选修课教学大纲（试行）》,根据几年来我国中学计算机教学的经验和实际情况,以及国际电子计算机教育的发展,进行了必要的调整和修改,适当地降低了对于程序技巧部分的要求,着重增加了电子计算机应用方面的内容。1994年10月,国家教委下发了《关于印发〈中小学计算机课程指导纲要〉和〈中小学教育工作者"计算机培训"指导纲要〉的通知》,其中《中小学计算机课程指导纲要》对中小学计算机课程的地位、性质、目的和内容有了比较详细的要求,首次提出了计算机课程将逐步成为中小学一门独立的知识性与技能性相结合的基础性学科的观点。1997年10月,国家教委下发了《关于印发〈中小学计算机课程指导纲要〉（修订稿）的通知》,增加了Windows、网络通信、多媒体、常用工具软件等新内容,对程序设计语言、计算机在现代社会中的应用和对人类社会的影响等模块,在内容和要求上进行了调整,并将计算机课程分为若干模块,根据中小学教学规律从小学到初中和高中开课,强调了计算机教育对深化基础教育改革、全面提高教育质量和效益、促进由"应试教育"向素质教育转轨的重要意义。

（三）制定宏观战略,推动中小学计算机教育发展

1991年10月,第四次全国中小学计算机教育工作会议召开,时任国家教委副主任的柳斌作了重要讲话,随后国家教委下发了《转发柳斌同志在〈全国中小学计算机教育工作会议上的讲话〉》（以下简称"《柳斌讲话》"）。《柳斌讲话》从提高思想认识、加强领导和规划的宏观角度肯定了我国发展计算机教育的决心,提出了我国中小学计算机教育的发展方针,指出计算机在中小学的普及和提高将是一个很长的历史过程,各地要积极进取、因地制宜、从实际出发,逐步扩大计算机教育的速度和规模,这个方针要在实践中补充完善;并且向各级党委、政府和各级教育行政部门提出了要办一些实事的具体要求。本次会议和国家教委下发的文件对我国中小学计算机教育产生了重大的影响,同时,它们也标志着我国中小学计算机教育进入了一个新的发展阶段,是我国中小学计算机教育发展中的一个重要的里程碑。1992年7月,国家教委下达了《关于加强中小学计算机教育的几点意见》,文件明确了中小学计算机教育工作中应当注意的问题,进一步阐明了全国中小学计算机教育研究中心的任务,促进了我国中小学计算机教育的发展。1996 年 12 月,国家教委制定并发布了《中小学计算机教育五年发展纲要(1996—2000 年)》,明确规定了中小学计算机教育发展的目标和任务,有效指导了我国"九五"期间中小学计算机教育工作的开展。

(四)加强师资保障,促进计算机教育教师队伍建设

1991 年 10 月,国家教委印发的《柳斌讲话》提出发展计算机教育的关键是师资。一要有计划地在师范院校开设计算机专业;二要抓好计算机教师的继续教育,业务水平不够高的要通过继续教育来提高,业务水平比较高的要通过继续教育来加深加厚自己的专业知识;三要解决计算机教师的工作量问题、编制问题、职称评定问题。1993 年 9 月,国家教委印发《全国中小学计算机教育工作座谈会会议纪要》,全国中小学计算机教育研究中心主任邓立言提出:计算机教育是一项面向未来的现代化教育,师资队伍的建设尤为重要,各级教育行政部门必须高度重视;要统筹规划,有计划地培养、培训计算机学科教师、辅助教学教师、辅助管理人员和机房管理人员以及学校的行政领导;要根据"教基〔1992〕22 号"文件(《关于加强中小学计算机教育的几点意见》)精神妥善解决计算机教师的编制、工作量、职务评聘等问题,要保证师资队伍建设的规划和实施走在购置硬件设备的前面。1994 年 10 月,国家教委下发了《关于印发〈中小学计算机课程指导纲要〉和〈中小学教育工作者"计算机培训"指导纲要〉的通知》,其中《中小学教育工作者"计算机培训"指导纲要》提出中小学计算机教育为传统学科的教育理论、教学方法、教学模式及教学内容等带来了具有重要意义的变革,对师资队伍的素质提出更高的要求,并分别就计算机学科教师和非计算机学科教师的计算机培训内容、培训方法和培训形式作了明确要求,同时对培训课程设置作了指导,有效促进了我国中小学计算机教师队伍的建设。

(五)加强软件管理,促进教育软件应用发展

1996 年 9 月,国家教委发布了《关于印发〈中小学计算机教育软件规划〉(1996—2000 年)的通知》,明确提出"九五"期间计算机教育软件研制开发目标和实现目标的主要措施。1997 年 11 月,国家教委下发《中小学教学软件审查标准》、《教育软件使用文档编写指南》、《中小学教学软件审查办法》,旨在对教学、教育软件建立审查体系,有效规范了教学、教育软件的开发与运用。

（六）制定推动政策，加强高校计算机基础教育

1994 年 11 月，国家教委高等教育司颁发了《加强计算机基础教育，促进高校教学质量的提高》的文件，指出计算机基础课程的教学在高等技术人才的素质培养中起着十分重要的作用，而我国与国外先进国家相比尚有一定差距，而且差距有逐渐加大的趋势，要求各高校要把普遍提高学生的计算机应用和操作能力作为一项重要工作，加大投入，尽快使计算机基础教育工作上一个新台阶，并把该目标当作目前高校的重要任务之一。

其中，1992 年 7 月的《关于加强中小学计算机教育的几点意见》和 1996 年 12 月的《中小学计算机教育五年发展纲要（1996—2000 年）》两个政策文本意义重大，对我国计算机教育的实施和发展产生了深远的影响，以下将对此作详细阐述。

1. 《关于加强中小学计算机教育的几点意见》

随着经济、技术的不断发展和教育改革的深化，20 世纪 90 年代我国的中小学计算机教育进入一个新的发展阶段。但与此同时中小学计算机教育作为新兴学科，在发展过程中存在很多不同于其他传统学科的矛盾，如：开设计算机课的学校猛增与计算机教师供不应求之间的矛盾；计算机课列入课表与课程计划中没有计算机课时之间的矛盾；辅助教学亟待发展与质量高的辅助教学软件不足之间的矛盾；计算机教研课题多与计算机教研网络尚未形成之间的矛盾等。为了解决这些矛盾并更好地发展中小学计算机教育，1992 年 7 月国家教委特别提出了《关于加强中小学计算机教育的几点意见》（以下简称"《加强意见》"）。

《加强意见》从"提高认识，明确指导思想"、"加强领导与研究"、"制订近期计算机教育发展规划"、"增加经费投入，合理安排相关费用支出"、"提高中小学计算机教育师资队伍建设"、"根据'一纲多本'原则加强教材建设"、"硬件环境的选配"、"教学软件的开发和管理"、"合理计算机学科教学的考核"等九个方面给予了明确指导，加速了中小学计算机教研网络的形成，避免了计算机教育发展中的盲目性，使计算机教育沿着健康、规范的方向发展。

首先，在计算机教育认识方面，提出要谨记计算机教育满足教育面向现代化、面向世界、面向未来的要求，从教育现代化的长远目标认识计算机教育的重要性。通过使计算机学科成为中小学的必修课，切实将计算机教育与教学内容和体系的改革、教育手段和管理手段的现代化相结合,实现运用计算机辅助教学、辅助管理等功能。

其次,国家加强了对中小学计算机教育的领导,成立了由国家教委的一位副主任任组长,由基础教育司、师范司、电化教育司、条件装备司、财务司、人事司等有关司的负责人组成的全国中小学计算机教育领导小组,并具体到各级教育行政部门,注重对中小学计算机教育的指导和研究、理论研究和试验。具体表现为全国中学计算机教育研究中心扩展为全国中小学计算机教育研究中心,将小学计算机教育纳入具体的指导与研究范围;国家教委的全国中小学计算机教育研究中心将分设两个研究部门,分别挂靠在北京师范大学和华东师范大学,对计算机辅助教育,计算机教育环境,计算机课程、教材、教法和计算机教育理论展开研究和实验。

第三,国家建议各省、自治区、直辖市、计划单列市根据各自的实际情况,因地制宜地制订出相应的三年和八年规划。对中小学计算机教育发展的速度、规模、效益,对计算机辅助教学与辅助管理,教育软件的研制与开发,师资队伍建设,计算机课程设置等提出明确的要求和目标。

第四,对计算机教育经费的大力支持。除了要求各级政府或教育行政部门要根据财力情况,每年划拨一定数量的计算机教育专项经费外,同时建议汇集社会资源,增加投入,以确保计算机教育发展规划的实施。对教育经费的使用作了具体指导与监督,保证了计算机购置硬件、软件开发与推广、设备维护、师资培训和教学研究的经费。

第五,加强计算机教育师资队伍建设,解决计算机教育师资不足的问题。通过教师培训、在师范院校设立计算机教育专业系或科,以提高与保证计算机学科教师和管理人员的质量与来源。

最后,强调教材建设、硬件环境选配、教学软件的开发和管理。在规定的范围内,可根据本地区的实际情况作出调整。鼓励教材采用"一纲多本"原则,各地区、学校可根据教学实践编写不同类型、不同特色的计算机教材,一定程度上为中小学计算机教材的编写提供了足够的发展空间。注重教学软件的研发,并成立全国中小学计算机教学软件评审委员会,对教学软件的开发与使用进行监督、审查。

另外,学生的计算机素养也将纳入考核范围,开展计算机学科教学的学校,要建立计算机学科的考核制度,考核成绩记入学生学习档案。

总之,《加强意见》对中小学计算机教育作了全面的规划与建议,有效地指导和促进了我国中小学计算机教育的发展。

2.《中小学计算机教育五年发展纲要(1996—2000 年)》

90 年代中后期,随着计算机技术的发展,特别是多媒体技术、卫星通信技术以及互联网技术的成熟应用,计算机技术作为现代科学技术的基础与核心对当代社会产生了深远影响。计算机的数量多少,质量如何,以及应用的深度与广度已成为衡量一个国家科学技术和经济发展水平的重要标志。新的社会经济模式对劳动者综合素质提出了更高的要求,为了顺应时代发展需求,利用计算机教育提高国民素质成为当前最重要也是最有效的方式。虽然改革开放以来,我国大力推广计算机教育,取得了显著的成绩,中小学计算机教育从无到有,由小到大,初具规模,为进一步发展打下了良好的基础,但是随着教育改革的不断深入,计算机教育观念落后,经费投入不足,硬件环境较差,软件的研究开发以及辅助教学、辅助管理没有形成系统和规模,发展的规模较小、速度较慢、普及程度低等问题的存在,使得信息化的教学内容、方法手段和管理的革新成为迫切而又重要的课题,对中小学计算机教育提出了新的要求,提供了难得的机遇。

1996 年 12 月,国家教委依据"振兴经济首先要振兴科技。只有坚定地推进科技进步,才能在激烈的竞争中取得主动",印发《中小学计算机教育五年发展纲要(1996—2000 年)》,给出了中小学计算机教育发展的目标、任务和指导方针。

其中,目标具体规定了城市、县(市)和农村学校计算机设备达到最低配备台数比例,并要求开展有关计算机区域联网和多媒体计算机教学系统方面的实验与研究;有计划、有步骤地普及高中的计算机教育,对所有达到硬件配备标准的普通高中必须开设计算机必修课,开展计算机辅助教学、辅助管理等活动和计算机知识教育作了具体要求;对初中、小学的计算机教育发展提出相应要求,并且因地制宜地给出相关建议。

中小学计算机教育的任务是:全面贯彻教育方针,为完成中小学教育改革和发展的整体目标服务,为提高全民族的科学文化素质服务,为 21 世纪我国中小学计算机教育的进一步发展打下基础,逐步建立具有中国特色的中小学计算机教育体系。中小学计算机教育的具体任务是在 1993 年《中国教育改革和发展纲要》的基础上提出的,该任务也是对计算机教育具体要求的阐释,通过中小学计算机教育的普及逐步实现我国教育信息化,人才培养现代化的总体目标。

国家对中小学教育信息化的具体目标与任务从计算机设备建设数量与质量上作了具体要求，以积极进取的态度认识和筹划我国的中小学计算机教育，并且也实事求是地根据各地经济、文化发展的实际，因地制宜，分类指导；对现存的中小学计算机教育普及中存在的问题给予实质支持。

比如加强领导、提高认识；提高计算机教师的地位和待遇，改善他们的工作、学习和生活条件，加强师资队伍建设；制订中小学计算机教育软件发展规划和中小学计算机教育软件开发指南等，规范教育软件的研制、开发和管理；从计算机教育理论与实践的研究、计算机学科教学研究、计算机辅助教学实验、教育管理系统的研究和应用以及示范学校建设等几个方面，全面做好计算机教育工作；凝聚国家、社会、企业和各界人士的力量，保证中小学计算机教育经费的来源。

《中小学计算机教育五年发展纲要（1996—2000 年）》的颁布标志着我国中小学计算机教育发展的新局面，也为其未来的发展指明了方向。

第三节　初露端倪的现代远程教育

1998 年 6 月，教育部报请国务院批转《关于发展我国现代远程教育的意见》，指出当前我国现代远程教育的传输手段、办学层次、办学主体都还比较单一，不能适应社会日益增长的多样化的教育需求，提出推动以电子信息技术为基础的现代远程教育发展的必要性和紧迫性、指导方针、目标、任务及实施步骤、主要措施。至此我国现代远程教育初露端倪，并正式进入国家推进阶段。

到 1998 年，我国教育信息化起步阶段基本完成，并开始迈向教育信息化的应用阶段。此时，教育信息网络基础建设基本成形，我国的学校电教系统工程基本普及，升级后的信息技术设备设施建设飞速发展，为我国现代远程教育的开展奠定了良好的硬件基础；教育信息资源建设初见成效，视听教材、计算机教学软件以及数字教育数据库已形成基本资源体系，使我国现代远程教育"有车可走"、"有货可拉"；信息资源的利用和信息技术的应用方面，随着计算机教育发展的不断深入而渐入佳境，而面对教育信息技术人才的匮乏，我国也持续加大开展信息技术人才培养和培训工作的力度，为开展现代远程教育的衔接工作提供有力保障；信息化政策、法规和标准方面，国家通过发布一系列相辅相成、有效衔接的政策、法规和标准,明确了教育信息化体系各要素间的关系,保障了从电化教育到计算机教育,再到信息化教育的顺利过渡,也为我国现代远程教育的有效开展"保驾护航"。

一、"八室一站三系统"

1978 年以来,我国电化教育正式重启,对基础设施的投入一直是我国教育信息化建设的重中之重,其中主要是对现代教育媒体实施的引入、更新和替换。正如视听教育阶段,以幻灯、广播、电影、录音为主要教学工具时期的全国"两机一幕"(投影机、收录机和银幕)进教室,到电视教学、录像教学时期的"四机一幕"(投影机、收录机、电视机、录像放映机和银幕)电化教室的全国性建设一样,我国掀起电化教育基础建设的阵阵高潮。

随着电化教育全国性的普及和发展,在视听教育向计算机教育过渡时期,电教系统工程建设的主体发展成为对学校"八室一站三系统"的建设:"八室",即普通电教室、多媒体教室、语言实验室、计算机室、学科专用教室、微型电教室、视听阅览室、电教教材库;"一站",即卫星地面接收站;"三系统",即广播系统、闭路电视系统、计算机网络系统。其中广播系统分为室内广播系统和室外广播系统,由广播网及前端构成;闭路电视系统又叫有线电视系统,分为播放系统、监控系统和双向传输系统三大类,是一种通过电缆传输图像和声音信号的电视系统;计算机网络系统主要指 CAI 网络系统,根据其覆盖范围的大小,可分为广域网(WAN)、局部网(LAN)和城市网(MAN)。CAI 网络一般指在学校范围的计算机网络,属于一种小型的局部网络。CAI 网络系统主要由下列硬件设备组成:文件服务器、教师机、学生机、网络适配器、电缆及其他连接件。经过长期的努力,电教系统工程建设取得了巨大的成就,就"一站"建设来讲,我国卫星教育电视自 1986 年中国教育电视台成立播出第一套节目以来,到 1996 年已有四套节目播出。[①] 在教育电视台、站的建设方面,建成卫星电视地面接收站一万多个,教育电视台 1 200 多个,放像点 6.6 万多个,形成了当时世界上最大的教育电视传输网络。计算机室的建设也取得了显著的成果,尤其在 1994 年之后,计算机教育在国家的进一步

---

① 南国农:《面向 21 世纪的中国电化教育》,《电化教育研究》1996 年第 3 期,第 3—8 页。

重视下飞速发展,国家教委于 1996 年提出在全国建立 100 个中小学计算机教育实验区,鼓励有条件的地区和学校试行计算机教育,并拟订了一个关于 1 000 所学校教育手段现代化试点项目的五年计划,试点学校平均装备微机百余台,大多包括多媒体教室、电脑教学机房、电子阅览室等建设内容。① 此时,全国学校计算机设备的配置由 1989 年的 76 862 台发展为 1996 年的 513 696 台,相比增长了 568%,开展计算机教育的学校由 1989 年的 7 081 所发展为 1996 年的 40 851 所,相比增加了 477%。到 90 年代末,全国中小学装机总数近 10 万台,配置计算机机房的学校达到 6 万所,②计算机教育的基础建设进入快速发展期。

在此期间,教育信息和网络系统的基础建设也得到了国家的高度重视和从无到有的巨大发展。早在 1981 年,我国便自行研发了计算机辅助教学系统和辅助教学管理系统。国家教委在 1985 年提出建立国家教育信息管理系统,并在 1989 年正式颁发《国家教育管理信息系统总体规划纲要》,在总体规划的不断推进下,90 年代末教育管理信息系统已建成由 6 个级别组成的系统:中央级、省级、地市级、县级、普通高校级和其他学校级,且中央级(教育部)和省级系统已能通过网络实现信息互通。其中,学校层面的教育管理信息系统建设取得不菲的成果,不仅配置了大量的计算机设备,建成了一定规模的高校信息中心,同时各级学校建成了相当数量的学校教育管理信息系统(校园网)和校际教育管理信息系统(局域网)。在此背景下,我国在 1993 年着手筹建中国教育和科研计算机网(CERNET),并在 1994 年底正式由清华大学、北京大学、上海交通大学、西安交通大学、东南大学、华南理工大学、华中理工大学、北京邮电大学、东北大学和电子科技大学等 10 所高校共同承建"中国教育和科研计算机网示范工程",到 1995 年中国教育和科研计算机网开通,形成了覆盖全国的,由全国主干网、地区网和校园网三级结构组成的,完全采用 TCP/IP 技术的全国教育和科研网络(广域网),到 1997 年,联网接入单位已超过 300 家,网络用户超过 15 万人。

无论是"八室一站三系统"的建设,还是教育信息和网络系统的基础建设,都在构

① 祝智庭:《中国教育信息化十年》,《中国电化教育》2011 年第 1 期,第 20—25 页。
② 祝智庭:《关于教育信息化的技术哲学观透视》,《华东师范大学学报(教育科学版)》1999 年第 2 期,第 11—20 页。

建我国教育信息网络过程中起到重要的作用,并对我国远程教育网络的形成发挥了重要的推动作用,有力地促进了第二代远程教育向第三代远程教育即现代远程教育的转向和升级。

二、资源体系初成

在教育信息化建设的起步阶段,教育信息资源建设主要包括电教教材、教学软件的设计开发和教育数据库的研制建设。

在电化教育时期,教育信息资源建设的主要任务是现代教材体系(电教教材体系)。现代教材体系由两个部分构成:一是文字教材系统,包括教科书、讲义、教学指导书、学习指导书、习题集和实验实习指南等;二是视听教材系统,包括幻灯、投影、录音、电影、电视、计算机课件、唱盘、视盘等。这两类教材都以教学大纲为依据,为实现同一教学目的服务。现代教材体系有两个明显的特点:一是成套化、系列化;二是多媒化。建立现代教材体系也就是要实现各科教材的系列化、成套化、多媒化,最后建成教材箱和学习包。[①] 在 1993 年以前,全国中小学使用统编教材,电教教材建设大都依据统编的文字教材。1993 年以后,九年义务教育教材开始推广使用,且文字教材版本多样化,浙江、上海两省市根据当地的文字教材,同步编制了配套的音像教材,受到了中小学师生的普遍欢迎。各地还有一些具有地方特色的九年义务教育文字教材。到 1997 年,大多数省、自治区、直辖市使用的是人教版九年义务教育文字教材。编制与人教版文字教材相配套的电教教材,除了人教社音像制作中心已经编制一部分外,尚有一些单位合作生产或制作人教版的电教教材。

自 20 世纪 90 年代初,计算机教育便成为我国教育信息化发展的重心,此阶段资源建设的重点也转变为建设服务计算机教育的视听资料和软件,这是一个历史的发展过程,如在"两机一幕"时期的投影和音像教材的设计开发,"四机一幕"时期的电视录像教材的设计开发,卫星教育电视时期的广播电视教育节目的设计制作,以及计算机教育时期的多媒体课件的设计开发,其中 1996 年国家教委为鼓励建设多媒体课件资源,通过了包括资助多媒体课件开发的国家"九五"重点科技攻关项目——"计算机辅

---

① 南国农:《面向 21 世纪的中国电化教育》,《电化教育研究》1996 年第 3 期,第 3—8 页。

助教学软件研制开发与应用"(96 - 750)。

在计算机教育普及和实践时期,计算机教学和管理软件的设计开发与共享应用成为教育信息资源建设的重心,这些软件大致可以归为两类:CAI 类软件和网络管理系统类软件。其中,CAI 软件的内涵此时有了较大的变化,从一开始的"计算机课件"向"组件"发展,即由零散的教学内容单元向集成的专业教学平台转变。工具型、资料型和开放型教学平台的出现改变了以前由教师个体设计开发"低水平重复"教学课件的现象,更为灵活、适应不同教师和不同教学情境的标准化、专业化设计成为 CAI 软件设计开发的新方向,其代表性软件便是 1997 年涌现出的"几何画板"、"CSC 语文电子备课系统"、"教学实验室",此类教学平台软件的出现不仅有效提升了我国计算机教育的质量,更改变了我国计算机教育的面貌和生态。而网络管理系统类软件则是伴随着我国教育信息网络系统的建设,得到了显著的发展,不仅出现了面向不同教育机构、不同层次学校的教育管理系列软件,而且面向学校中不同的部门管理职能,出现了诸如教务管理系统软件、实验室管理系统软件、科研管理系统软件,以及综合类的学生综合管理系统软件、教师综合管理系统软件和校园综合办公管理系统软件等。正是这些丰富的网络管理系统软件,提高了我国教育信息网络系统建设的成效,也保证了 CAI 类软件有路可走,有车可乘。此阶段计算机教学软件的特点是从早期的零、散、乱走向专业化、集成化、标准化,即由早期开发的各自为战、利用重复低效、质量参差不齐,走向由专业机构开发、国家采纳推广模式下功能集成、标准统一、质量优良的计算机教学软件。计算机辅助教学和管理是这一时期我国计算机教育发展的重点方向,因此无论是 CAI 软件还是网络管理系统,在质量优良、使用便捷的前提下,在全国范围内都受到广大学校和教育机构的欢迎。

教育数据库也可称为教育信息资源库,其建设贯穿于整个教育信息化起步阶段。我国首个教育数据库是 1983 年由清华大学牵头国内高校研制的"中国大学学报论文数据库",之后又陆续建成了"全国高等学校图书馆事实数据库"、"国家教育法规数据库"、"中国教育信息库"(高等教育出版社)、"战后世界教育发展统计资料数据库"、"全国高教研究期刊论文管理信息系统数据库"、"学前教育数据库"、"中国教育文献数据库"(中央教科所教育信息研究中心)等,我国教育数据库的建设呈快速发展之势。不过我国教育数据库的发展也经历了一定的挫折。国家信息中心、国家科委和国家计委

1995 年对全国数据库进行的一次调查显示,全国具有一定容量、可供有效利用的数据库已由 1991 年的 506 个增加到 1 038 个,尽管数据库建设数目有所增加,但文教类数据库数量实际在下降,文教类数据库由 203 个下降到 95 个。但随着 1995 年中国教育和科研计算机网的开通,教育科学信息事业有了新的发展思路和机遇,教育数据库的建设又得到了国家的重视和进一步的发展,在 1996 年不仅建成了整体水平较高"中国学术期刊(光盘版)数据库"(清华大学光盘国家工程研究中心)和民办经营性的"全国教育信息网"(大庆市三联信息中心),中央电化教育馆在"计算机辅助教学软件研制开发与应用"(96 - 750)项目的基础上申报了"学校 CAI 软件资源库建设与应用"项目,于 1997 年获国家教委批准立项,并经国家教委科学技术司批准,拓展为"现代教育技术信息资源库建设与应用"(96 - 750 - 03 - 05 - 02)项目组织实施,教育数据库的建设又进入了新一轮的高速发展期。此阶段教育数据库的特点是由早期的集合文件、资料和数据的目录型被动数据库,发展成为多层次、多网络、分类严密、科学性、专门性和智能性的主动数据库,同时与我国计算机网络建设相结合,可用性和开放性得到巨大提升。教育数据库伴随着教育信息化尤其是计算机、互联网的发展而保持持续建设,并随着我国计算机网络的迅猛发展,其服务对象和辐射范围迅速扩大,由部分学校和教育机构拓展为全体学校和教育机构。

三、走向整合的计算机教育

我国计算机教育发展到此时,不仅已确立教育信息化建设的核心地位,而且随着以计算机为核心的信息技术的发展,已加速拓展转向信息化教育,即实现信息技术和教育的整合。在此阶段,教育信息化网络基础建设已走向以计算机硬件和网络系统建设为核心的新阶段,信息资源建设也形成了以多媒体教学软件设计开发和共享应用为重点的新模式,而在此基础上,信息资源利用和信息技术应用也进入了信息技术与教育相整合的教育应用时代。

从宏观层面上讲,计算机教育在我国的开展,就是在教育中利用以计算机为主要载体的数字化信息资源和应用以计算机为核心的信息技术的过程。并且随着以计算机为核心的信息技术的不断发展和应用,不仅教育信息化的网络基础建设不断保持着更新和升级,教育信息资源建设的方式也取得了很大的突破,尤其是随着多媒体和互联网技术的成熟与应用,大量的教育信息管理系统和网络教育数据库不断涌现,同时以"国家教育管理信息系统"、"中国教育和科研计算机网"、"留学人才技术供需信息网"、"远程教育网示范工程"等集教育信息技术研发应用和教育信息资源建设利用于一体的大型教育信息资源建设项目为依托,我国教育信息化建设得以稳步发展。

从中观层面上讲,计算机教育在我国学校教育体系推进的过程中,一方面有组织地开展了诸如"多媒体组合教学设计研究"(1991年)、"小学语文四结合教改实验"(1994年)、"计算机辅助教学软件研制开发与应用"(1996年)、"全国一千所中小学现代教育技术实验学校教改实验"(1997年)、"发展教育技术,促进教育现代化"(1997年)、"网络环境下协作学习的理论与实践"(1997年)等对教育改革产生深远影响的现代教育技术实验,不仅验证了计算机教育对素质教育的推动作用以及对教学过程的优化作用,更进一步探索了计算机技术和计算机教育资源在教育中的正确应用方式,从基础理论和教学实践两个层次进一步推动了计算机教育在我国学校教育体系中的发展。另一方面,拥有教育信息技术和教育信息资源双重属性的计算机教学软件,在教育实践应用的过程中,找到了正确的应用和发展方向。教学软件不仅内涵上由"教学课件"拓展为"教学平台",同时专业化、集成化的发展方向使计算机技术在教育中的应用得以标准化,计算机教育资源在教育中的利用得以便捷化,信息技术和教育开始呈现整合的形态,CAI的成效得以真正显现。

从微观层次上来讲,各级各类学校一方面从"两机一幕"到"八室一站三系统"建设走向了校园信息管理系统建设,初步完成了以计算机为中心的教育信息化基础建设和信息资源累积,改造了校园内信息化环境,不仅为教育信息技术的应用更新和教育信息资源的利用再生产创造了良好的基础,也提升了学校综合管理的能力和效率;另一方面,中小学计算机课程(2000年正式改为信息技术课程)的开设和高等学校电化教育专业(1993年改为教育技术学专业)的设立,使得以计算机为核心的信息技术同时成为学习的课程和对象,什么是信息技术和如何应用信息技术作为学习内容也成为教育信息资源的一部分,信息技术和信息资源在校园里的应用和利用成为学生们必须掌握的技能,这不仅有利于学校层面对计算机教育的认识,同时也为学校层面教育信息化建设的推进奠定了坚实的基础。

总之,信息技术和教育的整合在这一时期成为我国教育发展的大势所趋,也是推进我国素质教育发展的重要途径之一。基于此,CAI 成为各级各类学校争先发展的重点课题,尤其是随着计算机、多媒体、互联网等 ICT 的发展和结合,CAI 对促进学生发展、提升教育质量的重要作用愈发不容忽视。

案例 2-7

愈"整合"愈显效益的 CAI

广州市天河区云山小学在 20 世纪 90 年代后期积极进行多媒体辅助教学实践和研究,通过大力推动多媒体、计算机、互联网等 ICT 和教育教学的整合,成功实现了推进学校素质教育发展、提升教育教学质量的目标。

在硬件上,云山小学当时已配置 150 台多媒体计算机投入到教育、教学、管理工作中,并拟建云山小学校园网,该网将与互联网联网,与中国教育和科研计算网联网,与学生家庭联网,结合网络技术和多媒体技术,形成云山小学新教育技术体系,为计算机多媒体辅助教学打下坚实的物质基础。

在软件上,云山小学一方面积极运用当时优秀的 CAI 软件如"几何画板"、"CSC 语文电子备课系统"、"教学实验室"、"鹏博士"等,另一方面积极培养教师或聘请校外兼职人员,根据学生的学习需要和教师的教学需要,以现代教育教学思想、观念和教学理论为指导,自行开发出一批教学软件,其软件质量受到广东省、广州市电教馆的好评,在一定程度上满足了学校对软件的需求,从而促进了计算机多媒体辅助教学的发展。到 1998 年,云山小学各科教学开发软件共 100 多件,形成了丰富有效的学校软件资源库。

在研究和实验过程中,云山小学针对当时可借鉴的经验不足和现实需要,成立了计算机多媒体辅助教学科研实验小组。学校根据拥有的研究水平、研究实力,能承担科研所需的人力、物力,针对学校在进行多媒体辅助教学过程中迫切需要解决,而在当时该研究领域又尚未解决的问题积极开展科研活动。1997 年,云山小学参加了中央电教馆组织的全国教育科学"九五"规划课题"电化教育促进中小学由'应试教育'转向素质教育的实验研究"的子课题"开发与应用多媒体软件提高小学生英语学习能力实验研究",课题研究工作在广东省、广州市、天河区各级教育部门的领导和专家以及学校领导的重视与支持下,在 1998 年取得了初步的研究成果,并得到市电教馆的好评与肯定。云山小学除了积极参加省、市有关科研课题研究外,还成立了校内科研小组,并采取行动研究法,将科研活动与学科教学活动相结合,使科研活动结合学科教学过程进行,学科教学活动又促进科研活动的深入开展。到 90 年代末,云山小学已在数学、英语、自然、语文、音乐、美术等学科陆续开展了计算机多媒体辅助教学课题研究。云山小学通过积极、科学、规范、深入地开展多媒体辅助教学科研,使学校的教育教学质量得到极大提高。云山小学 1997 年和 1998 年连续两年毕业班的考核成绩在全区 60 多所小学中名列前茅,都是前三名。学生参加区、市、省、全国乃至国际性各学科竞赛获奖人数之多、层次之高,为过去所罕见。教师在全国、省、市多次获得教研、科研奖项,并在有关报刊发表了若干篇多媒体辅助教学论文。

云山小学多媒体辅助教学的实践与研究证明,计算机多媒体技术的集成性、控制性和交互性能够为教与学提供多样的可供选择的外部刺激,及时的学习结果验证、反馈、指导,以及有效组织与管理学习的超文本功能,为学生创造了较为理想的学习环境。它不仅调动学生视、听、说、做等多方面的感觉,引导学生在情感上、行为上的积极参与,激发他们的想象力、创造力,而且使学生能真正地发挥认知主体的作用,选择自己需要的学习内容、学习策略和媒体,并不断地评定学习结果,改善自己的学习,使学习效果和效率达到最佳,从而有利于实现真正的因材施教和教育个性化。①

与此同时,计算机教育硬件设施和软件资源建设的飞速发展使得人才问题益发凸显,计算机教育师资匮乏成为制约计算机教育和教育信息化发展的关键因素。从广义来讲,计算机教育师资指的是从事计算机教育工作的人,包括全体教师和计算机教育专业人员、计算机教育技术专职人员以及计算机教育技术开发和设计人员;从狭义来

---

① 苏湛英:《计算机多媒体辅助教学实践初探》,《教育导刊》1998 年第 11 期,第 41—42 页。

讲,计算机教育师资主要指从事计算机专业教学和利用计算机辅助教学的专业教师。无论是从广义还是狭义上看,计算机教育师资都存在着严重的匮乏,而且这种匮乏是"量"和"质"上的双重匮乏,不仅总体数量严重不足,同时质量上也存在着总体水平不够和水平参差不齐的严重问题。虽然截至1997年,我国信息技术相关专业的博士点已发展到175个,硕士点发展到730个,所有高校都把计算机课程作为必修课,部分大学还建立了信息工程学院,每年培养博士生3 000余名,硕士生4 100多名,本专科毕业生近10万名,[1]但并不是学生学习计算机专业就能够成为一名计算机教育教师,人才流失是其中一部分原因,能力结构不匹配则是更重要的原因。就计算机教育专业教师而言,他至少需要具备两类知识和能力:一是信息技术应用知识和能力,主要包括计算机基础、多媒体基础以及网络通信等应用知识,计算机及相关设备使用、教学课件软件使用以及计算机网络与通信应用等能力;二是教育教学知识和能力,主要包括教育学、心理学、教育法律法规、师德等基本知识,教学设计、教学资源开发、教学管理评价等能力。虽然到90年代末,全国已有100多所院校开设了教育技术学本科、专科层次教育,建立了3个教育技术学专业博士点和20多个硕士点,但无异于杯水车薪。国家教委全国中小学计算机教育研究中心统计显示,至1996年,我国从事计算机教育的专业教师只有24 172人,并且部分教师只是从事计算机相关工作,并不具备担任计算机教师的完整能力结构。与此同时,现代教育技术的飞速发展,使得原来的电教队伍知识结构老化,加上部分教师角色固着,缺乏终身学习的意识,无法跟上教育信息化的发展形势,计算机教育师资队伍总体处于较低水准,并且存在严重的参差不齐现象。在1998年全国多媒体教学网络系统应用现场会上,时任教育部副部长的韦钰同志指出我国教育信息化存在的五个主要问题,其中之一便是师资问题——相当多的教师没有掌握教育技术运用的基本能力,造成了一定程度的设备闲置和浪费。学校中教育技术专业人员不足,师范院校教育技术专业培养的毕业生一方面大量流失,另一方面也显露了知识结构上的弱点。[2]

正是因为意识到了人才匮乏对教育信息化发展的阻碍,我国在开展师范生计算机

---

[1] 邹家华:《加快推进国家信息化》,《求是》1997年第14期,第2—6页。
[2] 韦钰:《总结经验,积极探索,开创我国教育信息化新局面》,《中国电化教育》1998年第12期,第5—8页。

职前教育、普及中小学计算机课程、开设计算机相关专业的基础上,还通过对学校管理人员、教育技术专业人员以及全体教师的在职培训弥补人才缺口,提升计算机教育师资水平。在教师继续教育中,通过开设教育技术课程、信息技术应用课程和信息文化课程,培养广大教育行政干部、专业教育技术人员以及教师的信息技术应用能力和信息意识,以适应并促进教育信息化的建设和发展。我国国家教委基础教育司在 1994年颁发了《中小学教育工作者"计算机培训"指导纲要》,其目的正是通过计算机培训,提升中小学全体教育工作者的计算机应用、管理和教学能力,以便更好地进行中小学计算机课程的开设和计算机教育的全面开展。此后,国家还陆续利用师资教育信息资源库,以及网络教育的方式对教师展开远程继续教育。

与此同时,国家还通过派遣留学生学习吸收国外先进知识经验,培养计算机教育师资。我国作为信息技术和教育信息化的后来者,通过高校间的国际交流与合作,派遣留学生学习吸收国外先进知识和经验,加速我国教育信息化队伍建设和过程推进。从 1978 年到 1997 年,我国利用各种国际合作机会,选派优秀人才,学习借鉴发达国家信息学科领域科研、教育和产业化的先进经验,学习最前沿的知识和技术,已派出留学人员 28 万名,回国近 9 万名,其中不少人已成为信息领域的教学与科研骨干。在此期间,我国以教育信息化建设实践项目和教育信息化教育实验为依托,通过"在做中学",也培养了一批信息技术人才和教育技术人才。"八五"期间(1991—1995 年),在国家计委的支持下,由国家教委主持建设的国家"八五"攻关项目——中国教育和科研计算机网示范工程的建设,积累了较为丰富的网络建设经验,培养了一批高层次的网络研究人才及一大批业务骨干,并且培养了为数众多的网络应用人才及使用者,促进了网络文化在高校的形成。通过对网络的运行维护过程,也培养了一批网络运行维护方面的专门人才,为我国教育信息化建设的进一步发展奠定了坚实的基础。[①]

四、构建完善的教育信息化体系

在教育信息化建设起步阶段,其实在 1997 年国家信息化体系模型(即国家信息化

[①] 国家教委科技司:《实施"科教兴国"战略推动国家信息化发展》,《管理信息系统》1997 年第 8 期,第 3—8 页。

体系六要素)提出前,我国教育信息化建设是以电化教育资源和理论建设为主体的,其中尤其着重对资源,即硬件(基础设施)、软件(应用资源)的建设。在国家信息化体系模型提出之后,教育信息化建设以此模型为指导,提出了教育信息化模型,即从教育信息网络基础,教育信息资源,信息资源的利用和信息技术的应用,信息化人才的培养和培训,教育信息产业和信息化政策、法规和标准六个维度进行教育信息化建设。在此期间,为引导、统筹和规范我国教育信息化建设,我国政府和相关部门发布了一系列的教育信息化政策性、法规性和标准类文件。它们主要用来规范和协调信息化体系各要素之间的关系,是国家和教育信息化快速、持续、有序、科学发展的根本保障。

(一)颁布政策法规,指明未来方向

在政策和法律法规方面,通过一系列教育信息化政策和法规的颁布实施,指导和规定了我国教育信息化建设的方向,有效保障了我国教育信息化建设的开展和落实。其中主要包括:

1. 加强指导管理,统筹电化教育发展

总结性地回顾我国电化教育的发展可以看出,国家电教政策起到了不可忽视的规划引导作用。1978 年 5 月教育部召开的全国教育工作会议,下发了《关于电化教育工作的初步规划(讨论稿)》,对我国电化教育的重启工作作了初步规划,促进了早期电化教育工作的开展。同年,教育部又发出《关于学校开办教育电视有关问题的通知》《关于全国幻灯教学汇报会的总结》,促进了电视和幻灯在学校中的教育教学应用。1981 年教育部针对电化教育发出了《关于当前开展电化教育工作的通知》《关于电化教育工作中的几个问题的意见》等相关文件,根据电化教育实践现状对电化教育的开展作了进一步部署和引导。1988 年 3 月国家教委印发《关于加强电化教育教材建设的意见》,同年 6 月印发《学校电化教育工作暂行规程》和《省级电化教育馆暂行规程》,有效指导了电化教育工作的进一步开展。1997 年 7 月国家教委正式印发《中小学校电化教育规程》,对我国电化教育的开展作出了进一步的指导和规范。正是通过加强对电化教育的宏观指导与管理,形成了统分结合、衔接得宜的发展战略,使我国的电化教育得以快速、有序发展。

2. 深入发展变革,推动计算机教育转向

简要回顾我国此阶段的计算机教育政策,可以发现政策目标对计算机教育发展的重要影响。1992 年 7 月国家教委发出《关于加强中小学计算机教育的几点意见》,明确指出了中小学计算机教育工作中应当注意的问题,指导和促进了计算机教育在全国中小学的开展,目标就是推进中小学计算机教育的全国普及。1996 年 12 月国家教委制定并发布《中小学计算机教育五年发展纲要(1996—2000 年)》,明确规定了中小学计算机发展的目标和任务,有效地指导了"九五"期间我国中小学计算机教育的开展,目标就是在普及计算机教育基础上,提升计算机教育的质量和成效,以建立具有中国特色的中小学计算机教育体系。1997 年 10 月,国家教委印发了《关于印发〈中小学计算机课程指导纲要〉(修订稿)的通知》,提出将计算机课程分为若干模块,从小学到初中和高中开课,计划在中小学全面开设信息技术课程,计算机教育随着信息技术的发展和社会需求的变化朝着信息化教育转向。通过对计算机教育的持续研究和规划,在主题突出、层层推进的发展战略指导下,我国计算机教育稳步前进,不断深化,为最终走向信息化教育打下坚实基础。

3. 共享优质资源,促使远程教育更"远"

我国远程教育的发展和变革更是离不开国家教育政策的推动和指导。1985 年教育部发布《中共中央关于教育体制改革的决定》,明确提出利用广播电视教育加强教师培训。1986 年国家制定并实施"国民经济发展第七个五年计划",其中明确要求"广泛推行广播电视教学形式"。1989 年 4 月国家无线电管理委员会发出《关于地方小功率教育电视台频道管理的通知》,同年 9 月国家教委发出《地方教育电视台站设置管理规定》,通过加强对教育电视台站的规范管理,促进我国广播电视教育的有效开展。1993 年 2 月,中共中央、国务院发布《中国教育改革和发展纲要》,明确提出"要积极发展广播电视教育和学校电化教育,推广运用现代化教学手段",表明国家对远程教育和电化教育的进一步重视。1995 年 3 月颁布的《中华人民共和国教育法》中第六十六条规定:"县级以上人民政府应当发展卫星电视教育和其他现代化教学手段,有关行政部门应当优先安排,给予扶持。"这是我国首次以法律形式对远程教育和电化教育的开展作出明确规定。1997 年 12 月,国家教委下发了《关于高等学校开展远程教育有关问题的通知》,提出高校利用网络信息传输系统开展远程教育的问题,我国现代远程教育体系建设正式启动;同月,国家教委、广播电影电视部颁布《广播电影电视部、国家教委关于联合实施现代远程教育网工程的通知》,提出为贯彻落实党中央"科教兴国"的战略方针,促进全民素质的迅速提高,两部门利用卫星网络和有线电视系统联合实施现代远程教育网工程,并成立了高规格的"现代远程教育网工程"领导小组,推进实施现代远程教育网工程。1998 年 6 月,教育部报请国务院批转《关于发展我国现代远程教育的意见》,提出推动现代远程教育发展的必要性和紧迫性、指导方针、目标、任务及实施步骤、主要措施,指导我国顺利开展现代远程教育工作。1998 年 12 月,教育部制定了《面向 21 世纪教育振兴行动计划》(1999 年 1 月获国务院批转,以下简称"《振兴计划》"),提出实施现代远程教育工程,形成开放教育网络,构建终身学习体系,推动中国教育科研网、卫星电视教育网、广播电视教育网的综合发展,使"天"、"地"联网,可以说《振兴计划》的颁布标志着我国第三代远程教育工程建设的正式开展。我国远程教育在政策和战略的有效指导与强力支持下,不仅在技术上持续突破,产生了空间距离和覆盖面积上质的提升,更是通过对优质教育资源的共享共用,为提升教育质量、实现教育公平发挥了不可替代的重要作用。

(二) 制定行业标准,推动健康发展

在标准方面,主要有两类标准,一是作为电子产品的信息技术和业务标准。我国信息化建设在《商标法》《专利法》《著作权法》等法律法规的基础上,通过颁布一系列的法规和标准文件,推动国家和教育信息化的健康发展。1986 年 4 月,电子工业部提出了《中华人民共和国计算机软件保护条例(草案)》及其说明书,为促进软件产业和国民经济信息化的发展,发出制定《中华人民共和国计算机软件保护条例》的提议。1993年,国务院发布了《中华人民共和国无线电管理条例》,对卫星电视广播业务制定了相关的标准和规范;同年,电子工业部印发了《卫星电视广播地面接收设施管理规定》和《电子工业科学技术成果鉴定办法》,对无线电业务和包括信息技术在内的科技成果鉴定制定了相关的流程和规范。1994 年,国务院发布了《中华人民共和国计算机信息系统安全保护条例》,为了保护计算机信息系统的安全,促进计算机的应用和发展,制定了安全保护制度和规范。1996 年国务院发布了《关于计算机信息网络国际联网管理的有关决定》,电子工业部印发了《中国金桥信息网国际联网管理办法》,对我国计算机网络国际联网以及金桥信息网国际联网提出了要求和规范。1997 年国务院发布了《广播电视管理条例》,电子工业部印发了《VCD 视盘机通用规范》、《卫星电视广播地面接收设施生产动态定点管理办法》,邮电部印发了《中国公众多媒体通信管理办法》,

对我国广播电视业务、VCD 设备和多媒体通信业务制定了相关的标准和规范。1998 年信息产业部正式发布《SJ/T 11196－1998 超级 VCD 系统技术规范》电子行业标准,对 VCD 系统技术作了进一步的规范。1999 年 3 月,先是由信息产业部批准发布《计算机 2000 年符合性测试规范》电子行业标准,后由 15 家电脑硬件厂商、软件厂商、信息服务商、电脑零部件厂商和 IT 行业媒体及计算机用户协会在北京共同签署了《电脑应用推进联盟——面向 INTERNET 的世纪宣言》,标志着计算机新标准下市场的蓬勃发展。作为教育信息技术载体的信息技术产品和设备,其健康有序发展对教育信息化建设有着重要的意义。我国通过对各信息技术和业务标准的建设,保障了信息技术产品和设备的有效性、可靠性和适用性,促进了我国教育信息化的发展,尤其是教育信息网络基础、教育信息资源、信息资源的利用和信息技术应用的建设与发展。

二是教育信息技术实施和应用的标准。1979 年教育部就幻灯片的编制工作发出了《关于教学幻灯片编制工作的几点意见》以及《关于中小学教学幻灯片编制工作的暂行规定》,针对教学幻灯片编制的现状,制定了相关的标准和规范。1985 年 10 月,由中央电化教育馆和中国高校外语电教协会共同起草的《非书资料著录规则》,包含对我国电子和数字资料著录的标准和规则。1986 年,国家教委中学教育司颁布《关于印发〈全国中学计算机教育工作会议纪要〉的通知》,提出了当时开展计算机教育的学校标准,即在有条件的地区和学校逐步开展计算机教育。1990 年,国家教委发出了《三年制中等师范学校电化教育基础课教学大纲》,通过制定大纲标准,对电化教育在中师阶段的展开进行了教学上的规划。同年,国家教委又发出了《关于加强对集中免税进口录像机、录像带和微型计算机后续管理的通知》和《关于接收外国卫星电视节目管理问题的通知》,加强了对进口电化教育设备和接收外国卫星电视节目的管理与规范。1994 年 10 月,国家教委基础教育司下发《关于印发〈中小学计算机课程指导纲要(试行)〉与〈中小学教育工作者"计算机培训"指导纲要〉的通知》,要求将计算机课程和计算机培训执行的情况、经验和问题及时报告全国中小学计算机教育研究中心,制定标准规范中小学计算机课程的开展,推动计算机教育在全国中小学的开展和普及。1996 年 9 月,国家教委发布《关于印发〈中小学计算机教育软件规划〉(1996—2000 年)的通知》,对我国计算机教育中教育软件的开发和应用作了长期规划。1997 年 11 月国家教委下发《中小学教学软件审查标准》《教育软件使用文档编写指南》《中小学教学软件审查办法》，对我国计算机教育中教育软件的开发、审查和应用制定了标准和规范。制定教育信息技术实施和应用标准，不仅规范了各类教育信息技术在教育中的应用，更是提出了教育信息化建设和开展的原则与标准，为我国教育信息化体系的构建和完善提供了重要依据。

第三章

迎接21世纪的教育振兴行动：现代远程教育的启动

20 世纪 90 年代末期，伴随着现代信息技术的发展，一种新型教育形式——现代远程教育开始登上历史舞台，成为构筑知识经济时代终身学习体系的主要手段。1997年底，教育部电教办开始组织部分行业、高等学校、电教系统专家研究如何在我国开展现代远程教育工作，提出了现代远程教育工程规划方案初稿。1998 年 10 月教育部将现代远程教育工程列入《面向 21 世纪教育振兴行动计划》。1999 年 1 月，国务院转发教育部《面向 21 世纪教育振兴行动计划》，决定实施"现代远程教育工程"。我国现代远程教育历经了兴起、发展、改革三个阶段，每一阶段的建设都为我国现代远程教育的正式启动添砖加瓦。

现代远程教育工程的正式启动始于 1999 年 6 月，全国教育信息化工作座谈会上正式发布了《全国现代远程教育发展规划》（以下简称"《远程教育规划》"），宣布开始实施现代远程教育工程。《远程教育规划》力图从网络课程资源和远程教育硬件骨干平台建设、远程教育试点开展、人才培养、政策制定等几个方面，实现现代远程教育工程自顶层设计到具体落实的全方位突破发展，并且在上述几个方面取得了阶段性成果。

在现代远程教育课程资源建设方面，无论是基础课程资源建设，还是精品课程资源的落实都硕果累累。基础课程资源方面成功实现从"新世纪网络课程建设工程"到"国家现代远程教育资源库工程"的过渡与整合，而"网络精品课程系统建设工程"的实施，也改善了我国"货中无精品"的窘境。

在远程教育硬件骨干平台建设方面，主要是从硬件架构和软件平台建设两个方面着手开展建设。首先是实现了中国教育和科研计算机网的连接，为我国现代远程教育的开展"铺路"；继而从教育政务化、教育研究、数字校园、校际合作几个方面对软件平台的建设进行完善，完成了全国普通高校招生网上录取系统、中国大学数字博物馆、中国大学图书馆体系等一系列平台的建设。

现代远程教育试点的开展，使现代远程教育分别在基础教育和高等教育生根发芽。特别是高等教育试点的完成，为国家高等人才培养的普及作出了巨大贡献。"农远"工程试点的设立为农村中小学带来了先进的课程资源、硬件设备,促进了教育公平的实现。

在人才培养方面,针对后备人才力量不足的问题,国家实施了完善的信息技术人才培养计划。该计划从教育技术专业人才培养入手,培养了大批的教育技术学本科、研究生专业人才。同时为满足早期大量的对信息技术教师的需要,国家陆续开展了教师教育网络联盟、明天女教师培训计划等项目。另外,国家通过在全国中小学开展信息技术教育课程,从基础教育出发,在全面提升我国国民信息技术能力的同时,扩大我国信息技术人才培养的覆盖面。

在政策制定方面,从 1999 年《面向 21 世纪教育振兴行动计划》的颁布开始,国家通过一系列政策的制定和实施,从顶层设计角度开始全面对我国现代远程教育的启动给予引领,保证了现代远程教育设施建设、人才培养计划等项目的落实。

本章主要介绍我国现代远程教育启动时期,在网络课程资源、网络公共服务平台、远程教育试点、人才培养及教育信息化政策颁布几个方面的建设情况。第一节着重介绍现代远程教育启动阶段现代远程教育课程资源的建设,特别是对新世纪网络课程建设工程、国家现代远程教育资源库工程和国家精品课程系统建设工程的发展脉络进行梳理和反思。第二节围绕开放式教育网络公共服务平台的建设,从软、硬两个方面入手,抓住该时期典型的远程教育平台阐述其建设过程、成果及重要影响,并解析了相应的典型案例。第三节关注现代远程教育在高等教育及中小学的应用,论述了现代远程教育在普通高校、广播电视大学等高等学校及中小学开展的试点建设,并辅以案例进行说明。第四节讲述信息技术应用型人才培养体系的构建,包括教育技术学人才的培养,普通全体教师的信息技术能力培养,以及中小学信息技术课程的普及。第五节关注教育信息化如何成为国家发展战略,从基础教育、高等教育、教师培训和教育政务四个方面剖析国家顶层设计。

第一节　现代远程教育课程资源建设

"现代远程教育工程"是《面向 21 世纪教育振兴行动计划》中的六大工程之一,是实现教育资源共享、教育普及的重大项目。国家将远程教育视为实现终身教育的重要保障和构建终身教育体系的中坚力量。那么作为各国政府实施国家终身教育制度的第一选择，远程教育的生存与发展必然需要形成学习者规模效应。而对于一种基于资源的教育——远程教育而言，网络课程资源的缺失是阻碍其发展的主要障碍。面对我国"路已基本开通，但路上车太少，车中货太少，货中精品太少"的窘境，①国家从基本课程建设和精品课程建设两个方面入手，实施了新世纪网络课程建设工程、国家现代远程教育资源库工程、网络精品课程系统建设工程等课程资源建设项目，将现代远程教育课程资源建设放在中心位置。

本节将通过着重讲述几个典型的现代远程教育工程——新世纪网络课程建设工程、国家现代远程教育资源库工程和网络精品课程系统建设工程的发展历程，回顾我国现代远程教育建设初期的艰辛与成就，砥砺前行。

一、新世纪网络课程建设工程的正式启动

新世纪网络课程建设工程是国家针对我国远程教育课程资源匮乏问题实施的一项重要举措，对我国远程教育基础课程建设作出了重要贡献。该工程无论是在国家投入力度、制度制定上，还是工程的规划实施上，都为后续的网络课程资源建设起到了典范作用。

为了推动和加强网络课程建设和管理，教育部于 1999 年 9 月成立了"教育部现代远程教育资源建设委员会办公室"（以下简称"办公室"）。办公室执行教育部现代远程教育资源建设委员会的决定，组织教育部现代远程教育资源建设专家组开展工作，管理现代远程教育资源建设项目和基金，处理教育部现代远程教育资源建设委员会的日常事务。办公室的成立推动了现代远程教育启动工作的顺利开展。

2000 年 1 月，高教司下发了《关于实施"新世纪高等教育教学改革工程"的通知》（教高〔2000〕1 号）。通知中明确了现代远程教育资源建设的内容主要包括网络课程建设、素材库建设、远程教学实验试点、教学支撑平台、现代远程教育管理系统及信息网站建设、远程教育工作者培训、现代远程教育研究和法规建设等，并指出，开发风格多样、内容丰富、全国大部分地区可以共享的网上教育资源是当前的重要目标。这一

---

① 南国农：《教育信息化建设的几个理论和实际问题（上）》，《电化教育研究》2002 年第 11 期，第 3—6 页。

通知的下发更加强化了国家对现代远程教育课程资源建设的要求。在现代远程教育建设初期,由于没有现成的网络课程建设基础,一切需从头起步,网络课程缺失成为阻碍高校发展远程教育的主要因素。因此,在社会、高校关于远程教育课程建设的呼声中,2000年5月,高教司下发《关于实施新世纪网络课程建设工程的通知》(教高司〔2000〕29号),明确了工程的目标、应遵循的原则、工程的内容、工程的管理等四方面内容,以此保障工程项目的实施,这同时也标志着新世纪网络课程建设工程的正式启动。

在网络课程建设时间紧、任务重的情况下,新世纪网络课程建设工程预计在项目启动后的2年内,建设200门左右的基础性网络课程、案例库和试题库;建设一批学、教两用的网络课程,包括以本课程各知识点为单元的开放式网络课件库;建设若干能开展案例课程教学的教学资源与教学素材案例库;建设一批既能够满足网上测试需要,又能够用于校内教学诊断的试题库。

经过高质量、高水准的筛选和选拔,一批既能体现先进的教学思想与教学改革成果,又融合名师、名校、名课程的精英团队,实现了优秀教学资源共享的新世纪网络课程初具成效的目标。

首先,该课程蕴含先进的教学思想。以学生为本、为学生服务的教育思想为主,充分发挥网络教学的优势,其多样化的网络教学模式的创建有利于学生素质教育和创新能力培养。

其次,体现先进的教学改革成果。网络课程建设要吸收"面向21世纪教学内容和课程体系改革计划"、"九五"国家重点科技攻关计划"计算机辅助教学软件研制开发与应用"项目(96-750)的成果,紧密配合"新世纪教改工程",建设思想、内容、体系、方法、手段全新的网络课程。

第三,名师、名校、名课程。要面向所有高等学校,重点支持经教育部批准成立的网络教育学院和各科类的国家教学基地,对"高等教育面向21世纪教学内容和课程体系改革计划"和"九五"国家重点科技攻关计划"计算机辅助教学软件研制开发与应用"项目(96-750)的承担者,同等情况下优先支持。

第四,优秀教学资源共享。要树立资源共享的观念,建立资源共享的形式和机制,尽量减少学校的重复建设,保证国家投入的经费能够最大限度地发挥作用。

第五，必须执行统一的技术规范和标准。遵守《现代远程教育资源建设技术规范（试行）》，确保各项目成果标准的统一。

新世纪网络课程建设工程的内容主要是依据各网络教育学院计划开设的专业，特别是对网络教育学院进行资源需求调查的结果制定的，将需求比较大的教学资源列入其中，包括文、理、工、农、医、财经、政法、管理等各个科类的部分课程，并按照公共课、专业系列课程、专业核心课程的形式进行规划。该工程重点建设的是教学内容，不包括教学支撑环境和资源库管理系统的开发，主要载体是网络课件，光盘和文字教材亦可作为辅助载体。案例库包括重大历史事件案例、标本模型案例、工艺流程案例、规划设计案例、典型案例、工商管理案例、法学案例等几种类型。试题库主要是与网络课程进行配套建设。

按照专门成立的以北京大学李晓明教授为组长的专家小组负责制定的"网络课程测试认证标准"，及全国高等学校教学研究中心和北京大学成立的测试中心的质量认证，通过发布通知、公开申请、评审、立项、项目执行、质量认证及项目验收 7 个阶段的检查审核，2004 年 4 月，教育部分三批共立项 321 个网络课程，通过验收的项目有 299 个。新世纪网络课程建设工程在资源建设、网络支撑平台、资源库管理系统、远程教育信息管理系统、网络课程测评、资源建设规范等方面均取得了一定成就。[①]

国家通过实施新世纪网络课程建设工程，实际建设了 319 门网络课程。2004 年，共验收了 126 门，其中 50 多门课程已经在中国地质大学、北京理工大学、北京语言大学等高校的网络教育学院广泛使用。为了配合新世纪网络课程建设工程的实施，加强管理，相关组织先后起草了《新世纪网络课程建设技术规范》《新世纪网络课程建设工程质量认证标准》等。这些文件的起草为工程建设提供了指导及参考依据。[②]

新世纪网络课程建设工程的成果主要是满足了我国若干所大学网络教育学院的现代远程教育试点基础课程的需求，为高校远程教育的初期发展奠定了基础。另外，

---

① 教育部高教司远程与继续教育处：《"新世纪网络课程建设工程"总体情况介绍》，《中国远程教育》2003 年第 9 期，第 67—68 页。
② 同上注。

校内和学校之间可以通过新世纪网络课程系统进行网上选课以及学分的承认,支持发达地区高等学校和西部地区高等学校通过网络教学进行对口支援。除以上直接成果外,该工程的实施充分调动了高等学校的积极参与,带动了高等院校教育教学改革,培育了一批网络课程建设的专家、技术人员、管理人员队伍,为网络教育的下一步发展,推动教育信息化的发展打下了坚实的基础。

二、国家现代远程教育资源库工程

新世纪远程教育工程项目的成功实施,为我国远程教育课程资源建设开了一个好头,也为后续网络课程建设打下基础。但是也遇到了新的问题,网络课程建设虽然空前繁荣,但是后续资金和资源缺乏、课程管理和应用低效等问题接踵而至。特别是课程资源共享机制欠缺,造成一些课程重复建设,资源浪费。实现课程资源的利用和共享,是保证课程建设后续健康发展的长久之计。

1998 年 12 月教育部制定《面向 21 世纪教育振兴行动计划》(以下简称"《振兴计划》"),强调要重点建设全国远程教育资源库和若干个教育软件开发基地;在远程教育领域内,推动全国电大系统、普通高校、企业及国内外教育机构整合、引进、开发优秀教育资源,建设面向全社会各级各类教育机构和学习者个人的、开放的"多种媒体资源"超市;促进教育资源优化配置及优秀资源的利用和共享,为国家远程教育和学习型社会建设服务。《振兴计划》的颁布为我国远程教育课程建设初期改善资源浪费、重复建设的现状指明了方向,以期通过多种媒体"连锁课程超市"的方式实现我国远程课程的共享。

2003 年 10 月,教育部高教司设立国家现代远程教育资源库工程建设项目,由中国最大规模的远程教育机构——中央广播电视大学承接,并于 2004 年 3 月开始正式实施。该项目计划用 3 至 5 年的时间,形成基于分布式资源库系统,涉及百个学科门类、千门学历课程、万个专题节目/课件,且能够惠及城乡、运行良好的多种媒体"连锁课程超市"。从项目实施伊始,中央电大便给予高度重视,按照教育部人事司《关于中央广播电视大学成立"现代远程教育资源中心"的批复》(教人司〔2004〕49 号),成立了中央广播电视大学现代远程教育资源中心,落实组织机构、人员编制、办公场地及资金、设备,促进了项目的顺利开展。2004 年 12 月,《国家现代远程教育资源库资源建设规范（初稿）》完成，保证了现代远程教育资源的规范化建设。继而在 2005 年 6 月，我国正式开通了国家现代远程教育资源网（http://www.mder.com.cn）。国家现代远程教育资源库系统是教育部国家现代远程教育资源库工程建设项目的主要成果，是以中央电大中央资源库为核心，以电大系统和普通高校为主要依托建立起来的"优化资源配置，促进优秀资源利用和共享"的国家级资源库平台，对于整合、开发优秀教学资源、优化资源配置、促进优秀资源的利用和共享有着十分重要的意义。

项目建设初期，中央电大远程教育研究所联合北京师范大学教育技术系，通过访谈与问卷调查进行了比较全面的资源库用户需求调研。另外，对目前国内比较成熟的同类系统，如国家基础教育资源库、中国知网 CNKI 项目、清华同方 NERRP（国家级教育资源库建设研究）项目、高教社学科资源库、国之源、K12 等进行了深入的比较分析。他们还同全国信息技术标准化技术委员会教育技术分技术委员会合作，邀请教育部参与教育技术标准制定的相关专家参与指导，参考了国内外的 LOM、Dublin Core、CELTS 等标准，制定了《国家现代远程教育资源库资源建设规范》，最终完成试用版及1.0 版的开发。中央电大资源、地方电大优质获奖资源、非学历教育资源及英国开放大学等国外教育资源的入库有序进行，并已初具规模。

国家现代远程教育资源库系统采用分布式管理模式，由中央资源库和遍布各地的分布式节点资源库共同组成。各分布式节点资源库，通过目录同步机制、授权共享机制、交易交换机制等结合成联系紧密的资源库群（见图 3 - 1）。

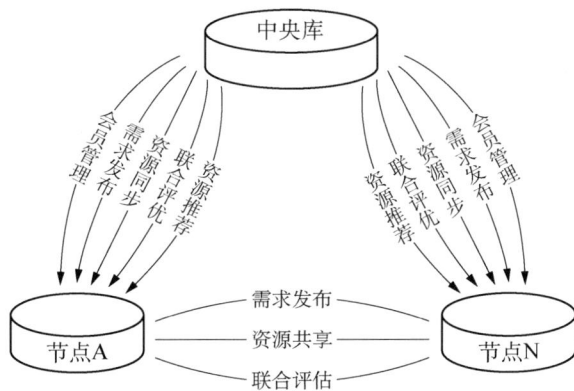

图 3 - 1　资源库分布图

2007年8月,中央资源库整合入库81个专业、1 900余门课程和70多个专题的24.9万个教育资源(包括文本、视频、音频、动画、课件、网络课程、试题、试卷、案例、常见问题解答集、学术论文、学位论文、文献资料等),总容量超过5TB,内容涵盖清华大学音视频资源、全国多媒体课件大赛资源、国家精品课程资源信息、新世纪网络课程资源信息等多种教学资源。国家远程教育资源库实现了资源管理规范化、资源共享交易、"终身学习"资源服务和基于远程教学资源库支撑的教学。

1. 资源管理规范化

学习资源描述符合国家标准,便于资源交换与共享;学习资源分类管理,符合国家统一标准,便于查询与应用;强大的资源管理功能:编目、分类存储、搜索、下载、引用;强大的用户管理功能:资源建设用户分级管理,编目、审核、发布权限控制合理;强大的资源统计功能:按资源类型(媒体、课程、专业)、资源来源、创建者、贡献者、创建时间等条件综合统计,具有方便快捷的导入导出功能;便于资源备份与交换的强大的资源同步功能:某节点共享资源,所有节点自动接受。

2. 资源共享交易平台

实现资源信息共享(全方位发布资源信息、辅助资源建设决策、避免盲目建设、发布供求交易信息);开展资源实体共享、交易、交换(资源评估、认证、大范围共享,灵活交易);促进优质资源的流动与高效利用(扩大优质资源使用范围,基于点播和下载的资源收费体系,获得资源使用收益,促进资源的增值)。

3. 服务于"终身学习"的资源服务平台

完善的课程资源包架构,为多种媒体课程超市功能预留接口;完善的资源引用机制,以媒体库为基础,以专业、课程、专题为应用;资源种类丰富,包括学历教育资源、非学历教育资源、国外教育资源;服务方式灵活,各级电大系统学校及各类教学机构均可部署;服务对象众多,电大教师、学生及广大社会学习者均可注册。

4. 远程教学资源支撑平台——资源库与教学平台

(1)资源库。提供优质、多来源、大容量的资源选择,为开展远程教学提供"资源支撑",满足教师针对性教学和学生自主性学习需要,具有普适、共享、兼容的特点。

(2)教学平台。开展远程教学的网上教学环境建设,直接面向学生,体现教学策略以及相对完整的教学过程。

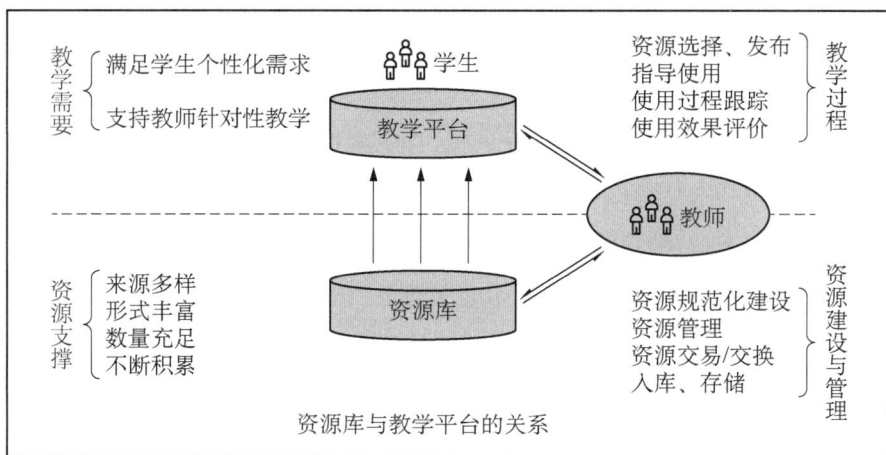

图 3-2　资源库应用模式图

三、网络精品课程系统建设工程

课程是教育的基础,是培养学生知识、能力和素质的重要载体,提高教育质量的关键是提高课程质量。网络课程是教育理念、教学水平、管理水平、技术应用、教学改革和创新的具体体现,在很大程度上反映了网络教育的水平,因此网络课程质量的高低决定了网络教育质量的优劣。这是国家精品课程建设项目启动的理论背景。与此同时,我国高等教育领域中优质教学资源不足,缺少精品课程,对人才培养质量提高具有严重影响。

基于此,教育部 2001 年印发了《关于加强高等学校本科教学工作提高教学质量的若干意见》,启动了高等学校教学质量与教学改革工程。并于 2003 年 4 月,印发了《教育部关于启动高等学校教学质量与教学改革工程精品课程建设工作的通知》,计划用 5 年时间建设 1 500 门国家精品课程,全面提高我国教育教学质量,提升高等教育的综合实力和国际竞争能力,由此揭开了我国高等学校精品课程建设的大幕,力争建设一种具有特色和一流教学水平的优秀、精品课程。为保证国家精品课程建设的顺利实施,2003 年 5 月,教育部办公厅又印发了《国家精品课程建设工作实施办法》。

精品课程建设不仅体现了现代教育思想,同时通过恰当运用现代教学技术、方法与手段,符合科学性、先进性和教育教学的普遍规律,起到了示范和辐射推广作用。简言之,精品课程是"有一流教师队伍、一流教学内容、一流教学方法、一流教材、一流教学管理等特点的示范性课程"。

精品课程建设是一项综合性系统工程,其中包括六个方面的内容:教学队伍建设、教学内容建设、教材建设、实验建设、机制建设以及教学方法和手段建设,以实现优质教学资源共享。其目的是倡导教学方法改革和现代化教育技术手段运用,鼓励使用优秀教材,提高实践教学质量,发挥学生的主动性和积极性,培养学生的科学探索精神和创新能力。精品课程建设的核心是解决好课程内容建设问题,而课程资源建成后的共享与应用是其出发点和落脚点。

作为精品课程录制的主力军,绝大多数高校纷纷启动精品课程建设计划,并制定了校本精品课程评选办法和管理制度。在学校精品课程网站上开放历年的精品课程,形成了校级、省级、国家级三级精品课程建设体系。部分高校成立了由学科专家、教学设计专家和远程教育技术专家组成的教学指导委员会,参与课程建设的规划与监督,如华南理工大学等;部分高校成立了资源建设办公室,负责网络课程建设的申报、组织、管理和验收,以工程项目管理的模式对网络课程建设全过程实施目标管理、设计开发和过程监控,如中山大学、部分省级广播电视大学等;有些高校建立了校院两级精品课程负责制,学校负责精品课程建设的总体规划,学院具体负责遴选课程建设负责人等具体工作,项目负责人对项目开发的质量、进度和经费使用情况按合同要求全面负责。正是由于精品课程建设的制度和措施切实可行,特别是在教学指导委员会、教学资源建设委员会的组织和调控下,使精品课程建设具有很强的针对性和可操作性。

(一)初步构成了校级、省级、国家级三级精品课程体系

以校级精品课程建设为基础,形成校级、省级、国家级三级精品课程体系,极大地推动了学校师资队伍建设、教材建设和教学改革,规范了课程与教学管理,促进了教学手段的现代化和优质教学资源的共享、开放,适应了学校学分制教学改革的需要。借助教育部精品课程建设计划,许多高校在原有课程建设的基础上,加大了教学改革和课程建设的力度,保证了学校人才培养质量。在三级结构的基础上,有些院校向下发展出学院一级结构,将精品课程建设任务直接落实到学院,学校则负责课程建设总体规划。层级递进式的建设形式,保证了精品课程的制作与推广。

（二）初步形成一批优势学科群

在精品课程建设方面取得突出成绩的代表院校中,普通高校占据明显优势。在精品课程总量排行榜上,形成了明显的分水岭,排在前五位的依次是北京大学、清华大学、武汉大学、浙江大学、南京大学,五校精品课程占总数的 14.5％。然而,在国家级精品课程本科层次的学科分布上,有明显的不均衡现象。工学、理学两大学科之和超过半数（占 54％）,仅工学类就占 33％;而教育学、管理学、法学、经济学、哲学、历史学等学科的数量均不足 10％。因此,接下来精品课程的建设需要往课程缺乏的学科方向调整。

建设精品课程的高校中,像北京大学的理学、文学、史学等学科的精品课程数量遥遥领先,清华大学工科精品课程数量也无可争辩地排在国内首位,充分发挥了普通高校的传统优势龙头专业的作用,带动优势学科聚合效应,反映了普通高校,特别是一流高校多年办学实践和学术积淀的水平和成果。而高职高专类院校,则主要以社会需求和市场为导向,通过产学研机制推动应用型学科精品课程建设,从而拉动学校总体办学水平的提升。如深圳职业技术学院正是依靠其在信息科学等应用型学科的建设和积累,跻身全国高校精品课程建设的前列,逐步探索了一条高职高专院校精品课程建设的新路子。

精品课程建设工程自 2003 年以来,累计建成 1 106 门国家精品课程,陆续在全国高等学校教学精品课程建设工作网站、中国开放式教育资源共享协会(CORE)网站开放共享,初步产生了精品课程的示范辐射效应。国家精品课程带动起超过 6 500 多门省级精品课程和一大批校级精品课程。

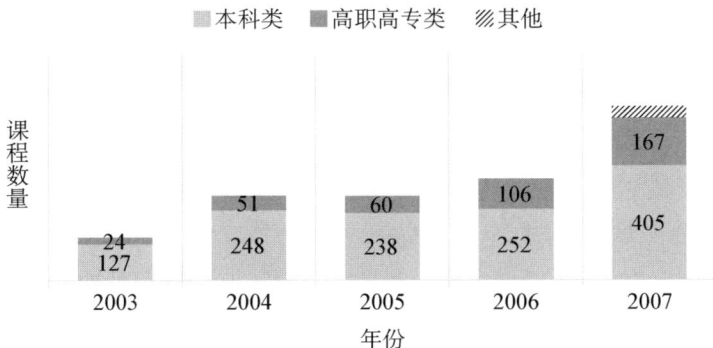

图 3‐3　2003—2007 年国家精品课程数量

2007 年,精品课程建设取得了显著成效,根据质量工程建设要求,我国将继续推进国家精品课程建设,预计至 2010 年完成 3 000 门课程的遴选与重点建设。届时我国将建成一个拥有几千门精品课程的开放体系,拥有丰富的优质教学资源,为不断提高教学质量奠定重要的基础。截至 2010 年,已建设国家级精品课程 3 910 门,其中本科国家级精品课程 2 516 门,高职高专课程 1 000 门,其他类课程 394 门。36 位院士、374位国家级教学名师奖获得者参与课程建设,这些课程反映了我国高等教育课程教学的最高水平。在国家级精品课程建设的带动下,省级、校级精品课程建设也已达数万门。

为了便于精品课程的管理与分享,2008 年教育部批准设立国家精品课程资源中心,建设国家精品课程资源网,整合优化精品课程资源并形成国内最大规模的课程资源库,推动以国家精品课程为代表的高等教育优质资源的传播和共享。当前国家精品课程资源网已收录的国家级、省级、校级课程达 2 万余门;提供信息发布、课程展示、课程检索、课程评价等功能,为广大教师和学生进行网络教学提供了有力的支持。

第二节　开放式教育网络公共服务平台建设

在教育信息化发展中,信息化课程资源是基础,信息化教师是核心,开放式教育网络公共服务平台则既是载体也是教育教学得到有效提升的保障。现代远程教育启动时期,为了保证课程资源的远程共享,实现学校与学校间、学校与社会间的交流互通,国家从硬、软两个方面开展网络公共服务平台的建设。硬平台的建设主要是开通了中国教育和科研计算机网;软平台主要从教育政务信息化、教育研究平台、数字化校园、校际网络教育合作几个方面实现网络站点的建设。

一、中国教育和科研计算机网奠基"信息高速公路"

中国教育和科研计算机网(China Education and Research Network,简称 CERNET)开辟了中国教育的"信息高速公路",是连接我国高等院校和科研院所的一项信息基础设施,是我国教研人员通向国际互联网络的一条信息公路。回顾它的建设历程,我们无比庆幸前辈们的坚持与远见。

案例 3 - 1

　　1994 年至 2001 年期间，时任教育部副部长的韦钰兼任中央广播电视大学校长。在此期间，一个偶然的机会让她为中国打开了现代化远程教育的大门，中国开放式教育从此走上一个新台阶。

　　作为开放式教育领域的开拓者之一，韦钰在退休回归科研领域之后，仍旧孜孜不倦地对这一领域关注、探索、实践着。她深知，这关乎中国下一代的成长和未来发展。

　　1994 年，到世界银行开会的韦钰听说了"信息高速公路"这个新事物。当时与会的西方国家十分傲慢，对着发展中国家的与会代表"叫嚣"信息高速公路是未来的发展趋势，发展中国家要么赶上这条船，追赶潮头，要么就只能被大浪冲走。

　　"这将是未来教育的一个机会。"搞电子出身的韦钰敏感地意识到这是未来教育的一个重要载体。同时她也对西方国家的说法不服气，认为中国同样可以通过建设信息高速公路来发展教育。不久，教育部和国家计委就形成了建设中国教育和科研计算机网的建议报告报批，但最初受到了很大的争议。"有的人不理解这个概念，说'我们早就有高速公路了，谁说我们还要建！'"这让韦钰他们哭笑不得，只能到处解释、说服。终于，报告得到了中央和教育部的支持，经过快速论证，很快就在全国范围内综合考虑、挑选了几所理工科重点高校进行网络试点，开始着手打造中国教育和科研计算机网；由教育部直接领导，联合 100 多名年轻科学家，努力拼搏、自主建设。经过几年奋斗，到新世纪之初，已经通达全国各省会城市并且连接了全国 700 多所大学入网，这是在世界范围内也少见的全国性的统一规划和建设的教育网络。"很多同志的整个青春都扑在上面了。"韦钰介绍说，现在经过十几年发展，中国教育和科研计算机网已经形成了完善的体系，这项工作从培养人才到推动中国整个网络事业的发展包括科研、教育都有很大的促进。而且，在"211 工程"一期工程里面，中国教育和科研计算机网中就已经建立了跨学校图书馆系统,后来又进行招生系统的建设等等。"这件事我们当时抓住了这个机遇。"韦钰事后总结说。她十分肯定建设信息高速公路的决策。①②

1994 年,互联网在发达国家兴起,孕育着巨大发展潜力,但是技术尚未成熟、大规模建设还有风险,面对这一重要形势,国家计委批复了中国教育和科研计算机网示范工程建设项目,开始了我国互联网的建设与发展历程。1994 年 7 月,中国第一个采用 TCP/IP 和 X. 25 的互联网开通。1995 年 12 月,中国第一个采用 TCP/IP 和 DDN 专线的全国互联网主干网(连接 10 个节点)开通,CERNET 示范工程提前通过了国家计委主持的鉴定验收。1996 年 11 月,开通了首条与德国的国际线路 CERNET - DFN,互联速率 64K。1998 年 4 月,组建了我国第一个在国际 6Bone 组织正式注册、连接国内八大城市的 IPv6 试验网 CERNET-IPv6。

为了满足更大空间的网络需求,CERNET 继续升级扩容,截至 2001 年,已建成基于 DWDM/SDH 技术,容量达 40G,总长约 2 万公里的高速传输网,使 CERNET 通信基础条件得到重大改善。CERNET 主干网速率达到 2. 5G、地区网速率达到 155M,主干网络已通达全国 36 个省会城市和计划单列市。我国已有 100 多所高校以 100M—1 000M 的速率接入 CERNET。CERNET 接入单位超过 1 200 个,联网主机数超过 200 万台,用户数量达到近 1 200 万人,IP 地址数量超过 600 万个,主干网宽带和路由技术达到国际先进水平,为教育信息化建设提供了坚实的网络基础。③

2003 年,中国教育电视台经过数字化改造,建成了宽带多媒体传输平台,实现了与 CERNET 的高速连接,具备播出 8 套电视、8 套语音、25 套 IP 广播的能力。学校的多媒体课程可通过 CERNET 传送到中国教育电视台,而后通过卫星宽带多媒体传输平台进行广播。目前,该平台能够播送 5 套教育电视节目、22 套 IP 节目、3 套 VBI 节目和 2 套语音节目,内容涉及教育政务信息、西部扶贫教育信息、中央电大远程教育、

---

① 华南:《韦钰:在中国打开远程教育大门》,《中华儿女》2009 年第 7 期,第 58—62 页。
② 韦钰:《抓住机遇,加快发展我国现代远程教育》,《中国高等教育》2000 年第 12 期,第 9—13 页。
③ 教育部:《2002—2003 年教育信息化发展概况》,http://www. edu. cn/sj_6538/20111215/t20111215_719726. shtml,检索日期 2017 - 8 - 26。

基础教育同步课堂、卫星英语课堂、农广校节目以及军队士官远程教育等各种信息,受益人数超过 200 万人。抓住互联网技术变革的重要历史机遇,国务院批准国家发展改革委等八部委联合领导的中国下一代互联网示范工程(CNGI),开始了我国下一代互联网的发展历程。[1] CERNET 承担建设其中最大的核心网 CNGI - CERNET2/6IX。2004 年 3 月 19 日,CNGI - CERNET2 试验网正式宣布开通并提供服务。同年 12 月,中国下一代互联网示范工程核心网 CNGI - CERNET2 主干网正式开通,成为世界上最大的纯 IPv6 互联网,也是我国第一个全国性互联网。

　　CERNET 的建设不仅是我国信息网络人才重要的培养基地(仅在"九五"国家重点科技攻关项目"计算机信息网络及其应用关键技术研究"建设期间,CERNET 研究人员与其他合作单位就在国内外发表相关学术论文数百篇,培养了一批专业技术人才),还支持和保障了一批重要的国家网络应用项目,加强了我国信息基础建设(例如,全国普通高校招生网上录取系统在 2000 年普通高等学校招生和录取工作中发挥了相当好的作用)。另外,CERNET 的建设缩小了我国与国际上先进国家在信息领域的差距,也为我国计算机信息网络建设起到了积极的示范作用。CERNET 的建设为我国现代远程教育的发展夯实了坚固的路基,为现代远程教育的顺利实施开通了高速公路。

二、教育政务信息化

　　政务信息化是实现政务工作从管理角色向服务角色转变的重要措施,教育政务信息化建设的全面推进是提高服务质量、工作效率和树立行业形象的主要举措。电子政务系统是我国信息化建设的重要项目之一。为贯彻落实教育部关于推进教育系统政务信息化建设有关文件精神,提高学校管理水平和机关工作效率,进一步推动校园信息化建设,高校开始加入教育政务信息系统的建设中。

(一)全国普通高校招生网上录取系统

　　随着高考人数的增加,传统的人工录取方式已经不能满足管理现代化、科学化的

---

[1] 教育部:《2002—2003 年教育信息化发展概况》,http://www. edu. cn/sj_6538/20111215/t20111215_719726. shtml,检索日期 2017 - 8 - 26。

需要,为了提升招生工作效率,增强其透明性、公正性与公平性,教育部以中国教育和科研计算机网(CERNET)为依托,建立了连接全国 31 个省级招办和上千所高校的全国普通高校招生网上录取系统。它使得以纸介质档案为流通基础的人才密集型招生管理模式,转变为以计算机及网络技术为支撑、以电子档案流通为基础的技术密集型招生管理模式,从而减少了人为因素对招生工作的干扰,为招生院校建立健全监督制约机制提供技术保证,更好地体现了公平、公正、公开的原则。同时,实现计算机远程录取也为高等学校实现学生管理信息化和现代化提供了有利的条件。

《面向 21 世纪教育振兴行动计划》提出利用中国教育和科研计算机网"建立全国大学生招生远程录取、计算机学籍管理、毕业生远程就业服务一体化的信息系统",该项目是《面向 21 世纪教育振兴行动计划》的一个课题,由清华大学负责研制开发。清华大学从 1996 年 10 月开始研制全国普通高校招生网上录取系统,1998 年招生期间在天津第一次成功地进行了试点工作,效果明显,公众认可度高。2000 年全国有 16 个省市、845 所院校实行了网上录取,占当年高校总数的 82%,网上录取的学生总数达 111.7 万人,占当年招生计划的 54.75%,其中远程异地网上录取 30.6 万人,实现了网上录取省市数、高校数、学生数都超过半数的"三个过半"工作目标。实践证明,该系统完全已胜任当前省市和院校招办对网上录取工作的要求。

目前对每年一千万名左右考生,高校招生借助全国普通高校招生网上录取系统,实现了从招生来源计划管理、考生信息采集与录入、电子化档案制作、招生现场信息管理到高校一端实现招生网上录取全过程的计算机管理。全国普通高校招生网上录取系统同时提供对招生录取信息进行实时查询与监控服务,已成为有着重大社会效益和经济价值的大型分布式信息处理系统。

(二) 教育行政办公系统

教育部办公厅于 2001 年底和 2002 年初相继下发了《关于加快推进教育系统政务信息化建设的通知》和《关于启用第二批电子信息交换系统的通知》,提出"争取用三至五年的时间……逐步建立覆盖全国教育系统的办公自动化和信息网络。计划在 2002 年先行完成教育部与省级教育行政部门和直属高校的教育政务信息网,实现信息共享和电子公文传输"。

我国教育系统政务信息化主要包括三个部分:

1. 电子化和网络化办公

办公自动化是教育系统政务信息化建设的重要组成部分，是学校在新的形势下，进一步转变工作职能、工作方式和工作作风，努力提高工作质量和工作效率的一项重要内容。例如，2003 年，黑龙江省教育厅信息化推进领导小组根据《教育部办公厅关于教育电子政务建设的指导意见》的总体目标和主要任务，建设黑龙江省教育厅网络视频会议系统。此项工作于 2003 年 8 月开始筹划，2003 年 11 月试运行，2004 年 3 月正式投入应用。与传统集中开会方式相比，该系统的投入使用节省了大量时间。以往需要两三天解决的问题，利用网络视频会议系统一两个小时就可以解决。有关数据显示，各级管理机构的工作人员每年用于参加会议的时间占全部工作时间的 30％以上，大约 80％的时间需花费在会议途中，这正是传统办公模式费用过大的根本原因所在。因此，减少会议时间就是减少政府开支。

2. 学校与教育部之间通过计算机网络进行信息交换和实时通信

按照教育部的要求，教育部直属高校应有"一批具备条件的单位争取在 2002 年初实现与教育部之间的电子信息交换"，在此基础上，"争取到 2002 年中期全部实现与教育部联网及电子信息交换"；"电子信息交换系统启用后，各单位和直属高校要重视并充分利用该系统报送文件和信息"。因此，各学校政务信息系统的规划、设计和建设，一定要与教育部办公系统相兼容。

3. 学校通过网络与公众之间进行的双向信息交流

高等教育服务越来越成为社会关注的一个焦点，政府政务需要公开，公众关心的有关教育信息和政策同样需要公开，比如：招生信息、专业设置、学生注册情况等。通过教育政务信息化建设，可以很好地实现这一目标，能更好地体现学校的服务意识和效果。先进的网上信息交流平台建设，使学校信息的综合管理、协同办公和资源共享、面向社会的信息查询等成为现实。

三、教育研究平台——高校网上合作研究中心

高校网上合作研究中心是在一些常见互联网服务的基础上，建成的一个集科学信息发布、网络协作资源共享、对外服务和科普教育于一体的中心。它旨在实现资源共享，支持异地合作基础研究与新技术开发，充分发挥中心成员单位和国内同行非成员单位各自的优势,快速交流创新性学术思想和研究成果,避免大型仪器设备的重复购置和浪费,针对相关领域中的关键技术以及涉及我国相关领域中存在的重大科学技术问题展开联合研究和攻关,为国内从事相关领域研究的高校和科研院所提供良好的合作研究基础。[①]

截至 2003 年 8 月,清华大学、北京大学、南开大学、吉林大学等几十所重点高校,建设了数学与应用数学网上合作研究中心、设计网上合作研究中心、循证医学网上合作研究中心等 21 个网上合作研究中心,分布在数理、化学、信息技术、生命科学与农业、资源与环境、工程与材料等领域。在已有建设的基础上,各建设单位已掌握网上合作研究平台运行中的关键技术,为网上合作研究中心的建设提供了重要的支撑;建立了一批比较完善的网上研究专业数据库,基本实现了建设单位间专业科学数据的共享;进行了大量而深入的研究,在争取国家高层次、高级别项目方面初见成效,部分网上合作研究中心已承担国家"973 计划"、"863 计划"、"攀登计划"等重大基础研究项目。

基于高校间合作的网上合作研究中心从建立伊始,就为我国重大科研项目的完成与资源共享作出了卓越贡献。例如,2000 年,由清华大学电子系统与专用集成电路技术研究中心、北京大学微电子研究所、东南大学射频与光电集成电路研究所、西安交通大学微电子研究所和合肥工业大学微电子设计研究所(以下简称"合肥工大微电子所")共同组成教育部 IC 设计网上合作研究中心,该中心的成立为我国科研提供了新的平台和模式。

合肥工大微电子所以教育部 IC 设计网上合作研究中心为科研平台,近年来已承担包括国家自然科学基金、"863 计划"、国家重点科技攻关、博士点专项基金、科技部重要技术标准研究专项等 17 个项目,现已结题 12 项,其中 5 项通过省部级技术鉴定且被核准为科研成果。

四、数字化校园建设

中国教育和科研计算机网的开通,为高校数字化校园建设提供了便利的通道,使

---

① 百度百科:"教育部 IC 设计网上合作研究中心",https://baike. baidu. com/item/教育部 IC 设计网上合作研究中,检索日期 2017 - 9 - 28。

我国高校进入了"数字化时代"。中国大学数字博物馆、高校数字化图书馆等相继成立,成为我国一道亮丽的数字化校园风景线。

（一）中国大学数字博物馆建设

2001 年,教育部在《面向 21 世纪教育振兴行动计划》中提出要启动"中国大学数字博物馆建设工程",到 2003 年,该工程共建成开通 18 个网上大学数字博物馆,相关技术及规范走在了国内前列,成为国内大规模数字博物馆建设的成功范例,在为科研、科普、教学服务,推动全民素质教育发展等方面已开始发挥显著效益。

2004 年 5 月,国家启动了二期建设工作,旨在整合现有资源、实现标准化和统一平台,按学科分类,搭建一个统一的"中国大学数字博物馆",为大学教学、科研以及全民素质教育提供丰富资源,并力争成为国家科学基础条件资源建设的重要组成部分。

目前,数字博物馆藏品规范标准已定稿。中国大学数字博物馆建设不仅实现了一期成果的高度整合和深化,开通了大学数字博物馆门户系统(http://dmcu.nju.edu.cn/),还在数字博物馆共性关键技术研究方面取得了较好成果,并初步形成了一支多学科交叉的数字博物馆建设队伍,为数字博物馆建设的顺利实施提供了人才队伍保障;同时,利用网格技术促进资源共享、提高服务质量的有效途径也在积极探索之中。

（二）中国高等教育数字化图书馆建设

1998 年 11 月,国家发展计划委员会批复了"中国高等教育文献保障体系(China Academic Library & Information System,简称 CALIS)"项目的建设可行性报告,并启动中国高等教育数字化图书馆一期项目。一期项目主要包括文献信息服务网络建设和文献信息资源及数字化建设两方面工作。

在文献信息服务网络方面,CALIS 建设了 1 个管理中心、4 个全国文献信息中心、8 个地区级文献信息中心,加上各"211 工程"高校自建的校内文献保障系统,形成了"全国中心—地区中心—高校图书馆"三级文献保障模式的服务网络。具体建设任务包括各中心组织机构建设、安装在各中心的应用服务器和应用软件系统建设,后者构成了广域网上的 CALIS 公共服务平台。

在文献信息资源及数字化建设方面,CALIS 建设了 1 个中外文书刊联合目录数据库(115 万条书目数据,260 万条馆藏数据;数据截止日期为 2001 年 6 月,下同),1 个高校现期期刊目次数据库(137 万条数据),1 个高校学位论文(文摘)数据库(7 万条数据),25 个重点学科专题数据库(280 万条数据),217 个重点学科网络资源导航数据库(与 390 个重点学科相关的 6 万个网站)。另外,CALIS 在国内首次采用了"集团采购"模式引进国外数据库,通过中央经费全额支付、部分补贴和自筹等多种方式,在"九五"期间共引进了 24 个全文或二次文献数据库,受益高校达近百所,并对其他高校开展文献传递服务,缓解了我国高校外文文献长期短缺的问题,受到读者的广泛欢迎。这项工作在"九五"之后继续开展,到 2004 年 5 月为止,CALIS 共组织了 55 个集团,购买了202 个数据库,584 所高校图书馆参加,购买电子资源和捆绑纸本刊的总费用达到2.85亿元,引进电子版全文外刊近 2 万种,对高校教学科研起到了巨大的支撑作用。

CALIS 在"九五"期间的建设,丰富了高校的数字资源,促进了高校图书馆的自动化进程;同时建立了三级保障体系,在全国和地区形成了一些牵头的高校图书馆。这为在"十五"期间组织全国范围的大规模数字资源建设和开展数字式服务创造了很好的条件,提供了资源、人员和组织体系的良好基础。

2004 年 3 月,中国高等教育数字化图书馆项目(简称 CADLIS 项目),即中国高等教育文献保障体系(简称 CALIS)二期工程与中英文图书数字化国际合作计划(简称CADAL)两个专题项目的有机结合,也称为"中国高等教育文献保障体系—中国高等教育数字化图书馆"(China Academic Digital Library & Information System)开始启动。其中,CALIS 子项目继续由北京大学牵头建设,CADAL 子项目由浙江大学和中国科学院研究生院牵头建设,于 2004 年正式获得国家发展和改革委员会批复。CADLIS 项目主要对数字图书馆标准与规范、数字资源、数字化技术支撑环境和服务体系进行建设。

五、高校校际网络教育合作与资源共享

在高校之间实现相互合作与资源共享,是实现高校健康快速发展的有效模式,但是苦于资源条件有限,一直以来这都只是畅想。网络时代的到来,国家"现代远程教育关键技术与支撑服务系统天地网结合"及"中国教育科研网格计划(ChinaGrid)"项目的实施,将这一梦想变成现实。我国东西部,甚至全国高校合作与资源共享成为现实。

(一)网络教育东西部合作与资源共享

信息化时代,为了促进西部高校教育教学发展,实现全国高校资源共享与经验交

流，教育部于 2001 年设立了"现代远程教育关键技术与支撑服务系统天地网结合"项目，该项目由 30 多所高校承担，由上海交通大学牵头，结合网络教育的实际需求，初步建立起依托 CERNET 和卫星教育多媒体传输平台的远程教育教学平台。

为加快东西部教育资源共享与教育合作，上海交通大学、西安交通大学、浙江大学于 2002 年 9 月起开始实施"课程互选、学分互认、网络教育资源共享"的联合办学示范工程，已提供 34 门互选课程，有 3 475 名学生参与，选课达 6 855 门次。三校在资源共享的基础上，还向西部地区高校免费输送网络教育资源；已向宁夏大学、新疆大学赠送卫星接收设备和 34 门多媒体课程资源，还将和青海大学等 8 所大学进一步建立联合办学的示范，为西部地区教育的跨越式发展和人才培养作出贡献。

（二）中国教育科研网格计划（ChinaGrid）

"中国教育科研网格（ChinaGrid）计划"是教育部"十五"期间"211 工程"公共服务体系建设的重大专项，是迄今为止由政府推出的最宏大的网格工程。ChinaGrid 计划同时作为国家高技术发展计划（"863 计划"）高性能计算重大专项的典型应用，也得到了国家科技部的大力支持。

ChinaGrid 从 2002 年 9 月开始筹备，旨在基于 CERNET 传输网络，利用高校丰富的计算资源和信息资源，实现资源有效共享，形成高水平、低成本、服务于国家教育科研的大平台。首批有清华大学、北京大学、华中科技大学、北京航空航天大学等 12 所高校参加。ChinaGrid 列入"十五"期间"211 工程"公共服务体系建设内容、清华大学信息技术国家实验室重要研究方向、科技部"863 计划"高性能计算重大专项典型应用，并同 HP、Intel、Sun、曙光等著名 IT 公司开展了广泛交流合作。

2003 年 1 月，ChinaGrid 进入实施阶段，2005 年底完成第一阶段建设。2004 年 7 月，成功研发国际上第一个遵循国际 OGSA 架构，参照 WSRF 规范实现的网格——中国教育科研网格公共支撑平台"CGSP"，在国际网格界产生了巨大反响，并有生物信息学、图像处理、计算流体力学等应用在该平台上调试通过。ChinaGrid 专家密切关注国际网格标准化组织工作，已成为中国网格标准的主要制定者。

2005 年，ChinaGrid 校园计算网格平台聚合计算能力已超过每秒 12 万亿次。基于网格支撑平台，共开发了图像处理网格、生物信息学网格、大学课程在线网格、计算流体力学网格、海量信息处理网格等五大专业网格典型应用示范。ChinaGrid 在国内外影响巨大,已成为中国网格事业的一面旗帜,受到了国内外学术界和工业界的极大关注。

2006 年 8 月,ChinaGrid 通过技术鉴定和项目验收,系统总体设计和关键技术达到国际先进水平,获 2006 年高等学校科技进步一等奖。ChinaGrid 整合了位于全国 13 个省市的 20 所重要高校的计算资源和信息资源,聚合计算能力超过每秒 15 万亿次,存储容量超过 150TB,形成了资源共享、配置灵活、跨学科、跨地域的高效网格环境,成为我国教育和科研事业的重要应用支撑平台,已部署生物信息学、大学课程在线等五大特色网格应用,是学科交叉和跨学科合作的成功范例。①

第三节　现代远程教育试点

2001 年 2 月 24 日,时任教育部部长陈至立同志指出要抓住机遇,加快发展现代远程教育工程,在坚持统筹规划,硬件、软件、管理一起抓的同时,网上大学,有条件的先搞。至此,一批具有中国特色的多元化现代远程教育体系试点,在高等教育阶段和初等教育阶段萌芽。前期主要从高等教育出发,分别在中国广播电视大学和普通高校建立现代远程教育试点,初步形成了高等院校远程教育教学网络。现代远程教育在高等教育的试点成效更加坚定了在我国建设现代远程教育的信心与决心,为了将现代远程教育的优势更好地发挥与普及,国家开始实施"农村中小学远程教育工程"(以下简称"农远工程"),将优势资源输送到国家每一个角落。

本节重点解析我国现代远程教育试点建设,展示现代远程教育在我国层层推进的历史进程。首先分析现代远程教育高校试点建设,展示现代远程教育在我国广播电视大学、普通高校的试点应用;其次解读"农远工程"试点建设的成功开展,分析现代远程教育为促进农村教育发展所作出的贡献。

一、现代远程教育高校试点

我国现代远程教育的开展不是一蹴而就的。20 世纪末,信息技术的迅猛发展对

---

① 教育部:《教育信息化建设》,http://old. moe. gov. cn//publicfiles/business/htmlfiles/moe/moe_1187/200702/16438. html,检索日期 2017 - 9 - 30。

教育领域产生了深远影响，使教育在体制、思想、手段、内容、方式等方面经历着巨大的变革。在这场信息化浪潮的推动下，我国的远程教育正从函授和广播电视教育进入现代远程教育阶段；教学方式由邮寄和广电模拟传播向计算机网络技术和多媒体数字技术转变。为顺应世界教育发展的新趋势，在教育部开始组织现代远程教育建设工作之前，清华大学、湖南大学等高校就开始自行探索现代远程教育的发展模式。比如 1997年，清华大学开始筹建远程教育卫星电视传输网，同年 9 月初步建成，并在全国 20 多个省、市、自治区建立了 40 多个远程教育校外站，通过卫星开始远程教育试播。湖南大学开始着手探索利用计算机网络开展远程教育的可行性，在湖南若干城市间进行了远程网络教学实验，举办了多次课程培训。同年 10 月，湖南大学成立多媒体信息教育学院，由院本部和 16 个网上教学点组成，初步形成网上大学的组织结构模式。在 1997年前后，浙江大学、南京大学、哈尔滨工业大学、北京医科大学等高校，也在不同部委的领导和组织下开展了现代远程教育实验。这些高校早期远程教育模式的探索与实验，成为我国现代远程教育的先声。

教育部为落实《面向 21 世纪教育振兴行动计划》，推动现代远程教育工程的进展，积极发展高等教育，决定支持若干所高等学校建设网络教育学院，开展现代远程教育试点工作。通过网络，试点单位在校内开展网络教学工作的基础上，向社会提供内容丰富的教育服务；主要包括学历教育、非学历教育、网络教学模式及网络教学法工作的管理机制探索和网上资源建设等任务。我国远程高校试点的建设主要有两类，即中国广播电视大学体系和普通高等院校。

（一）中国广播电视大学体系

我国广播电视大学在 1995 年开始向开放教育发展，开展"注册视听生"和"专升本"教育试点。1999 年教育部批准"中央广播电视大学人才培养模式改革和开放教育试点"项目，为全国广播电视大学带来了生机与活力。到 2002 年，全国 44 所省级电大，以及 2002 年 8 月成立的中央电大西藏学院，全部参与到了该项目中，至此开放教育试点教学网络已经覆盖我国大陆所有省、自治区和直辖市。

该项目的实施，使广播电视大学教育模式有了翻天覆地的改革，网络与电大教学模式的结合，不仅为我国高等教育的普及与大众化发展带来了更便利的条件，而且为我国农村教育的发展提供了可能。例如，2004 年的"一村一名大学生计划"（以下简称

"一村一名计划")。

2004 年 2 月 5 日,《关于广播电视大学进一步面向农村开展现代远程教育的若干意见》提出积极开展为"三农"服务的学历教育,如大力开展农村实用技术培训、主动为农村劳动力转移开展教育培训、进一步搞好农村中小学教师继续教育、积极参与农村党员干部现代远程教育培训工作等。"一村一名计划"成为广播电视大学面向农村开展远程开放教育的工作重点。电大将该计划进一步扩大开放、向下延伸,经过 6 年多的试点建设,使得远程教育在中国广袤的农村大地开花结果,成为助推社会主义新农村建设的"发动机"。毕业的 7 万多名农民大学生成为促进当地科学发展的领头雁、科技致富的带头人。

比较典型的实例为第 21 次"中国远程教育学术圆桌"提到的大连市长海县依托广播电视大学通过远程教育培养人才,建设学习型海岛的案例。

案例 3 - 2

大连市长海县是一个比较偏僻的海岛,交通不便,教育资源匮乏,人才流失严重。2000 年以来长海县大学生人数逐年增加,但是毕业生返回长海县的比率却很低,本、专科毕业生平均返回率仅为 22% 和 18%,大部分出县就读的毕业生没有回县工作,人才流失与缺乏成为影响长海县经济和社会快速发展的瓶颈。在其他类型的高等教育都难以延伸到这里的情况下,如何培养本地留得住、用得上的人才,成为亟须解决的问题。

长海电大通过"三网",即天网(卫星电视系统)、地网(计算机网络)、人网(管理服务系统)三网结合,创造三级平台(中央电大、大连电大、县电大分校)互动的网络教学条件,购置现代化的教学设备,搜集比较丰富的网上资源,构建了学生自主学习与教师指导性教学的教学与管理模式,具备了开展远程教育的基本条件。长海电大对长海县民众实施远程教育,提升了他们的实用技能,为长海县培养了大批"留得住、用得上"的专业人才。[1]

---

[1] 孔磊,冯琳:《社会发展进程中的广播电视大学——中国北方一个海岛的样本意义》,《中国远程教育:综合版》2010 年第 1 期,第 5—16 页。

从大连电大及其长海分校应用现代信息技术为偏远地区培养"留得住、用得上"的人才而进行的创新探索，可以看出电大远程教育为农村教育发展，农村应用型专业人才培养作出了独特贡献。因此我国广播电视大学体系秉持"面向地方、面向基层、面向农村、面向边远和少数民族地区"的四个"面向"教育方针，通过远程教育试点的建设与开展，在相当大的程度上缓解了我国高等教育需求急剧增长与教学资源相对不足之间的矛盾，加快了高等教育大众化的进程。特别值得一提的是，广播电视大学系统累计完成了对 5 000 万余人的各类非学历教育，为我国广大农村和各类企业劳动者的实用技术培训，为我国广大教师和管理专门人才的培训和继续教育，为我国地方经济的发展提供大量实用人才，发挥了巨大作用，作出了重要的历史性的贡献。

（二）普通高校网络教育学院创建

20 世纪 90 年代末期，高校开展远程教育实验表现出强劲的增长趋势，但是由此暴露的各自为战、多头管理的弊病，引起了教育部的高度重视，对现代远程教育的统一组织和规划成为必要。1998 年 9 月 1 日，湖南大学多媒体信息教育学院首次开学，开创了普通高校实行网络教育的先河，成为中国第一所网络大学。现代远程教育在普通高校中的实施，为本科生的网络教育普及提供了有利条件，另外也使高校教育的大众化、普及化成为可能。湖南大学多媒体信息教育学院的成功案例为我国普通高校开展现代远程教育开创了先河。

1999 年 1 月，国务院批准了教育部《面向 21 世纪教育振兴行动计划》，把现代远程教育作为一个重要内容提出来，"实施现代远程教育工程，形成开放式教育网络，构建终身学习体系"成为振兴教育的重大举措，国家决定投入大量资金开展现代远程教育工程。同年 3 月 25 日，教育部确定北京邮电大学和清华大学、浙江大学、湖南大学 4 所高校为中国第一批开展现代远程教育的试点大学。普通高校开展网络教育学院试点以来，不仅得到国家、高校的大力支持，也吸引了社会资源的注入。一些有远见的互联网企业看准现代远程教育市场的巨大潜力，纷纷以其企业化运作的经验和雄厚的资金，介入到现代远程教育领域，尝试以企业运作方式改造这一传统的教育事业。

高校远程教育发展如火如荼。经过试点院校和投资企业近 3 年的共同操练，现代远程教育在办学规模、基础设施、教育资源等方面都得到了长足的发展。到 2001 年，37 所网络教育学院开设 81 个专业、6 826 门课程，到 2001 年底网上就读在校生达 63

万余人,2002 年底网上就读学生超过 100 万人,数所网院人数已达到几万人的规模。至 2007 年,共有 68 所高校经教育部批准成为现代远程教育试点高校。除中央广播电视大学以外,其余 67 所均为普通高校。这 67 所试点高校和中央电大网络教育累计注册学生 500 多万人,毕业学生 200 多万人;2006 年,招生 100 多万人,在读学生 300 多万人。试点高校与 20 多个行业合作开展专业技术人才培训和继续教育,发挥了试点高校在建设学习型社会中的骨干作用。

从最早开展的四所远程教育试点高校的发展经验来看,高端继续教育向去学历化与管办分离方向、学历教育项目的一级管理方向、国际化方向和专业化优势办学方向发展明显。

案例 3 - 3

清华大学继续教育彻底去学历化,在全国高校首推"管办分开"的管理体制,将继续教育学院的行政管理职能剥离出来,另外设立教育培训管理处,实现了对全校所有非学历、非学位教育培训的归口管理。湖南大学的网络教育经过整顿后,该校继续教育包括远程教育、成人教育、高等教育自学考试和非学历培训,统一归口远程与继续教育学院管理,实行一级管理。这种管理模式有利于整合学校资源,协调各种关系,避免"打乱仗"和"各自为战",也有利于统一规范办学行为,牢牢把握办学自主权,防止虚假承诺。

浙江大学继续教育寻求国际化。为进一步加强继续教育理论研究,浙江大学1999 年成立成人教育研究所,这是全国首家与外国国家级成人教育研究机构合作成立的研究所。该研究所与德国成人教育研究所共同完成十余项继续教育研究成果,并出版全国第一本以中、德文双语出版的成人教育专著《中德成人教育比较研究》。为进一步促进海峡两岸高校的交流,2000 年浙江大学倡议知名高校联合发起成立海峡两岸继续教育论坛,作为开展继续教育交流、合作和研究的协调性组织,并且被推选为常任秘书长单位。目前该论坛已成功举办 11 届,会员单位由当初的 9 所学校发展到目前北京大学、清华大学、浙江大学、香港大学、澳门大学、台湾大学等 25 所,已成为高校继续教育学术交流、合作和研究的重要平台。

　　北京邮电大学继续教育找准发展方向，发挥其行业优势，1999 年便开展了面向行业系统内的远程教育。北京邮电大学在全国 28 个省、市、自治区设有现代远程校外学习中心 32 个、函授教学总站 12 个，有成人学历教育在校生 2 万余人，每年接受高新技术培训的职工约 5 000 人次。北京邮电大学面向邮电通信行业，致力于企业在职员工的学历提升。①

二、农村现代远程教育工程

　　为了解决我国农村教育落后问题，实现农村基础教育的普及，国家在 20 世纪 90 年代末期大力发展现代远程教育，对此国务院、教育部制定、颁布和下发了一系列在西部地区实施现代远程教育的指导性文件，促进了西部地区农村中小学现代远程教育的发展。

　　在 1999 年《面向 21 世纪教育振兴行动计划》的基础上，教育部 2004 年制定的《2003—2007 年教育振兴行动计划》提出实施"农村中小学现代远程教育计划"，并强调："按照'总体规划、先行试点、重点突破、分步实施'的原则，争取用五年左右时间，使农村初中基本具备计算机教室，农村小学基本具备数字电视教学收视系统，农村小学教学点具备教学光盘播放设备和光盘资源，并初步建立远程教育系统运行管理保障机制。农村中小学现代远程教育计划要以地方投入为主，多渠道筹集经费，中央对中西部地区重点支持。"另外，还指出："加强农村中小学现代远程教育，要致力于提高教育质量和效益。初步形成农村教育信息化的环境，持续向农村中小学提供优质教育教学资源，不断加强教师培训；整合农村各类资源，发挥农村学校作为当地文化中心和信息传播中心的作用，为'三教统筹'、农村科技推广和农村党员干部现代远程教育服务。"

　　在一系列政策的引领与支持下，相关农村现代远程教育工程项目开始启动，一些社会资源开始注入农村教育工程中来。其中最为典型的是教育部与李嘉诚基金会合作实施的西部中小学现代远程教育工程项目，对西部中小学现代远程教育的开展起到

---

① 李兴敏，王立娜：《现代远程教育试点高校继续教育改革与发展方向研究》，《当代继续教育》2012 年第 5 期，第 19—21 页。

了举足轻重的作用。

2002 年"教育部、李嘉诚基金会西部中小学现代远程教育扶贫示范工程项目"启动,该项目计划在我国西部 12 个省区国家级贫困县的中小学建立 5 000 个现代远程教育教学示范点,到 2002 年底第一期工程项目建设基本结束。内蒙古有 6 个旗县(库伦旗、敖汉旗、察右后旗、固阳县、杭锦后旗、杭锦旗)共 385 所中小学实施该项目。这些学校可接收中国教育卫星宽带多媒体传输平台的资源信息,并进入数字化的信息平台,运用它提高教育教学质量,进而推动当地经济的发展。这些项目对旗县学生的覆盖率可达到 68%—96%。该项目一期在西部 12 个省(市、自治区)的贫困县,建设了 5 000 个远程教育教学示范点;培训了 5 000 名一线教师和技术维护人员;启动了一个专门服务于本项目的 IP 频道,并投入运转。2003 年 3 月国家对该项目进行了中期评估,结果表明一期任务完成情况良好,受到了当地学校、社会和政府的广泛欢迎,提供了政府推进缩小"数字化鸿沟"的成功案例。教育部、李嘉诚基金会为每个项目学校投入 2 万余元,共投资 700 多万元,项目学校接收的教育教学资源全部免费。

在 2003 年继续试点工作的基础上,为了着力实现农村中小学远程教育的普及与推广,2003 年 9 月,国务院召开了全国农村教育工作会议,下发了《国务院关于进一步加强农村教育工作的决定》。该决定提出实施农村中小学现代远程教育工程,促进城乡优质教育资源共享,提高农村教育质量和效益;五年内,使农村初中基本具备计算机教室,农村小学基本具备卫星教学收视点,农村小学教学点具备教学光盘播放设备和成套教学光盘。经过几年的建设,农村中小学现代远程教育工程以信息技术为帮手,通过教学光盘播放点、卫星教学收视点、计算机教室等三种模式将优质教育资源传输到农村的教学方法试点工程,促进了城乡优质教育资源共享,提高了农村教育质量和效益,使全国约 11 万个农村小学教学点具备教学光盘播放设备和成套教学光盘,在全国 38.4 万所农村小学初步建成卫星教学收视点,在全国 3.75 万所农村初中基本建成计算机教室。

"农远"工程通过远程教育手段,将优质教育资源输送到偏远的农村,改善了我国农村教育落后的面貌。品尝现代远程教育给农村教育带来甘露的同时,我们也明白了现代远程教育建设的重要意义,更加坚定了在我国亟需实现教育普及的情况下发展现代远程教育的决心与信心。

第四节　信息技术应用型人才培养

人才为先是指将队伍建设放在优先的地位，给予始终如一的高度重视，以队伍建设带动事业发展，无论是学科发展还是事业发展，人的因素始终是第一位的。改革开放以来，我国教育信息化发展迅速，并且教育行政信息化、教育管理信息化等也有了很大突破。在信息化建设背景下，我国对信息技术应用型人才的需求量较大，国家相关人才的匮乏与日益增长的信息化应用人才需求之间矛盾突出。对此国家更加注重信息化人才的培养，且注意在人才培养方面多管齐下，重视开展学历层次的专门人才培养，如在北京师范大学、华南师范大学、华东师范大学等高校先后开设教育技术学本科与研究生培养点；另外关注在职教育技术人员的业务培训及广大教师的现代教育技术能力培训，通过开展明天女教师培训计划、全国教师教育网络联盟等项目，将全国教师培训正式推到线上。

本节重点介绍我国现代远程教育启动时期，为了促进教育信息化发展，国家在人才培养方面做的工作。首先介绍我国系统的教育技术专业人才培养体系建设，包括本科、研究生教育技术学专业设置。然后讲述我国现代远程教育启动初期，国家为短时间内培养教师的信息化能力而进行的普通教师信息技术能力培训。最后着重介绍现代远程教育在中小学信息化能力培养中的应用。

一、系统的教育技术专业人才培养体系

随着我国教育信息化的发展，国家对能够结合运用信息技术与教育理论，实现现代化教育管理、信息化教学、教育平台及软件开发等工作的专业人才需求越来越大。教育技术学所培养的多样化人才类型，一定程度上满足了教育信息化的现实需要，进而促使教育技术专业的兴起。

虽然我国教育技术专业起步较晚，但是发展迅速。2000 年，30 多所高等院校设置了教育技术学本科专业，近 20 所高等院校具有教育技术学硕士学位授予权，北京师范大学、华东师范大学和华南师范大学具有教育技术学专业博士学位授予权。到 2004 年 5 月，设有教育技术学专业的高等院校共有 140 多所（2003 年、2004 年两年开办 80

多所),其中拥有硕士学位授予权的有 38 所,博士学位授予权的有 5 所,即北京师范大学、华南师范大学、华东师范大学、南京师范大学、西北师范大学,[①]形成了完整的、多层次的、多方向的教育技术专业人才培养体系。

(一)教育技术学专业本科人才培养独领风骚

我国教育技术学本科教育开始于 20 世纪 80 年代,以 1983 年华南师范大学和华东师范大学首办电化教育本科专业为标志,到 2008 年教育技术学本科专业办学点已增加到 224 个,形成了年招生近万人、在校生数万人的规模。事实表明,教育技术学本科专业的创设适应了时代的需要,推进了我国教育现代化的发展。

美国教育传播与技术学会(AECT)1994 对教育技术进行了定义,认为教育技术是应用现代信息技术,对学习资源和学习过程进行设计、开发、利用、管理和评价的理论与实践,包括教育技术学的理论基础、媒体与教学、教学资源的开发与应用、教学过程的理论与实践、教学设计与开发、远程教学技术、教学评价技术等内容。根据该定义可知,教育技术学主要是培养既懂教育又懂技术的复合型人才。

教育信息化人才的需求,促成了我国教育技术学五个培养目标:(1)教育技术学,主要侧重于教育技术学基本理论,满足本专业学生继续深造的需要,培养本专业的师资;(2)信息技术教育,主要为社会培养中小学信息技术师资、信息技术与课程整合研究人员,为企业培训人员;(3)数字媒体技术,主要沿袭传统广播电视体系的知识框架,结合现代数字化视音频技术,为社会培养教育传媒人才;(4)教育软件工程,主要为社会各个领域培养教育软件、教育资源、教育平台和教育游戏软件的设计、开发和管理人才;(5)现代远程教育,主要为社会教育、终身教育、西部地区的教育服务等领域培养人才。

开设教育技术学专业的学校,根据自己的培养目标,设置相关的教育技术学课程。经过 4 年学制的培养,形成了多层次的教育信息技术人才就业结构。比如:分布到各级师范院校和中等学校从事教育技术(含信息技术)课程的教学;在各级学校或电教机构从事教育信息化和教育技术的应用研究工作;从事设计与开发教学系统(包括软、硬件环境)与现代教学媒体;从事开发与建设远程教育的学习资源和网络课程;在政府和

---

① 黄荣怀,沙景荣:《关于中国教育技术学科发展的思考》,《中国电化教育》2005 年第 1 期,第 5—11 页。

企事业单位中从事人力资源开发和绩效提高的工作；在 IT 产业中从事教育产品（教育网络、教育软件、仿真教学系统）的开发；在广播电视系统、信息广告公司中从事广播电视节目和网上栏目的创意、策划与编制等。

因此，教育技术学本科专业的设置与人才培养满足了我国教育现代化建设的需求，是我国现代远程教育发展的主力军。教育技术学本科专业人才培养基地不仅是中小学信息技术教师的摇篮，满足了全国中小学对专门信息技术教师的需求，还为各个高等学校、单位等的信息技术岗位提供了信息设备管理的专门人才。

（二）教育技术学研究生培养初具规模

虽然教育技术学本科专业的设置一定程度上满足了基层学校与单位对信息技术人才的需要，但是我国教育信息化发展迅速，随着时代的进步，对教育技术人才的能力层次又有了更高一层的需求。研究生是教育技术学在我国继续发展壮大的中坚力量，由此教育技术学硕士、博士研究生及博士后专业应运而生。

1986 年，国家学位办正式批准北京师范大学、华南师范大学、河北大学建立全国第一批教育技术学硕士点，拉开了我国教育技术学硕士研究生教育的序幕。此后教育技术学硕士研究生培养发展迅速，2007 年具有教育技术学硕士研究生授予权的高校已有 77 所，年招生 965 名。此外，全国还在教育硕士专业学位中设置了现代教育技术方向，迄今全国已有 20 多所高校招收现代教育技术方向教育硕士。而我国教育技术学博士研究生的培养起步较晚，始于 1993 年，在北京师范大学建立的全国第一个教育技术学博士点，1998 年全国增加了第二批教育技术学博士点（分别在华南师范大学和华东师范大学）。随后，教育技术学博士点的增加较为迅速。截至 2008 年，南京师范大学、西北师范大学、华中师范大学、东北师范大学、西南大学等先后增列教育技术学博士点，南京大学、河南大学、内蒙古师范大学也在其他博士点招收教育技术方向的博士研究生。

在我国，培养硕士、博士研究生主要是为了学术研究。教育技术学硕士研究生的培养目标主要是：培养在高等学校以及相关的现代教育技术机构与部门，能够从事教育技术学课程教学、科学研究、信息技术、现代远程教育等工作，以及能够相对独立地进行教学资源和教学系统的设计、开发、运用、组织、管理和评价等某一方面（或几个方面）的教育技术学科研究的高级专门人才。教育技术学硕士研究生必备 4 种能力：系统地掌握本学科的理论知识;相对独立地进行教学资源和教学系统的设计、开发、运用、组织、管理和评价等某一方面(或几个方面)的工作;与他人协作或独立地进行相关科学研究;独立完成学位论文的撰写。教育技术学硕士研究生的培养初具规模,为教育技术学发展初期的学术研究水平带来很大程度的提高。

相对于硕士研究生的培养,教育技术学博士研究生的培养目标则更加细致、高水平。虽然当时每年毕业的博士生较少,大概有 40 人,但是他们成为教育技术学学科研究的新生力量,为教育技术学研究队伍注入了新鲜血液,成为现代远程教育发展的领路人。"专而精"的培养方式,使他们具备教与学的理论研究、教学系统设计研究、教育平台和资源开发与应用研究、信息技术与课程整合研究、教育技术理论研究等能力,能够很好地胜任高等学校、科研机构及相关企事业单位的专业教学、培训、科学研究、教学媒体开发或有关专业职能部门的管理工作,并能独立承担和完成现代远程教育发展中具有重大意义的理论和实践课题,为现代远程教育启动与前进注入智慧的力量。

二、面向全体教师的现代教育技术培训

教师是教育教学中的核心人物,没有全体教师对教育技术的认识掌握,教育信息化和教育现代化将成为空谈。自 1978 年以来,我国十分重视教师教育技术培训:1978 年就举办了电化教育技术训练班;1979 年教育部电化教育局就培养电教人员的迫切性、师范院校开设电化教育公共课、组织举办多种形式的电教短训班以及电教专业等问题召开调研会;1981 年召开电教课程教材讨论会,草拟了高师和中师电化教育课的教学大纲,并举办电化教育课教师进修班;1982 年起全国针对各学科教师的教育技术培训不断,高等师范院校、中等师范院校普遍开设了现代教育技术课程,且课程的性质逐渐由选修转为必修。

20 世纪 90 年代后期,教师信息技术能力培训的项目活动更加普遍化、系统化,除了各省市举办全省教师的教育技术培训,教育部从 2002 年起联合外部力量,引入英特尔未来教育培训。2005 年起,教育部在全国范围内实施全国中小学教师教育技术能力建设计划,对全国中小学教师进行教育技术培训、考核并颁发教师专业教育证书,由此拉开了对教师进行专业认证的序幕,教师专业教育跨上了新台阶。另外还开设了一些专门的远程培训网络平台对西部以及全国的教师进行培训,比较典型的有全国教师

教育网络联盟和明天女教师培训计划。

（一）构筑全国教师教育网络联盟，实现优势互补

21 世纪初，我国教师培训虽然有了很大的进步，但是仍面临一些困难，尤其是农村和偏远地区，交通不便、经费不足等问题不断。教师因上课无法参加培训。针对这一问题，教育部希望通过远程教育改善这一困境。在原有教师远程培训发展的基础上，启动了全国教师教育网络联盟。

对于原有网络培训课程内容重复、课程水平不高、管理薄弱等造成的开发成本高、效益较低、管理人员多等现象，希望通过教师教育网络联盟实现优势整合、互补、资源共建共享。教师教育网络联盟不仅可以集中对全国教师培训课程质量进行监控，保证全国一流的优质资源上平台，还能为全国教师提供学习资源。这是一个教师教育的"教育超市"，进修教师们可以在上面选择自己喜欢的课程。

全国教师教育网络联盟课程资源建设已开发学历教育网络课程 1 942 门，非学历教育网络课程 2 135 门。中央电教馆资源达 1 200G。2006 年继续组织了全国优秀教师教育课程资源征集、遴选、推荐活动。

北京师范大学、华东师范大学、东北师范大学等 8 所师范大学初步实现联合招生及课程资源共享，到 2006 年 10 月，师范远程学历教育学生达 80 多万人，非学历教育学生 200 万人。全国中小学教师继续教育网以非学历培训为主，注册教师达 16.3 万人，覆盖 21 个省，建立 183 个教师学习中心，开发近 600 门网上课程，帮助建设 30 多家地方网站。区域性教师网络联盟建设取得积极进展，四川、福建等省已成立省级区域性教师教育网络联盟。县级教师培训机构的改革与建设得到加强，各地建立了相当数量的教师学习与资源中心。

（二）希望的种子——明天女教师培训计划

明天女教师培训计划是香港周凯旋基金会资助项目。2000 年 1 月至 12 月，中央广播电视大学、中央电教馆共同完成了对来自云南、广西、四川、陕西、甘肃五省、自治区的 1 000 名农村小学女教师的培训，使她们掌握了计算机初步知识和操作技能，具备了使用和维护 VBI 数据广播的能力，并向这些女教师所在学校赠送了一台计算机和一套卫星接收设备，由接受培训的女教师向所在学校的其他教师传授计算机与卫星接收设备的知识与技能，以提高广大农村教师的信息技术运用能力。明天女教师培训计划不仅对这些地区的教师产生了积极影响,也对这些教师所在学校和社区产生了积极作用。一些女教师认为,在北京参加培训,深刻感受到了党和国家及各界人士对农村教育和教师的关怀,在获得信息技术知识和技能的同时,更激发了自己工作的热情,因此收获很大。同时,这些学校的校长也认为,设备及其接收的资源对转变教育观念和改进教育工作有很大帮助;受训的女教师回来后也起到了示范带头作用,培训了本校的其他教师。①

"十五"期间,以提高中小学教师信息技术能力为目的的培训活动广泛开展,培训量已超过 1 000 万人次。这些都促进了教师教育技术能力培训,增强了教师教育技术应用能力。特别是随着远程教育工程的实施,国家级专家巡回培训发挥了重要的示范和引领作用,已培训了 2 万余名农村一线骨干教师。同时,还通过远程教育手段,举办了教学光盘应用培训,收到了很好的效果。

根据中央电大培训部的老师介绍,每批学员学成回归后都会问他们一些有关计算机应用的问题,并且学员已经将所学的计算机知识应用于学校的工资管理、学生档案管理等领域,节日期间培训部老师还会收到学员制作的精美的电子贺卡。

三、信息化能力培养多层共进

截至 2003 年底,全国已有 1.26 万所普通高中开设了信息技术课程,占同类学校总数的 92.15%;1.13 万所大中城市初中开设了信息技术课程,占同类学校总数的65.32%;4.42 万所小学开设了信息技术必修课,占全国小学总数的 10.32%。全国共建立信息技术教育实验区 91 个,实验学校 1 000 所,以课题研究的形式推动中小学信息技术教育工作。信息技术与学科整合取得了一定进展。每年有近 4 000 万名中小学生接受信息技术教育。计算机教学从传统的课件制作转向课程整合;信息技术课程教学正在克服单纯学习技术的缺点,注重人文、伦理、道德和法治的教育。

高等学校已开设 13 种信息技术相关专业,1 471 个本科专业,占本科专业总数的13%;举办计算机本科专业的学校共 398 所;批准示范性软件学院 35 所,2002 年招收

---

① 教育部办公厅:《关于做好西部中小学现代远程教育工程项目和西部中小学现代远程教育培训中心教师培训项目实施工作的通知》,http://www.moe.edu.cn/jyb_xxgk/gk_gbgg/moe_0/moe_8/moe_23/tnull_192.html,检索日期 2017 - 9 - 31。

本科生 12 000 人,第二学位 3 100 人;工程硕士 2 900 人;多数高校已开设计算机必修课和选修课,累计参加计算机等级考试 591 万人次。组织实施高校教师教育技术等级培训计划,授权 97 所普通高校建立培训中心,培训骨干教师 1 万多人。

到 2002 年底,98.5％的中等职业技术学校开设了《计算机应用基础》必修课。信息技术类中等职业学校达 1 400 所,占同类学校总数的 8％;近 5 000 所中等职业技术学校开设了信息技术类专业,占同类学校总数的近 30％。2002 年在中等职业学校学习信息技术类专业的学生达 150 万人。教师在教学中注重信息技术与专业课程的整合,加强了对电工、电子、电气等 13 个专业课程的信息化改造。

截至 2007 年,高中开设信息技术课程的比例达到 100％,初中达到 70％以上,部分小学也开设了信息技术课程,每年有 1 亿多名中小学生接受信息技术教育,其信息素养和信息技术应用能力普遍得到提升。

第五节　教育信息化成为国家发展战略

信息全球化背景下,教育信息化成为信息时代国家培养人才的必经之路。邓小平同志高瞻远瞩地提出"教育要面向现代化,面向世界,面向未来"、"计算机的普及要从娃娃做起",将教育信息化建设推向国家发展教育的重要战略位置。陈至立同志倡导以教育信息化带动教育现代化。自改革开放以来,各时期中央的教育战略部署,都明确指出了我国教育信息化发展的目标,绘制了教育现代化的基本蓝图。

21 世纪的教育技术更加注重教育信息化理论、方法和实践的研究,我国扎实推进以信息技术应用促进教育改革为核心的教育现代化。一系列的改革与发展都离不开国家教育战略的伟大部署。改革开放 40 年来,在国家的高层统领下,教育技术的发展得到了重视,制定出了一系列具有中国特色的教育信息化发展政策,并据此采取一些独树一帜的重要举措,为世界教育技术的发展写下了重要一笔。

本节重点介绍我国现代远程教育启动时期国家相关政策的发布与实施。主要以该时期现代远程教育发展的几个重要领域为主线,分别介绍相应方面的顶层设计。首先介绍在基础教育领域,一些促进该领域远程教育发展的相关政策。其次介绍高等教育领域相关信息化政策的发布,特别是对远程教育试点的相关政策进行解读。然后对教师信息化能力培训方面的相关政策作进一步的整理与总结。最后解读相关政策对我国教育政务化发展的引领与指导。

一、基础教育系列

1999 年 1 月,国务院批转教育部《面向 21 世纪教育振兴行动计划》,提出实施现代远程教育工程,形成开放教育网络,构建终身学习体系。其中,第 22 条提出,要继续重点发展电视教育,"2000 年,争取使全国农村绝大多数中小学都能收看教育电视节目"。同月,教育部制定《关于发展我国现代远程教育的意见》,要求进一步采用高新技术,积极推动现代远程教育的发展,并明确提出主要任务之一是在少数有条件的地区和中小学开展中小学远程教育试点。同年 6 月,中共中央、国务院发布《中共中央、国务院关于深化教育改革全面推进素质教育的决定》,其中第 4 条提出要"重视培养学生收集处理信息的能力",同时第 15 条规定"在高中阶段的学校和有条件的初中、小学普及计算机操作和信息技术教育"。同年 11 月,教育部基础教育司发出《关于征求对〈关于加快中小学信息技术课程建设的指导意见(草案)〉修改意见的通知》,首次明确提出信息技术课程(教育),正式确立了计算机课程向信息技术课程的转变。

2000 年 1 月,在教育部下发的《关于印发〈全日制普通高级中学课程计划(试验修订稿)〉的通知》中首次明确规定将信息技术列为高中必修课,并在全国 10 个试点省、市的普通高中开始实施,标志着我国中学信息技术教育的逐步普及。同年 11 月,教育部下发了《关于在中小学普及信息技术教育的通知》,决定全面启动中小学"校校通"工程,从 2001 年开始用 5—10 年的时间,在中小学普及信息技术教育,并为推动中小学教育信息化建设奠定基础。同年 12 月,教育部颁布《关于在中小学实施"校校通"工程的通知》,提出了"校校通"工程的目标和实施途径,标志着我国中小学现代远程教育工作的全面展开。同月,教育部制定发布了《中小学信息技术课程指导纲要(试行)》,明确规定信息技术课程的课程任务以及从小学到高中各学段的教学目标、教学内容和课时安排,标志着我国中小学信息技术课程的正式诞生。

2001 年 5 月,中共中央、国务院发布《关于基础教育改革与发展的决定》,指出我国基础教育信息化取得的成果:"全国乡(镇)以上有条件的中小学基本普及信息技术教育",同时进一步提出"大力普及信息技术教育,以信息化带动教育现代化"。同年 6

月,教育部颁发《基础教育课程改革纲要(试行)》,明确将信息技术教育作为小学至高中学生必修的综合实践活动课程的内容之一,并指出"在课程的实施过程中,加强信息技术教育,培养学生利用信息技术的意识和能力"。此外,这份纲要还提出,要"大力推进信息技术在教学过程中的普遍应用,促进信息技术与学科课程的整合,逐步实现教学内容的呈现方式、学生的学习方式、教师的教学方式和师生互动方式的变革,充分发挥信息技术的优势,为学生的学习和发展提供丰富多彩的教育环境和有力的学习工具"。随着这份纲要在全国的贯彻实施,信息技术教育迈入了一个新的发展阶段。同年 7 月,教育部制定和发布《全国教育事业第十个五年计划》,明确提出"要把教育信息化工程列入国家重点建设工程,以信息化带动教育现代化",要求"提高初、中等学校的计算机配备水平。2005 年,全部高等学校、高中阶段学校和部分初中、小学均能连接国际互联网。普及九年义务教育的地区,每所中小学都应设立计算机教室,全国农村绝大多数中小学能够收看教育电视节目";同时"推动各级各类学校普及计算机及网络知识教育。加强各层次计算机软件人才的培养和培训。2005 年,全国初中及以上学校基本上均开设信息技术教育必修课。积极开发、共享教育信息资源,加强中小学信息技术课程与教材建设"。同年 11 月,教育部发布了《关于中小学校园网建设的指导意见》,提出校园网建设要适应学校长远规划的需要,有效促进中小学校园网工作的顺利开展。

2002 年 9 月,教育部发布了《教育信息化"十五"发展规划(纲要)》,强调了教育信息化的地位和作用,总结了我国中小学教育信息化建设中信息技术教育与应用的成就,同时针对存在的问题,提出进一步的发展目标和重点任务,强调要"普及中小学信息技术课教育,全面实施'校校通'工程。重点加强中西部贫困地区农村中小学信息化设施建设",以及"开发基础教育教学资源",重点建设"校校通"工程和中小学现代远程教育建设工程。这份纲要的颁布和实施为我国中小学教育信息化的建设进一步指明了方向。

2003 年 2 月,教育部颁发《全日制普通高中信息技术课程标准(审定稿)》,其中详细阐述了高中信息技术课程的课程性质、基本理念、设计思路、课程目标、课程标准和实施建议,明确提出将信息素养作为信息技术课程的主要目标。至此,信息技术成为普通高中阶段一个独立的科目,信息技术课程从国家层面上作为普通高中必修课程的地位得到了确认。这标志着信息技术课程走入国家课程体系,也标志着信息技术课程研究走向了新的高度。同年 9 月,国务院下发《国务院关于进一步加强农村教育工作的决定》,明确提出"实施农村中小学现代远程教育工程,促进城乡优质教育资源共享,提高农村教育质量和效益"。同月,教育部、国家发展和改革委员会与财政部联合发布《农村中小学现代远程教育工程试点工作方案》,提出农村中小学现代远程教育工程试点地区的选择、试点规模、经费预算以及基本配置标准等,有力地促进了农村中小学现代远程教育的开展。

2004 年 3 月,国务院批转教育部《2003—2007 年教育振兴行动计划》,把教育信息化建设列为六大工程之一,提出加快教育信息化基础设施、教育信息资源建设和人才培养,全面提高现代信息技术在教育系统中的应用水平,同时明确提出通过实施"农村中小学现代远程教育计划"推动农村教育发展与改革,强调"按照'总体规划、先行试点、重点突破、分步实施'的原则,争取用五年左右时间,使农村初中基本具备计算机教室,农村小学基本具备数字电视教学收视系统,农村小学教学点具备教学光盘播放设备和光盘资源,并初步建立远程教育系统运行管理保障机制"。该计划的实施有效促进了我国中小学教育信息化工作的全面展开。

二、高等教育系列

1999 年 1 月,国务院批转教育部的《面向 21 世纪教育振兴行动计划》,不仅对中小学教育信息化建设作了指导和规定,同时对高校的教育信息化建设作了规划,提出进一步发展中国教育和科研计算机网,"2000 年,全国全部本科高等学校和千所以上中等学校入网,并争取计算机网络进入 5 万名高校教授家中。利用中国教育和科研计算机网建立全国大学生招生远程录取、计算机学籍管理、毕业生远程就业服务一体化的信息系统"。同月,教育部制定的《关于发展我国现代远程教育的意见》,同样明确了现代远程教育面向高校的主要任务,即"通过各类高校的远程教育,逐步提高公民的学历层次和科学文化素质"。同年 3 月,教育部下发《关于启动现代远程教育第一批普通高校试点工作的几点意见》的通知,正式批准清华大学、北京邮电大学、浙江大学、湖南大学等四所普通高等学校首批举办现代远程教育试点,有效推动了现代远程教育在高校的开展。同年 6 月,中共中央、国务院发布的《中共中央、国务院关于深化教育改革全面推进素质教育的决定》强调"大力提高教育技术手段的现代化水平和教育信息化程度"，同样在第 15 条明确提出"使教育科研网络进入全部高等学校"。2000 年 7 月，教育部颁布了《关于支持若干所高等学校建设网络教育学院开展现代远程教育试点工作的几点意见》，提出"支持若干所高等学校建设网络教育学院，开展现代远程教育试点工作"，并就试点工作的主要任务和管理方式、试点学校的基本条件和开展试点工作需注意的问题作了说明，提出"启动新世纪网络课程建设工程，实现资源共享，支持网络教学工作"，有力推动了高等院校现代远程教育工程的进展。

2001 年 7 月，教育部制定和发布的《全国教育事业第十个五年计划》对高校教育信息化建设同样提出了要求，包括"完善高等学校的计算机网络建设，加快数字图书馆等公共服务体系建设，进一步改善高等教育的信息环境"、"2005 年全部高等学校……连接国际互联网"、"2005 年全国初中及以上学校基本上均开设信息技术教育必修课"以及"加强对师范教育专业学生的信息技术教育"。同年 8 月，教育部制定并下达了《关于加强高等学校本科教学工作提高教学质量的若干意见》，要求"国家重点建设的高等学校所开设的必修课程，使用多媒体授课的课时比例应达到 30％以上，其他高等学校应达到 15％以上"，对高校多媒体教学应用提出具体要求，开启了我国高校的数字化校园建设工作。

2002 年 7 月，教育部、国家计委制定并下达了《西部大学校园计算机网络建设工程项目管理暂行办法》，成立国家西部大学校园网项目领导小组和省级西部大学校园网项目工作小组并落实职责，对西部大学校园计算机网络建设工程项目的组织实施、经费管理以及检查、验收与评估作了明确规定，有效规范了西部大学计算机网络建设工程的实施。同月，教育部发布《关于加强高校网络教育学院管理，提高教育质量的若干意见》，针对高校网络教育发展过程中出现的问题提出了六条意见，有效规范了高校网络教育学院的办学行为，促进了网络教育的健康发展，维护了学习者的合法权益。同年 9 月，教育部发布了《教育信息化"十五"发展规划（纲要）》，同样对高校教育信息化建设中信息技术教育与应用、信息化人才培养、远程教育试点工作、大学信息产业等成就进行了总结和说明，并针对发展进程中存在的问题，提出下一步的发展目标和主要任务，强调要"推进大学校园网建设工作，重点加强西部大学校园网建设"，以及"加强教育信息化平台环境和资源体系建设"，重点建设中国教育和科研计算机网延伸和扩展工程以及大学校园网建设工程。这份纲要的颁布和实施为我国高校教育信息化的进一步建设指明了方向。

2004 年 3 月,国务院批转教育部的《2003—2007 年教育振兴计划》,同样对我国高校教育信息化的发展作了进一步规划,包括"进一步建设全国各级各类学校数字图书文献保障体系(CALIS)和全国高等学校实验设备与优质资源共享系统"、"全力建设和用好'就业网',加速实现毕业生就业服务信息化"、"加强高等学校校园网建设,创建国家级教育信息化应用支撑平台"、"加强信息技术教育,普及信息技术在各级各类学校教学过程中的应用,为全面提高教学和科研水平提供技术支持。建立网络学习与其他学习形式相互沟通的体制,推动高等学校数字化校园建设,推动网络学院的发展。开展高等学校科研基地的信息化建设,研究开发学校数字化实验与虚拟实验系统,创建网上共享实验环境。建立高等学校在校生管理信息网络服务体系"。这份振兴计划的实施有效促进了我国高校教育信息化工作的全面开展。

三、教师培训系列

1999 年以来,我国一直把教师信息化能力培训放在国家重要的战略位置。无论是教育部与跨国公司合作项目——英特尔未来教育项目,还是教育部成立的首个现代远程教育扶贫项目——明天女教师培训计划,都表明教师信息化能力发展得到了充分的重视。同时,国家在增强普通教师的信息化能力,以及信息技术教师的专门培养方面,都作出了统筹性的规划。

2002 年 3 月,教育部提出《教育部关于推进教师教育信息化建设的意见》,明确提出"把信息技术教育作为中小学教师继续教育的重要内容之一",对我国"十五"期间的教育信息化建设工作进行指导。同年 4 月,教育部下发《关于成立"全国教师教育信息化专家委员会"的通知》,进一步开展教师教育信息化建设研究,并向师范教育司提供咨询意见和政策建议,使教师信息化培养向具体实践方面落实。2003 年,教育部为了实现对全国教师培训的目标,成立了全国教师教育网络联盟,运用远程教育平台,搭建覆盖全国城乡的教师教育网络体系,并对项目的建设下发了《关于实施全国教师教育网络联盟计划的指导意见》,形成了线上线下相结合的教师信息化能力培训体系。

四、教育政务信息化

随着信息系统在管理领域的广泛应用，办公自动化受到越来越多人的青睐，也渐渐受到教育部门的重视，教育政务信息化随之进入人们的视野。

2000 年，国务院办公厅发布《国务院办公厅关于进一步推进全国政府系统办公自动化建设和应用工作的通知》和《国务院办公厅关于印发全国政府系统政务信息化建设 2001—2005 年规划纲要的通知》，要求各地各级政府系统要加快办公自动化的建设，大力推进政府政务信息化工作。为了贯彻落实国务院办公厅文件精神，进一步加快教育系统办公自动化建设和应用工作的步伐，2001 年 6 月，教育部发布《关于开展教育系统办公自动化建设和应用试点工作的通知》，计划用三至五年的时间，不断推进和完善各级教育行政部门、各级各类学校的办公自动化建设工作，逐步建立覆盖全国教育系统的办公自动化和信息网络。

在相关政策的指导下，我国目前已建成数个集教育行政办公系统、综合信息子系统、个人信息子系统、信息资源库等于一体的自动化平台，比如招生系统、就业系统等，为我国教育事业的工作效率提升作出了重要贡献。

第四章

『校校通』：现代远程教育走进基础教育

进入 21 世纪以来，"校校通"工程和"农远"工程的全面实施，标志着现代远程教育逐步走向基础教育领域。在资源建设方面，国家通过制定一系列远程教育标准，从学校和区域层面开展中小学教育资源建设行动，并从资源共享概念的提出和深化到资源共建共享机制的形成，不断地促进优质教育资源的共享和普及。

通过在各教育领域构建数字化校园，全面开启数字化校园建设。尤其重视基础教育领域的数字化校园建设，并实施"校校通"工程为数字化校园建设提供有力支撑，在这一背景下，各地市中小学竞相打造数字化校园，构建数字空间，实现学校教育过程全面数字化。同时，一些地区推行区域数字化校园建设，促进区域教育均衡发展。此外，国家也在逐步推行和完善高等教育和职业教育领域的数字化校园建设工程，支持高素质人才培养。

"校校通"工程和"农远"工程的启动，促进了城乡和区域中小学优质教育资源共享，有利于实现我国基础教育公平和均衡发展。高等教育领域，通过推进高校精品课程建设工程，以及启动高校精品开放课程建设工程，实现了优质资源的共建共享。

在教师信息化能力建设方面，国家通过颁布各种政策文件，促进了教师教育信息化能力的提升。其中通过组织全国教师教育网络联盟，实施教师教育技术能力培训计划、英特尔未来教育、"农远"工程等项目，组建教师发展团队，国家显著提高了教师信息技术素养和教育技术应用水平，有效促进了农村教师队伍整体素质的提高。

在教育改革发展过程中，政府出台了各种中小学信息技术教育规划，并以"三通两平台"为抓手，大力推进基础教育的跨越式发展；同时，颁布了一系列教育政策，促进了其他教育领域的教育信息化发展。

本章主要概述 2000 年到 2012 年期间，以"校校通"工程为代表的我国现代远程教育走进基础教育的发展历程。第一节着重介绍我国资源共建共享机制的形成历程，从学校和区域等不同层面，辅以典型案例说明该时期教育资源建设情况。第二节关注数字化校园建设情况，从基础教育领域的数字化校园建设入手，分析典型的数字化校园建设案例,概述基础教育、高等教育等多领域内数字化校园的建设过程、成果及重要影响。第三节重点关注现代远程教育在中小学的资源应用,讲述现代远程教育在中小学和高校开展的重点工程建设,并辅以案例进行说明。第四节讲述教师教育信息化能力的构建,包括教师特别是农村教师信息技术素养和教育技术应用水平的提高以及教师发展团队的建设。第五节以"三通两平台"为抓手,关注中小学信息技术发展规划,并梳理现代远程教育在基础教育、高等教育、职业教育和继续教育等领域的推动政策。

第一节　资源共建共享机制的形成

我国开展现代远程教育的初衷,就是希望通过现代远程教育网络把优质教育资源向教育资源相对缺乏的地区输送和传播,实现教育资源的共享。《面向 21 世纪教育振兴行动计划》《关于支持若干所高等学校建设网络教育学院开展现代远程教育试点工作的几点意见》《关于加强高校网络教育学院管理提高教学质量的若干意见》等政策文件都于不同时期明确提出了关于优质网络教育资源共建共享的指导意见。2012年,国家颁布《教育信息化十年发展规划(2011—2020 年)》,明确提出要建立政府引导、多方参与、共建共享的开放合作机制,这标志着我国教育资源建设进入共建共享阶段。

在资源建设标准方面,教育部成立了现代远程教育技术标准化委员会,制定出一系列符合我国国情的远程教育标准,同时通过按标准建设资源,为最大范围内实现资源共享提供体制保障。

在行动实施方面,各省市地区按照政策的规定和要求,纷纷开展各级各类资源建设行动,涌现出诸多教育资源建设典型案例,教育资源的共建共享模式极大地促进了教育资源的共享和应用,促进了教育均衡和公平,推动了我国教育现代化的进程。

一、资源共建共享机制形成历程

从时间节点、重大事件和典型特征等维度,对 2000 年以后我国数字教育资源共建共享发展历程予以分析,可发现其经历了四个具有显著差异的变迁阶段。

(一)资源共享概念的提出阶段(2000—2003 年)

2000 年 10 月,全国中小学信息技术教育工作会议提出了全面普及信息技术教育、启动"校校通"工程、加强多媒体资源建设等多项任务，国家主导的数字教育资源建设工作由此拉开了帷幕。2001年，教育部启动了国家基础教育资源库建设项目，2003年启动了具有划时代意义的"农远"工程，依托教学光盘播放点、卫星教学收视点和中心学校计算机教室等三种模式，将优质数字教育资源传输到西部农村中小学，促进了基础教育的均衡发展。在高等教育方面，教育部于2003年启动了高校精品课程建设工程，旨在利用现代信息技术手段免费开放优质教学资源，推动教学资源共享，提高高校教师教学水平和人才培养质量。

在这一阶段，广大农村学校尚难以有效接入网络，绝大多数的城区中小学校主要以ADSL方式入网。推送资源渠道方面，光盘是最基本的资源载体。资源内容方面，主要是零散的课件、素材、视频和少量网络课程。受技术水平和教育理念的影响，除了广东、上海等极少数地区，全国其他各省市、自治区基本上没有启动区域数字资源建设。这一阶段可称为数字教育资源共享理念的萌发期，国家提出了"资源共享"概念，并通过颁布各种政策文件，启动各类数字资源建设工程，旨在实现优质教育资源的开放与共享，实现资源优化配置。

（二）有限的资源共享模式（2004—2008年）

这一阶段，我国数字教育资源建设依然采用自上而下的行政推动模式。随着"农远"工程三种模式的广泛配备，数字教学资源的本地化存储和二次开发利用成为中小学校的共同诉求，由此，校本资源库应运而生，成为学校信息化建设和研究的重点。在这个阶段，数字资源建设和应用受到重视，社会企业和个人也纷纷加入研发行列。高等教育方面，国家精品课程和大学数字博物馆建设取得了阶段性成果，2008年已建成国家级精品课程3 750门，53.4％的高校建立了数字资源库，83.72％的高校建立了电子图书资源，校均电子图书资源达32.2万册。

总体来看，这个阶段是我国数字教育资源建设发展中的转折点。推送资源渠道方面，校本资源库成为新的资源载体。资源内容方面，除了课件、素材、视频等原有资源外，专题学习网站和流媒体资源在中小学得到广泛应用。"有限的共享"是这一阶段数字教育资源发展的基本特征，即限于网络带宽，限于优质资源匮乏，各学校的校本资源库实际上是"学科资料库"，交互共享性不足，是典型的"资源孤岛"和"信息孤岛"。在这一背景下，为打通"信息孤岛"，共享优质资源，各级教育部门纷纷开始建设区域数字教育资源库和共享平台,但限于"有限的共享"这一基本特征,这一阶段的资源共享总体上处于一种有限的程度。

(三)区域内校际共建共享阶段(2009—2010年)

"农远"工程的实施,加快了基础设施建设进程,网络带宽的提升和终端设备的普及消除了资源共建共享的技术瓶颈,通过"农远"工程配置的数字资源已不能满足学校的深层次应用需求,学校对优质教学资源的需求更加迫切,区域内校际共建共享成为必然选择。共建共享的实质是资源的使用者和相关者共同参与资源建设,打破校际和区域边界。

在这一阶段,省、市、县、校四级资源平台建设是数字资源建设的重点任务,各地普遍采取征集、采购、研发等多种方式推进数字教育资源的集成共享。资源推送渠道方面,除了以往基于计算机的各级资源平台,基于移动终端的资源应用、云服务等也走进教育领域,成为新的资源载体。资源内容方面,在基础教育领域,基本形成覆盖中小学各个学科的课程资源体系,专题活动资源、电子书包资源等丰富了中小学生的学习体验;在高等教育领域,国家在建设和推广精品课程的同时,于2011年启动了高校精品开放课程建设项目,计划在"十二五"期间建成1 000门精品视频公开课和5 000门国家级精品资源共享课。这一阶段共建共享模式真正开始形成,数字教育资源对课堂教学的深度支持逐步生成。

(四)政府引导、多方参与、共建共享的资源建设机制形成阶段(2011年至今)

进入21世纪,新技术的迅猛发展使得我国的数字教育资源不论是从数量、种类、传输方式,还是从开发质量来看,都有了明显的进步和发展。但是从教育资源建设的总体来看,仍存在困难和挑战。《教育信息化十年发展规划(2011—2020年)》文件中明确指出:"数字教育资源共建共享的有效机制尚未形成,优质教育资源尤其匮乏。"与此同时,这份发展规划提出建立政府引导、多方参与、共建共享的开放合作机制,并计划到2020年,基本建成人人可享有优质教育资源的信息化学习环境。在这份发展规划的指导下,各级各类教育的数字资源日趋丰富并得到广泛共享,优质教育资源公共服务平台逐步建立,政府引导、多方参与、共建共享的资源建设机制不断完善,数字鸿沟显著缩小,人人可享有优质教育资源的信息化学习环境基本形成。

这一阶段,按照政府引导、多方参与、共建共享的原则,政府通过制定数字教育资源建设与共享的基本标准,建立数字教育资源评价与审查制度;资助引领性资源的开发和应用推广，购买基础性优质数字教育资源、提供公益性服务；支持校际网络课程互选及资源共建共享活动；鼓励企业和其他社会力量投入数字教育资源建设、提供个性化服务；创建用户按需购买产品和服务的机制等策略，旨在形成人人参与建设、不断推陈出新的优质数字教育资源共建共享局面。这一阶段可称为政府引导、多方参与、共建共享的资源建设机制形成阶段。

二、教育信息技术标准的制定和推广

教育信息技术标准的制定和推广应用是实现资源共建共享的重要环节。近年来，在推进教育信息化和现代化的进程中，各级各类学校积极开展教学资源的建设与应用实践，开发建设了一大批多媒体课件、精品课程、网络课程和学科网站等，资源和软件数量急剧增加，资源种类不断丰富。部分学校还建成了教学资源库，并在教学中进行推广应用。但从整体上看，教学资源建设与应用还普遍存在资源建设规范不够、资源库建设标准不统一等问题，不同教育系统、不同学校的教学资源自成体系，难以实现有效的交流和共享。

在此背景下，国家制定了教育信息化建设的相关标准，以促进资源的有效共享。2000 年 5 月，教育部发布的《现代远程教育资源建设技术规范（试行）》着重统一资源开发者的开发行为、开发资源的制作要求、管理系统的功能要求。2002 年，国家发布了《现代远程教育技术标准体系和 11 项试用标准 V1.0 版》和《基础教育教学资源元数据规范》，着重对远程教育课件资源的制作和接口作了规定。同年，教育信息技术标准化委员会积极参加国际标准化组织的活动，成效显著，获得了国际标准化组织的肯定。2002 年 12 月，国家成立了全国信息技术标准化技术委员会教育技术分会，主要负责教育领域信息技术的标准化及远程教育应用技术的标准化，统一领导教育信息技术及远程教育技术标准的制定和推广工作，为异构系统的互连互通和资源整合共享奠定了基础。

针对基础教育教学资源建设和管理规范化的问题，教育部基础教育资源中心于 2008 年初修订了《基础教育教学资源元数据规范》，并计划与各个省级电教馆和基础教育资源中心共同开展基于互联网的资源平台推广应用工作，以期改善教育信息资源建设和管理中不合理的现象。

为了建立数字教育资源共建共享机制，2012 年教育部发布的《教育信息化十年发展规划(2011—2020 年)》中明确提出:"完善教育信息化标准体系。推广应用教育信息化标准。加强教育信息化标准化工作和队伍建设。"我国教育部门通过制定相关政策措施,形成了标准测试、认证、培训、宣传和应用推广保障机制,从而完善了教育信息化国家标准和行业标准体系,提高了标准的采标率,促进了资源共建共享和软硬件系统互联互通。

三、教育资源建设典型案例

(一)教育城域网的建设——资源共享变为现实

"校校通"工程深入人心。围绕实施"校校通"工程展开的教育城域网建设成为校园网热潮之后的又一次高潮,在全国迅速呈现轰轰烈烈发展之势。教育城域网通过宽带骨干网连接教育局内部网和校园网,通过对各学校优秀资源的整合,形成教学资源的优化分布和配置,实现了教育资源的高度共享。

案例 4-1

　　2002 年,上海浦东教育信息网正式开通,它覆盖了浦东地区各级教育行政机构及其下属中小学,并开展了学校管理、教育科研、电子教学、远程教育等大量业务。浦东教育信息网把浦东教育信息中心作为整个浦东地区校园网络的逻辑中心,新区内各个中小学校可通过宽带线路接入浦东教育信息中心,再由浦东教育信息中心统一接入上海市"校校通"骨干网。与此同时,区教育行政机构积极组织浦东教学资源库的建设,购买资源平台和教学资源,组织教师进行资源开发,通过教育信息网为教师提供亟须的备课素材和教学课件。浦东教育信息网的开通,实现了网上教育资源共享、网上教学共通和网上学校门户网站共览。教师可以免费下载教育信息网的教学资源,并开展教研活动。浦东 400 余所学校的 27 万名学生可通过"浦东新区教育信息专网"查阅各类教育资源。①

---

① 《教育信息化》编辑部:《管理通、资源通、教学通构建校校通——记上海浦东教育信息网建设》,《教育信息化》2003 年第 4 期,第 25—26 页。

案例 4-1 中上海浦东教育信息网作为上海市教育城域网的重要组成部分,连接着市主干网和浦东新区内所辖中小学的校园网及教育局内部网,覆盖了全区的教育单位。上海浦东教育信息网通过"校校通"网络,依托浦东教育信息中心为其所辖全部中小学提供数据、图像在内的各种服务。其下属单位内部网以光缆、电缆或无线接入方式连接教育城域网网络中心——上海浦东教育信息网,并能快速联通到上海市主干网。浦东教育信息网在资源共享、在线管理、远程学习等方面,为浦东新区的中小学提供了全方位应用服务的信息化资源和环境。

上海浦东教育信息网的建设充分体现了资源共建共享的原则,学校间访问教育城域网的权限是平等的,共享的资源是平等的,学校发展的机会是平等的。浦东新区教育城域网的建设让浦东新区内的学校实现了应用系统、软件平台、应用资源的共享,缓解了校园网资金短缺的问题。同时,在区教育部门的统筹规划和统筹安排下,教育城域网能够有效地组织网络资源建设并实现资源共享,避免了校园网资源建设过程中孤军作战、重复建设的问题,使得"校校通"工程建设从单所学校的发展走向整个区域的共同发展,优质的网络资源建设和共享成为现实,有效推进了"校校通"工程,加快了全区教育信息化的整体发展。

（二）区域性优质教育资源共建共享案例

我国许多地域教育资源重复建设现象比较突出,资源建设缺乏标准化、规范化和兼容性,导致资源分散,难以实现资源的共享和重复利用,使得国内教育信息化发展和资源建设呈现出区域性失衡现象。在此背景下,面向区域的优质教育资源整体建设和应用研究逐步受到重视。在 Web2.0、Blog 等新技术的推动下,出现了一批整合资源建设和网络教研等功能的学习共同体。同时,基于教育城域网,各具特色的区域资源建设实践探索开始出现,资源建设与区域教研、教师专业发展等相互协同,注重实用性。

案例 4-2

2005 年 2 月 23 日,广州市天河区自主研发的区域教研信息化平台"天河部落"上线。作为基于博客技术、面向全市的集资源建设和网络教研等功能于一体的新信息化平台,"天河部落"由广州市天河区教研室主办,采用资源建设与网络教研相结合的方式,资源建设团队自由组合、分工协作,提前一周在部落中发布教学资源,被试教师与被试学生对所创建的资源进行应用评价;教研室则组织同步的教研活动和学术交流,保证学科资源持续优化和应用推广。校校之间,每月一次定期进行区域跨学科交流,促进各资源建设小组相互借鉴,分享经验。此外,"天河部落"的博客群组功能可以让教师创建群组,邀请其他教师加入。教师可以选择性地发布文章到一个或者多个群组,同一个群组的教师可将个人教学材料和心得在组内分享、交流。群组管理员可推举本组精华文章至其他研究专题,实现群组间的资源交流、分享。

截至 2006 年 10 月底,天河部落网页的累积访问量已突破 3 000 万,注册人数超过 1.1 万人,群组 159 个,各类资源类文章达到 68 000 多篇。天河部落日均页面访问量近 5 万,其中广东省访问量占 68%,此外还吸引了国内其他省份同行的广泛关注和参与。①

案例 4-2 中,广州市天河区虽属经济发达区域,但仍存在着区域资源失衡现象。该区通过"天河部落"教育信息化平台,整合区域内所有教师力量进行资源建设,实现区域内学科资源共建共享。"天河部落"关注区域教研和教师专业发展,将资源建设和校本教研、校际教研紧密结合,以博客为平台,定期组织教研活动和学术交流,提升教师课程建设能力和教学能力;通过资源建设带动学科团队发展,涌现出一大批优秀学科教师和资源建设骨干。"天河部落"通过区域跨校学科资源建设,取得了良好效果,有效实现了教学资源的区域共享,促进了教师专业发展,推动了区域内教育信息化均衡协调发展,在国内基础教育领域引起了较大反响。

---

① 容梅,胡小勇,张伟春:《数字时代区域学科资源建设新模式:"天河部落"的行动》,《中国电化教育》2007年第 4 期,第 53—56 页。

案例 4-3

  针对"资源建设与应用要实现关注共建共享、关注服务、关注效益"的需求，佛山市开展了教育信息资源的共建共享实践。佛山市市辖五区，前期已建成城域网，实现了各区教育子网间的互联互通。在开展资源共建共享过程中，成立了"市—区—校"三级组织管理机构，以市、区级教育行政职能部门为主，统筹规划、集中管理，组织学校共同参与区域教育信息资源的建设。市级资源建设主管部门制定了教育教学资源共建共享规范等相关制度，指导和监督各中小学校严格按照资源建设规范开展教育教学信息资源的建设工作，并组织和评选资源共建共享联盟学校。在开发资源共享平台方面，遵照教育信息化资源技术标准，佛山市搭建教育信息资源共建共享系统平台，以保证市内各级各类中小学校之间在最大区域范围内的资源共建共享。同时，整合和利用市、区、学校现有的教育教学资源库群，并将其纳入到教育教学资源平台中，由市级资源建设部门进行统一管理和应用，满足各区不同层次的教师和学生的应用需求。此外，佛山市还将资源建设和应用纳入教育督导评估之中，通过建立可行有效的评估体系，制定有关资源建设的评估标准，并借助多种方式对入库资源进行动态评价，根据应用情况实行筛选、流动、淘汰使用价值低的资源，确保了资源的优质性。另外，他们也引入了激励表彰机制，对原创资源投稿录用、资源项目（课题）申报定期表彰奖励，对优秀个人、学科资源建设团队及学科网站实行定期表彰，并给予适量稿费。

  佛山市 21 个学科资源网站，仅 2007—2008 学年间的访问量就达到 150 万人次，自开通以来累计访问量达到 750 万人次；区级一线教师原创资源的投稿超过2 000 条，其中评出原创精品资源近 300 条；"频繁使用"和"经常使用"的频度都有不同程度的提高，且教师使用市区两级教育资源库的满意度上升了 17%，市区两级优质资源在各区域内和区域间得到了良好的应用共享。[①]

[①] 胡小勇，刘琳，胡铁生：《跨区域优质教育资源协同共建与有效应用的机制与途径》，《中国电化教育》2010年第 3 期，第 67—71 页。

案例4-3中佛山市资源建设模式与共享机制就是跨区域优质教学资源共建共享的典型代表,经过几年实践,佛山市教育资源建设取得了显著成效。佛山市各区域教师们共建共享的意识比较强烈,共建共享氛围非常浓厚。在佛山市教育资源共建共享实践过程中,他们主要采用政策调控机制、管理服务机制、规范标准机制、质量监控机制及激励表彰机制等五种机制推动跨区域优质资源的共建共享,不但使市内所辖五区发挥市级政策调控作用,产生跨区域资源建设的共同导向,同时又兼顾到各区域自身的资源建设特色定位。佛山市跨区域优质教育资源共建共享的开展,深入推动了教育资源的可持续良性发展,在"区域"层面通过有效衔接国家与一线学校的教育资源建设工作,发挥优秀区域的示范辐射作用,消灭各类"信息孤岛",实现了优质资源的区域性共建共享,促进了区域教育信息化的均衡协调发展。

区域性优质教育信息资源共建共享旨在实现多个区域之间教育信息资源的规范建设、高度共享和优化配置,促进区域优质资源均衡发展、深化区域资源应用。截至2012年,我国各个区域教育资源的覆盖广度和共享形式都得到了相应发展。长三角、珠三角等经济发达地区,通过统筹购买或自主开发等途径建设资源,并进行了区域共享。例如,江苏省苏州市电教馆进行了学科资源库的统筹建设与区域覆盖;泛珠三角区域9省区教育行政部门和港澳等地签订了《泛珠三角区域教育信息资源共建共享工程计划》,推进了该区域教育资源的开发共享。许多发达区域的教师还积极自建各种独具特色的学科主题资源网。在省市级层面,秉承"政府主导、企业参与、学校应用、人人互动"策略,一些省市形成了"政府投入—三级研发—研用同步—免费共享"新机制,建立了省市级基础教育资源网,为区域内中小学提供了覆盖全学段的优质教育资源共建共享公共服务平台,基本实现了区域内基础教育资源的共建共享。区域性的教育资源共建共享机制,通过推进区域资源的合理规划和协同共建,避免了资源的重复建设,促进了优质资源的有效整合和应用,推动了基础教育的公平均衡发展。

第二节　数字化校园建设全面开启

我国高校的数字化校园建设始于20世纪90年代中期,经过较长一段时间的摸索和不断改进,数字化校园建设已初具规模,各大高校各具特色,有着独特的建设理念、规划方案和建设推进策略。相比之下,中小学的数字化校园建设起步较晚,但"校校通"网络工程的实施,不仅使中小学基本实现了网络校校通,而且推动中小学校步入了一个集数字化办公、数字化教学、数字化学习、数字化管理、数字化资源等为一体的数字化校园深化建设时期。由此,数字化校园建设开始从高等教育领域逐步转向基础教育领域,中小学数字化校园建设进入了蓬勃发展时期,各地中小学校纷纷启动数字校园计划,竞相打造数字化校园。同时,一些省市地区还通过推行区域数字化校园建设,营造全新的教学环境和教育环境。同样,在职业教育领域,大力推进职业院校数字化校园建设,已成为全面提升职业院校教学、实训、科研、管理、服务等方面信息化水平的重要手段。自此,我国数字化校园建设全面开启。

一、基础教育领域

实施中小学数字化校园建设是推动基础教育改革与发展的一项关键举措,许多学校都将其作为适应时代发展、提高教育教学质量和效率的重要举措。基于此认识,各学校充分利用先进的信息技术手段,构建数字化校园。从区域层面,很多省、市、区、县也在积极推进数字化校园建设,促进整个地区基础教育的均衡发展。

（一）学校层面数字化校园建设典型案例

在推进数字化校园建设过程中,各地中小学以学校为主体建设数字化校园,从学校的实际出发,结合校本特色和师生需求,有针对性地将先进的信息技术融入学校的各项业务中,以支撑学校自身核心业务的发展,增强学校的办学质量,增强学校的整体实力,推动基础教育领域的变革与进步。

案例 4-4

地处无锡市郊的蠡园中学是一所普通的公办中学,原本师资、生源、办学环境等条件相对薄弱。几年前,蠡园中学开始建设数字化校园,在开通网络的基础上,充分利用无锡市教育城域网的通道和资源,同时将服务器交市电教馆托管,节省了人力、维护费和资源购置费。另外,蠡园中学通过积极与网络公司合作开发教学管理软件,获得了软件的免费使用权,并享受免费维护和免费培训服务。蠡园中学还注重校园网软件接口的艺术设计,学校每年都会推出新颖的版面,给使用者耳目一新的感觉。此外,为了保证网络功能能够被充分利用,培养师生的用网习惯,学校制定了《数字校园管理制度》、《故障网上申报制度》、《信息处每周例会制度》等管理使用制度,并设专职网管人员负责软硬件设备的日常维护。由于网络好用、实用,现在蠡园中学教师上班的第一件事就是浏览各类信息,利用网络办公已成为蠡园中学教职员工的一种习惯。通过建立实用的校园网络系统,实现了蠡园中学教学、管理与信息技术的有效整合,使校园网真正成为师生员工教学、管理、交流的最重要平台,使学校的信息化教育水平跨上了一个新台阶。从 2001 年开始,蠡园中学在无锡市同类学校的测评中始终名列前茅,由名不见经传变得声名鹊起,学生、家长趋之若鹜,并且被评为江苏省示范初中和信息化先进学校,校园网的开发与应用业已成为打造"蠡中教育"品牌的重要抓手。在第二届全国中小学教育特色网站展评中,蠡园中学校园网荣获全国一等奖,开发的"蠡风网络办公平台"、"蠡风"系列教育软件也在江苏省推广使用。在此期间,蠡园中学已先后举办了三届"蠡风杯"校园信息化管理研讨会,他们的成功经验受到了一致好评。①

数字化校园建设是以服务教学、服务师生、服务于人的全面发展为根本追求的。案例4-4中蠡园中学通过创建"好用、实用、想用"的应用型校园网,实现了教学信息化、资源网络化、办公无纸化、管理现代化,大幅提升了师生的信息素养。在数字化校园建设中,蠡园中学以提高教育绩效为导向,采用量力而行、分步实施、内联外引的方式,大大降低了办学成本,提高了教学管理绩效,有力地推动了学校的发展,具有一定的数字化校园建设典型性。蠡园中学以数字化校园网的开发与应用促进了教学改革与发展,其建设与应用的成功经验,对其他各级学校有一定的借鉴作用。

中小学数字化校园建设是一项逐步推进的系统性工程。在此过程中,涌现出一批各具特色的数字化校园建设优秀案例。例如,深圳南山实验学校和北京师范大学二附中坚持以人为本、服务至上的原则开展数字化校园建设;上海七宝中学努力构建以多元评价为核心的数字化校园应用体系;广州东风东路小学提出将新技术融入日常教育

---

① 陈明选,汤巍楠:《以绩效为导向的数字化校园建设与应用个案研究——以无锡市蠡园中学为例》,《电化教育研究》2009 年第 12 期,第 33—36 页。

教学活动的目标；北京市第九十四中开发了人性化错题本和富于生态性的校本课程；突出府学文化的"府学小学"数字化校园；关注有效评价的七一小学数字化校园；开发了"数字化课堂"的丰台区师范学校附小；江苏扬州文津中学的数字化校园建设突出实效的"e导e学"，打造以学习者为中心的学本课堂；广东碧桂园学校注重平板教学应用；广州市天河区中小学的数字化校园通过"微课"、"翻转课堂"进行个性化学习；珠海市第四中学依托粤教云项目支持重复学习和个性化学习；北京市丰台区第二中学通过网络平台下的学情分析系统进行纵向和横向分析比较，等等。这些走在全国前列的优秀建设案例具有一定的前瞻性和引领性，其数字化校园建设改变了整个校园的生活方式，乃至学生受教育的方式和学习方式，值得学习和借鉴。

（二）区域层面数字化校园建设典型案例

从区域层面看，数字化校园建设的推进目标是在一个行政区域内整体促进信息技术在教育教学全过程和学校管理各个领域的广泛应用，并在应用上有所创新，从而提升整个区域的教育水平，最终达到整个地区基础教育的均衡发展。在此目标的指导下，很多省、市、区县地区应时而动，纷纷加快了数字校园建设，区域层面的数字化校园建设取得了显著成效，形成了一批各具特色的区域性数字化校园建设典型案例。

案例 4 - 5

宁波下辖各县（市、区）的发展水平与区域特色各有不同，因此宁波市提出了以区域为单位创出自己的数字化校园建设模式。鄞州区率先在全市创制了数字化校园评估体系，同时以创建"星级数字化校园"活动为抓手，多次召开全区数字化校园建设推进会，通过以评促建方式加快全区的教育信息化工作发展。江东区内建外联双管齐下，对内强化基础设施建设，教室多媒体覆盖率达到 100％，微格教室得到普及；向外专建了一条从宁波到广东南海直至香港的 4M 光纤专线，和香港、广东等地开展远程互动教育，凸显了区域教育特色。镇海区着眼于教师专业成长档案的数字化管理，教师的每一次进修、晋级、调动均实现数字化管理，既促进了教师的专业成长，又对提高学校的管理能力、提升学校的教育质量有重要的助力作用，还可以促进全区教育资源共享。象山县着力构建信息化教育质量评价体系,运用教育信息技术手段和应用平台对学生的教育基础信息进行全面测试,并组织专家组对数据进行分析,建立了学生成长综合素质的测评机制,为教育行政部门科学决策提供依据。宁海县以城域网为基础,在全市率先建设区域范围内的视频会议系统,为提高会议效率、促进资源共享打下基础。江北区率先建成区域教育数字应用平台,实现教育教学的集约化、精细化管理,走在了全国前列。余姚市后来居上,联合教研室等部门,启动了本地化优质教育资源录制与远程实时视频教育系统,加大优质教育资源的辐射力度。

宁波市在各县(市、区)特色建设比较成熟的基础上,在 2008 年底召开了全市数字化校园建设与实践现场观摩交流会,来自教育部、省教育技术中心以及各高校的教育信息化专家、领导共 280 余人参加了此次会议,并作了充分研讨,市内七家中小学分别作了数字化校园建设与实践经验交流发言。现场观摩会以来,在总结经验的基础上,宁波市各地又掀起数字化校园建设的新一轮高潮,进一步提升了宁波教育信息化整体水平。[①]

案例 4-5 中宁波市注重区域个性,以区域为单位创建了自己的数字化校园建设模式,然后通过定期总结、现场观摩会的方式,促进经验共享,实现共同发展。宁波市自 2004 年启动全市数字化校园建设工作以来,各个县市区的数字化校园创建工作各有特色,呈现出齐头并进的良好态势。

案例 4-6

2005 年末,扬州市全面实现了"校校通"。在此背景下,2006 年初,扬州市在整个行政区域内开展了数字化校园创建活动。扬州市教育局经过广泛的调研论证,出台了《扬州市中小学数字化校园评估标准》和《扬州市中小学数字化校园评估细则》,指明了全市数字化校园创建的方向,以统一的标准指导全市数字化校园

---

① 张光明:《以校园数字化建设推进宁波教育信息化的策略与实践》,《中国电化教育》2011 年第 4 期,第 39—42 页。

的建设。扬州市教育局要求各个学校创建自己的建设方案，有序推进数字化校园建设工作。此外，扬州市教育局通过构建全市统一的教育管理信息化平台，消除"信息孤岛"，形成了扬州市数字化校园群；采用参观学习、专题培训、教研活动、远程教育等多种形式，提高教职员工的信息素养和应用水平；通过整合市、县的教育资源和学校的校本资源，组织开展现代教育技术教学活动，引导教师积极探索信息技术环境下的教育教学改革，提高了广大教师的现代教育技术应用水平；积累具有区域特点的优质校本资源，整体推进市、县、校三级资源的共建共享。此外，扬州市教育局还分别召开了创建动员会、研讨会、现场会和成果展示会，统一学校创建步伐。同时，通过数字化校园简报和专题网站建设，加大创建工作宣传力度；通过创建示范校、样板校，树立典型，形成引领，从而形成整体区域推动效应。经过几年的建设，截至 2009 年，扬州市区域整体推进数字化校园工作已经取得阶段性成效，全市共建成数字化校园 154 所，学校的办学理念得到了提升，学校的管理方式、教师的教学方式、学生的学习方式有了深刻的变革，师生的信息素养和能力不断增强，学校信息化建设、应用和研究的水平逐步提升。①②

案例 4-6 中"校校通"工程的实施为扬州市开展数字化校园建设提供了技术支撑。在推进区域性数字化校园建设过程中，扬州市教育局通过完善基础设施建设，推进信息技术在教育教学和学校管理等各个领域的初步应用；通过加强信息技术在教育教学中的应用，积极探索信息技术环境下的教育教学改革；通过统一整合学校数字化管理平台，借助网络管理平台，实现全市教育资源和管理信息的互联互通、数据共享，消除"信息孤岛"；逐步形成数字化校园环境下的新型教育管理模式和学与教的应用模式，整体推进扬州市教育信息化向纵深方向全面发展。

---

① 周应华：《区域推进创新应用——江苏省扬州市创建"数字化校园"纪实》，《中国教育信息化》2007 年第 14 期，第 31—33 页。
② 刘荣：《扬州市区域推进数字化校园建设巡礼》，《中国教育信息化》2008 年第 2 期，第 86—87 页。

二、高等教育领域

高校的数字化校园建设发展历程相对较长。1995 年,中国教育和科研计算机网(CERNET)开通。1999 年,现代远程教育工程启动,教育部投入巨大财力建设远程教育资源库和教育软件开发基地。2001 年 12 月 29 日,覆盖近 30 个主要城市的中国教育和科研计算机网建设项目在清华大学通过国家验收。2002 年 5 月,全国高等院校数字化校园建设工作研讨会在中山大学珠海校区召开,确立了数字化校园建设的整体、系统的解决方案。2004 年,教育部推出《2003—2007 年教育振兴行动计划》,提出要推进数字化校园建设,数字化校园建设成为时代热潮。《教育信息化十年发展规划(2011—2020 年)》中更是明确提出"加强高校数字校园建设与应用"。在这样的大环境下,国内高校数字化校园建设开展得如火如荼。许多高校采用信息技术手段,通过加大软硬件的投入,加快数字化校园建设的前进步伐,充分挖掘数字化校园带来的巨大潜力。

案例 4 - 7

2003 年,山东交通学院完成了校园网络升级扩建工程,实现了将校内办公、教学及教工宿舍通过接入层连接到校园网主干上。之后,相继开发了现代化教学系统、教务管理系统、办公自动化管理系统、数字化图书馆、管理信息系统、校园一卡通等各种应用系统,为学校机构、全校师生提供智能化、个性化的服务。其中,现代化教学系统包括多媒体教学系统、VOD 点播系统、远程教学系统和多媒体教学资源库等,为教学提供了现代化的教学系统和丰富的网络资源。数字化图书馆包括电子图书阅览系统、随书光盘发布系统、备份存储系统、中国学术期刊等资料情报检索系统,等等。同时,通过"一卡通"系统实现和校园网上各个应用系统的对接。另外,山东交通学院还建立了学校综合网站,形成了校园数字化的管理平台,网站内容涵盖了学校概况、师资队伍、教育教学、科研信息等各个方面,可及时了解有关信息,有针对性地进行互动管理。①

---

① 孙禄华、张开文、周颜玲:《高校数字化校园规划的研究与实践——以山东交通学院为例》,《中国成人教育》2007 年第 19 期,第 45—46 页。

我国高校数字化校园的建设一般采用"统一门户＋多应用系统"的方式，其核心就是"一个基础平台＋一个门户＋N个应用系统"。在这种建设模式下，案例4-7中山东交通学院开发了现代化教学系统、教务管理系统等各个应用系统，建成学校综合网站，把它作为各个应用系统的管理平台，并通过学校综合网站，访问学校的各个应用系统。山东交通学院利用现代信息化技术建设数字化校园，实现了数字化的信息管理方式、教学方式、生活方式和沟通传播方式，扩大了校园教育承载能力和教育覆盖地域，促进了协作式的学习和科学、高效的管理，更好地培养了学生的应用和创新能力。

在高校数字化校园建设过程中，尽管各所高校的数字化校园建设各具特色，但在建设时都会把握以下两点：一是确立信息标准，最大限度地实现信息优化管理和资源共享；二是统一身份认证、统一校内信息门户、统一数据平台，通过三大平台实现统一认证，统一界面，统一数据共享与交换，并在数字化校园运行过程中不断发展和完善标准与三大平台，为高校数字化校园的健康可持续发展提供坚实的基础。

三、职业教育领域

高职院校的数字化校园建设起步比较晚。教育部在2012年3月发布的《教育信息化十年发展规划（2011—2020年）》中，明确提出"加快职业教育信息化建设，支撑高素质技能型人才培养"的战略目标。大力推进职业院校数字化校园建设，已成为全面提升职业院校教学、实训、科研、管理、服务等方面信息化水平的重要手段。在此背景下，各校根据学校自身特点，积极探索具有本校特色的数字化校园建设。

案例4-8

浙江工业职业技术学院于2008年成立了信息化工作领导小组，由校长担任组长，规范数字化校园建设工作。同年，学校对全校的基础网络进行全网改造，提高了网络稳定性和网络使用满意度。从2009年上半年开始，学校对校园一卡通系统的功能进行全面升级，在校园卡中整合了食堂餐饮、校内超市消费、门禁管理、图书借阅、师生考勤、各类充值缴费等功能，真正实现了"一卡在手，走遍校园"，极大地方便了师生的校内工作学习生活。2009年下半年，学校又上线智能办公系统,步入了无纸化办公、移动办公的行列。

随后的几年,学校又分阶段建设了一系列业务系统,主要包括人事管理、科研管理、网络教学管理、学生管理、实验室管理、离校、就业、网络运维等系统。不过,随着信息系统越来越多,"信息孤岛"现象日趋突出。于是,学校于 2011 年进行业务系统的集成,搭建了统一信息门户、统一身份认证和统一数据中心平台,将学校20 多个信息系统全部按照信息标准规范进行了数据集成和共享,极大地提升了学校的管理水平。截至目前,浙江工业职业技术学院的信息化工作已覆盖了所有部门,实现了各业务部门的协同办公、信息共享,极大地提高了管理效率。[①]

在职业教育领域,数字化校园建设各具特色。案例 4-8 中的浙江工业职业技术学院坚持以"师生为本、应用为先、按需建设"的原则,逐步推进数字化校园工程。在数字化校园建设过程中,突出健全校园网络与信息应用服务体系,并借助校园网络,对多种业务系统进行集成,实现各业务部门无纸化办公、协同办公、信息共享。又如,苏州经贸职业技术学院以"节约型数字化校园"为指导思想,在建设数字化校园过程中充分体现了"以我为主,以用为本,品牌竞争,校企合作,共建双赢"的建设思路。而浙江工贸职业技术学院在数字化校园建设中,则采用自主建设与引进教育云平台的数字化校园建设模式,一方面将数字化校园建设与专业建设相结合,自主开发各种应用系统;另一方面引进世界大学城教育云平台,借助海量云存储空间和专业云平台,构建专业共建共享机制,创新课堂教学模式。

第三节　资源驱动的应用尝试

2000 年 10 月教育部召开的全国中小学信息技术教育工作会议明确提出:"全面实施中小学'校校通'工程,努力实现基础教育的跨越式发展。"2003 年,国务院提出"实施农村中小学现代远程教育工程,促进城乡优质教育资源共享,提高农村教育质量

---

① 李志奎,姚争儿:《高职院校数字化校园建设机制探讨和实践》,《中国教育信息化》2013 年第 11 期,第62—65 页。

和效益"。自此，现代远程教育走进基础教育，通过实施"校校通"工程、"农远"工程推动优质资源共享，促进基础教育均衡发展和跨越式发展。在高等教育领域，国家继续推进精品课程建设项目，工作重心从课程建设转向课程应用，侧重优质教育资源的推广和共享应用，并于 2011 年启动了第二轮本科教学工程——国家精品开放课程建设工程，打造面向社会大众、免费开放的优质教育网络视频课程。

一、"校校通"工程驱动基础教育资源共享

为了落实全国中小学信息技术教育工作会议精神，教育部于 2000 年 11 月 14 日下发了《关于在中小学实施"校校通"工程的通知》，提出"校校通"工程的目标是：用 5 到 10 年的时间，使全国 90％以上的独立建制的中小学校能够与网络联通，使每一名中小学师生都能共享网上教育资源，提高所在中小学教育教学质量，使全体教师能普遍接受旨在提高实施素质教育水平和能力的继续教育。其具体目标是：2005 年前，争取东部地区县以上和中西部地区中等以上城市的中小学都能上网，西部地区及中部边远贫困地区的县和县以下的中学及乡镇中心小学普遍建立远程教育接收站。2010 年前，争取使全国 90％以上的独立建制的中小学校都能上网。为条件较差的少数中小学校配备多媒体教学设备和教育教学资源。

"校校通"工程的核心就是利用多种方式、用较低的成本实现教育资源的流动和共享。由于实现教育资源流动和共享的方式是多种多样的，必须根据各地的实际情况和需求因地制宜，因此应探索能够以较低的成本，最大限度地满足当地教育教学应用要求的资源传输和共享方式。

案例 4 - 9

李老师是苍南县一名初中教师。2005 年，她欣喜地发现使用县里发的账户登录苍南县教育网，就可以一次访问苍南教育信息网、苍南教科研网、苍南智客网、苍南德育网等网站，能够非常方便地从教育网获取所需资源。原来，苍南县从 2001 年就开始实施"校校通"工程，按照教育部提出的目标要求规划建设教育城域网，以构建县教育网络中心平台为突破口，先建起一个区域的骨干城域网，再逐

步建立起分支的学校局域网,其中有条件的学校建立了自己的校园网,条件不足的学校则通过网络访问集中在县教育网络中心的应用系统。经过四年多的建设,教育城域网络已经初具规模,截至 2005 年,入网学校达 110 所,全县计算机拥有量、入网学校数逐年增加,全县中小学基本实现了"校校通","校校通"的中小学师生通过上网形式就可以实现基础教育资源的共享。①

案例 4-9 中教育城域网建设是苍南县"校校通"工程的重点,同时也是远程教学、多媒体教学和教育发展的关键。截至 2006 年初,苍南县教育城域网络已经初具规模,全县中小学基本实现了"校校通",在此基础上,开通了苍南教科研网、苍南智客网等网站平台,为课堂教学实时提供丰富的教学资源,并积极尝试应用网络进行教学研究活动。苍南县通过建设教育城域网,以更经济、便捷的方式实现了全县中小学"校校通"工程,并积极推动资源建设,从整体上推进和提高了全县教育信息化水平。

案例 4-10

马老师是西部一座小城的一名普通小学语文老师。由于小城地处偏远,经济水平落后,学校尚未连通网络。马老师要给她任教的小学一年级孩子们讲《清澈的湖水》这一课。以前上这节课时,马老师有很多苦恼:从没有见过湖水的学生们,很难理解课文中所描述的湖光山色;老师和学生们的普通话不够标准,有些字始终发音有困难;生字只能机械记忆,课堂显得十分沉闷。"校校通"工程实施后,马老师所在学校配备了各个学科的 DVD 教学光盘。拿到光盘之后,在上课前,马老师认真观看了 DVD 光盘中远在千里之外东部某名牌小学一名特级教师所讲授的《清澈的湖水》这一课,马老师从中学到了很多东西。上课时间到了,马老师自信地站在讲台前,声音洪亮地说:"春天到了,我们大家都很想出去春游吧!让我们一起来看一段风光片吧!"马老师随即按下 DVD 机遥控器上的"播放"按

钮,电视机屏幕上便出现了一个风景秀丽、湖光山色的美丽画面。在观看视频的过程中,马老师会随时按下"暂停"按钮,引导学生说出自己所观看到的景色。DVD光盘中的特级教师在简单点评之后,就开始朗读课文。这以前可是马老师最头疼的环节。现在,听着电视机里老师标准而优美的发音,马老师让学生们一起跟读。借助DVD光盘中的视频文件,仿佛被一扇窗户隔开的两个班级——电视机里和电视机外远隔千山万水的两地小朋友们在一起学习和操练,仿佛他们真的在一起上课了。①

　　案例4-10中由于学校地处偏远,条件受限,无法上网,教师便使用DVD光盘获得教育信息资源,共享优质教育信息资源。

　　案例4-9、4-10实际反映了我国"校校通"工程的推进路径。鉴于我国社会经济以及教育发展的不平衡性,教育部在实施"校校通"过程中,提出了因地制宜、分步实施的策略,即在东部地区县以上和中西部地区中等以上城市的中小学组织实施上网工程,利用互联网进行远程学习,而对于中西部地区,则要求在县和县以下的中学及乡镇中心小学建立远程教育接收点,配备卫星地面接收站、电视机、VCD放映机和计算机等必要设备及基本的教学资源光盘,接收和使用优秀教学课和数字化教育资源。

二、"农远"资源的深化应用

　　西部地区农村中小学现代远程教育是我国新世纪以来为推动农村教育发展而实施的一项覆盖面广、影响面大的重点工程,该工程经历试点阶段(2003年至2004年底)、全面实施阶段(2004年底至2007年底)和深化应用阶段(2008年至2010年),开创了农村基础教育信息化的新时代。作为我国规模最大的信息化普及工程,经过5年多努力,投入111亿元,基本完成了农村中小学现代远程教育工程的建设任务,工程覆盖了所有农村中小学,初步形成了农村教育信息化环境,初步构建了惠及全国农村中小学的远程教育网络,形成了基本适应农村中小学教学需要的资源体系。

---

① 祝智庭编著:《教育技术培训教程(教学人员版·初级)》,北京师范大学出版社2005年版,第2—4页。

"农远"工程的实施,加快了我国农村推进优质教育资源共享的步伐,缩小了数字鸿沟,使1亿多名农村中小学生受益,明显改善了农村中小学的信息化条件,深刻改变了农村学校教材内容的呈现方式、学生的学习方式和教师的教学方式,有效提高了农村的教育质量,促进了地区间、城乡间义务教育的均衡发展。

进入2008年以后,国家"农远"工程进入深化应用阶段。《国家中长期教育改革和发展规划纲要(2010—2020年)》提出的"继续推进农村中小学远程教育,使农村和边远地区师生能够享受优质教育资源"目标,是新的历史时期的发展任务。

案例4-11

　　云南省文山新村小学地处偏远,是热水小学下辖的一个光盘教学播放点。新村小学现有教学班1个,在校学生16人,专任教师1人,教育辐射新村小组82户。从2006年光盘播放项目点建立以来,新村小学的熊老师就对项目设备进行建档登记,参加项目培训,掌握了设备功能。"农远"工程为新村小学发放了与教材配套的教学光盘,内容覆盖了小学1—6年级各学科,涵盖了小学阶段的品德与生活、语文、数学、英语、美术、音乐等学科规定的全部知识内容。熊老师将教学光盘内容全部认真浏览,并亲自动手制作资源目录。熊老师积极加强光盘资源的应用研究,提高了课堂效益,培养了学生学习兴趣,取得了良好的教学应用效果。此外,熊老师还通过多种形式开展应用研究,其中包括播放资源中的优质课、示范课,让学生在教师指导下跟着一同学习。例如熊老师使用教学光盘开设了音乐课程,把大城市的教学方法与偏僻乡村的孩子紧紧地联系起来;适时播放光盘内容,并与教师讲授相结合,以此增强学生对知识的理解;每周播放一部优秀教育影片给学生观看,开阔学生视野,进行思想教育;利用夜晚或农闲对当地党员干部进行培训及播放农村实用技术给村民观看学习,服务于当地农村教育。[①]

"农远"工程把推广普及教学光盘播放点的应用作为重点,探索出依托教学光盘播放点的"光盘教学—教师辅导"、"教师上课—光盘辅助"、"课堂直播—同步教学"等多

[①] 李馨:《农村中小学现代远程教育工程建设成效分析》,《电化教育研究》2009年第2期,第87—92页。

种应用模式类型。案例4-11中熊老师深入研究光盘教学资源的不同教学应用模式，并应用到课堂教学实践中，有效缓解了边远山区和贫困地区教育资源匮乏、师资水平不高和教师不足等问题，特别是农村小学和教学点利用卫星收视设备和光盘播放设备开设了过去没有条件开设的英语、音乐、美术等课程，取得了良好的效果。

此外，在中西部不同区域，许多项目学校都和文山新村小学一样服务于当地农村，利用夜晚或农闲对当地党员干部进行培训，并播放农村实用技术给村民观看学习，扩大了项目的辐射效果。这些项目学校都自觉地将农村中小学远程教育与促进农科教、培训农村党员和提高农民素质紧密结合，依托"农远"工程教育资源辐射"三农"，惠及农民。例如，云南省平远二中依托"云南省经济欠发达地区教育信息化建设现状及发展对策研究"课题，积极组织教师充分利用学校的"三教统筹"、"农科教结合"等实验示范学校优势，从2005年开始，共举办20余期成人科技文化培训班，培训数量达4 000多人次，培训内容涵盖多种农村实用技术和外出务工技能知识。

案例 4-12

浙江等地的一些学校利用 Delight IP 5.0 远程交互式教学平台，已多次成功地进行了网络研训直播课堂的试验。通过远程交互式教学平台建立起一点对多点的双（单）向音视频通信，主会场将研训活动全过程向分会场直播，农村学校则组织教师在分会场上进行实时或非实时的集中观看，教师在接受技术培训时还可一边听课一边进行实际操作。网络研训直播课堂实现了基于远程教学平台的教师培训和网络教研活动，使城乡教师如同置身于同一课堂中，实时通信交互式学校的教师在培训或网络教研中可参加交流对话。①

案例4-12中 Delight IP 5.0 远程交互式教学平台是为了进一步推进浙江等地农村中小学实施现代远程教育工程和教师素质提升工程而开发的，旨在实现基础教育的均衡发展。双向交互课堂教学方式是指利用移动会场在城乡结对试点学校间建立点对点实时交互教学平台，城市优秀教师利用该平台对城乡学生实施同步教学，实现音

---

① 李馨：《农村中小学现代远程教育工程建设成效分析》，《电化教育研究》2009年第2期，第87—92页。

视频实时交互,使城乡师生如同置身在同一课堂中。它的教学模式主要有两种。一是课堂讲授型教学模式。借助教学平台,将城市教师现场授课过程实时地传送到农村学校,使得农村学生通过大屏幕同城市学生一起听教师讲课,打破了学习空间的界限。二是探究学习型教学模式。教师引导学生,以问题为线索展开探究过程,学生则利用所学的知识去解决问题。通过大屏幕,城乡学生一起学习,并展示研究性学习的成果。通过这种双向交互课堂教学方式,城市优秀教师促进了农村教师的成长,农村教师则学到了城市优秀教师先进的教学理念、创新的教学设计、教学资源设计与开发的方法,提高了教学技能。

三、国家精品课程的推广和共享应用

国家精品课程建设项目作为我国高等教育"质量工程"的重要组成部分,其最终目的是利用现代教育信息手段免费开放精品课程,以实现优质教学资源共享,全面提高高校的教学质量和人才培养质量。到 2010 年为止,精品课程建设项目成功遴选出了一大批高校优质课程资源,取得了丰硕成果。从 2003 年到 2010 年,共建成国家级精品课程 3 693 门,国家精品课程建设项目的重心开始由课程建设转向课程应用。如何更好地实现优质教育资源的推广和共享应用,使优质教育资源惠及更多的高校和学生,已成为国家精品课程建设项目的重心。

国家精品课程推广模式分为行政推动模式、共建共享模式和自发推广模式三种:

1. 行政推动模式

教育行政部门对国家精品课程的推广,主要表现为行政方式的推动。教育行政部门从其政策制定到具体行动,通过行政方式推动整个精品课程建设项目的前进,以确保项目最终目标的达成。为此,教育部制定出国家精品课程评审指标体系、国家精品课程上网录像技术标准等,通过资格审查、网上教学资源评审、教学效果评价和公示材料等环节保证了精品课程的质量和精品课程资源上网开放。

行政推动模式适用于教育部推广国家精品课程,同时也适用于其下各级教育行政部门(包括各大高校)实现对其辖区内精品课程的推广。由于各级教育行政部门在其管辖区内有着巨大的号召力,这种推广自上而下施行,强有力地推动了精品课程的推广和应用。

2. 共建共享模式

国家精品课程开发团队成员为了让课程能够在更大范围内起到积极影响,往往采用一定的措施介绍和宣传自己所参与开发和建设的精品课程。在共建共享推广模式中,精品课程开发团队承担了传播者的角色,通过举办培训班、研讨会、组织教师协同备课和学生跨校交流协作等多种方式,对精品课程进行传播推广。开发团队还会对课程使用者提供一定的支持以提升应用效果,这种支持所产生的反馈,即课程开发者和使用者之间的互动,会进一步促进该课程的发展。这种由课程共享实现的课程共建,切实加深了课程应用的层次,促进了课程的全面改革,有效提高了教学效果。

案例 4-13

桑教授是《学习论——步入信息时代的学习理论与实践》课程开发团队的负责人,他带领全国 8 所院校校际协作开设了此门课程,并鼓励教学队伍积极指导学生参加课程校际协作大赛和教育技术领域的其他大赛,在实践中提高教师的指导能力和学生的学习能力。2003 年,此课程申报国家级精品课程并获批,成为首批国家精品课程。桑教授经常带领各院校师生应用南京大学校际协作社区、天空教室、巴巴变校际协作思维导图交流区等平台进行校际协作交流,通过校际协作方式为课程使用者提供支持,共享学习科学领域的理念、知识和技术。到 2009 年止,已形成在国内 16 所高校同时开课、相互间不断交流协作的课程群,被称为"校际协作联盟"。[①]

案例 4-13 中国家精品课程的推广模式属于共建共享模式,它是一种自下而上、处于微观层面的推广模式。课程开发团队对课程使用者提供支持,其中校际协作起到非常重要的作用。校际协作的开展,促使课程开设范围不断扩大,教师在协作交流中不断探索更加适合本校的教学模式,实现课程教学资源的共建共享。

3. 自发推广模式

除了上述两种推广模式,还有一种推广模式,它属于自发的行为,推广者自身认识

---

① 秦丽娟:《国家精品课程推广模式研究》,《中国电化教育》2009 年第 3 期,第 50—54 页。

到推广精品课程的意义,促使精品课程产生更深广的积极作用。自发推广模式中的推广者是自发的非政府组织或部门,作为行政推动模式和共建共享模式的补充,这种模式对于国家精品课程的推广具有非常重要的作用。

案例 4 - 14

中国开放教育资源协会(China Open Resources for Education,简称CORE)是非营利机构,是一个以部分中国大学及全国省级广播电视大学为成员的联合体,其宗旨为"促进国际教育资源共享,提高教育质量"。CORE 通过三种方式对国家精品课程进行推广:(1)CORE 对国家精品课程做了整理,设置了链接和搜索功能,并且把所有课程的标题都翻译成英文,方便广大用户查询与使用;(2)组织制作国家精品课程的英文网页,将中国的优秀课程推向世界;(3)在 CORE 组织或CORE 选择代表参加的研讨会或交流会上,交流精品课程建设及推广应用的经验。①

案例 4 - 14 中,中国开放教育资源协会对国家精品课程的推广属于自发推广模式。中国开放教育资源协会自发地对国家精品课程进行重新分类、重建链接,以此提高其可获取性和易用性,通过发起或参与相关研讨、进行课程应用的研究等方式影响课程使用者,一方面有力地促进了课程的推广工作,扩大了国家精品课程建设工作的影响;另一方面通过引导和帮助使用者应用国家精品课程,促进了教师教学效果的提高。

教育行政部门推广精品课程是有策划的、全国范围内的推广活动;国家精品课程开发团队推广则往往针对其所开发的课程;非政府组织或部门是自发的推广。教育行政部门从整体着眼,大处着手,国家精品课程建设团队以一个一个点的形式分散存在,而自发组织或个人的努力将为整体和个体之间的联结搭建起一座座贯通的桥梁。

四、国家精品开放课程建设

2001 年 4 月,美国麻省理工学院决定向社会公布其从本科至研究生的全部课程,

---

① 秦丽娟:《国家精品课程推广模式研究》,《中国电化教育》2009 年第 3 期,第 50—54 页。

从此拉开了全球范围内的开放教育资源运动。十年间,已有 36 个国家和地区、250 所大学或机构共享超过 6 200 门课程资源,逐步形成课程类、素材类、视频类等不同的资源类型,推动了教育资源全球共享。

在我国,国家精品课程建设历经十多年,到 2010 年底,国家精品课程建设工程告一段落。正值此际,世界各大名校视频公开课陆续登录国内知名门户网站,作为网络学习新模式的视频公开课成为一大热点。在这一背景下,教育部于 2011 年 6 月 13 日颁布了《关于启动 2011 年精品视频公开课建设工作的通知》文件,对精品视频公开课的建设目标、定位、建设要求以及运行机制等方面作了详细说明,并公布了遴选出的 103 个精品公开课程的选题。自此,教育部正式启动了第二轮本科教学工程——国家精品开放课程建设工程,开启精品视频公开课和精品资源共享课建设之路。

案例 4 - 15

2011 年 11 月 9 日,首批 20 门中国大学视频公开课通过爱课程网、网易以及中国网络电视台同步向社会公众免费开放,几天内就获得数千名网友的点击和热议。2012 年 1 月和 5 月,第二批和第三批共 40 门公开课又在网友们的期待中登场。截至 2012 年 6 月 27 日,爱课程网站共上传课程 60 门。其选题类型涉及文学艺术、哲学历史、经管法学、基础科学、工程艺术、农林医学等方面,共 305 集视频。内容主题弱化知识的精深度,强化科普性、通俗性和趣味性,体现了"精品视频公开课是以高校学生为服务主体,同时面向社会公众免费开放的科学、文化素质教育网络视频课程与学术讲座"这一宗旨。①②

案例 4 - 15 中的爱课程网正是中国大学视频公开课的官方网站,自上线后受到网上学习者的热捧,从网友点击、学习和评价的情况分析,这些课程普遍受到欢迎。

2011 年 7 月,教育部、财政部印发了《关于"十二五"期间实施"高等学校本科教学

---

① 俞树煜,朱欢乐:《从开放课件到视频公开课:开放教育资源的发展及研究综述》,《电化教育研究》2013 年第 5 期,第 55—61,72 页。

② 沈丽燕,赵爱军,董榕:《从精品课程到精品视频公开课的发展看中国开放教育新阶段》,《现代教育技术》2012 年第 11 期,第 62—67 页。

质量与教学改革工程"的意见》，明确提出了利用现代信息技术手段，"引导高校加强课程建设，形成一批满足终身学习需求，具有国际影响力的网络视频课程和一批可供高校师生与社会人员免费使用的优质教育教学资源"。同年 10 月，教育部颁布的《教育部关于国家精品开放课程建设的实施意见》文件中提出，"十二五"期间，国家将计划建设 1 000 门精品视频公开课，其中 2011 年首批建设 100 门，2012—2015 年建设 900 门。《教育部 2012 年工作要点》中也提到"开展本科专业综合改革，建设国家精品开放课程"。这一系列关于精品视频公开课的重要文件和举措都充分体现了国家建设开放教育教学资源的目标和要求。同时，这些也为中共十八大提出的"完善终身学习体系，建设学习型社会，实现教育公平性"的目标奠定了坚实的基础。2011—2012 年的视频公开课，是国内外优质教育资源的一次激烈碰撞，轰轰烈烈的"淘课运动"将中国的开放教育推向了历史的高峰。

第四节　教师教育信息化能力大幅提升

教师是教育改革的中坚力量，随着教育信息化的推进和教育改革的不断深入，对教师信息技术能力的要求也在不断提高。2002 年，教育部下发了《关于推进教师教育信息化建设的意见》，其中特别强调了积极推进教师教育信息化的重要性和紧迫性，同时也明确了建设目标和措施。为了落实《关于推进教师教育信息化建设的意见》中"以信息化带动教育现代化，促进教师教育跨越式的发展"精神，国家又颁布了《中小学教师教育技术能力标准（试行）》，启动了教师教育技术能力培训计划、全国教师教育网络联盟计划等，实施了农村中小学现代远程教育工程和"校校通"工程等。其中，启动的教师教育技术能力培训计划，全面提高了教师教育技术应用能力；实施的全国教师教育网络联盟计划，利用现代远程教育手段，组建了教师信息化队伍，推进了教师继续教育；实施的农村中小学现代远程教育工程则注重提高农村教师队伍的整体素质，有效提高了教师信息素养和教育技术应用水平，推动了农村教师教育信息化能力的发展。

一、教师教育信息化政策的形成

1999 年，国家颁布的《中共中央、国务院关于深化教育改革，全面推进素质教育的决定》中指出："开展以培训全体教师为目标、骨干教师为重点的继续教育,使中小学教师的整体素质明显提高。中小学专任教师以及师范学校在校生都要接受计算机基础知识和技能培训。"2002 年 9 月,《教育信息化"十五"发展规划(纲要)》明确提出："开展教师信息化能力培训。实施教师信息技术培训工程,提高教师计算机、网络教学能力并进行各种级别资格认证。"这两份文件实质上均对教师应用信息技术开展现代化教学提出了要求。2002 年,教育部发布《关于推进教师教育信息化建设的意见》,其宗旨就在于推进教师教育的信息化。为推进教师教育信息化进程,2003 年 9 月,教育部公布了《关于实施全国教师教育网络联盟计划的指导意见》,开始着手实施全国教师教育网络联盟计划。同年,教育部组织实施高校教师教育技术等级培训计划,授权 97 所普通高校建立培训中心,培训骨干教师 1 万多人。2004 年,《2003—2007 年教育振兴行动计划》提出了"完善教师终身学习体系,加快提高教师和管理队伍素质",强调实施全国教师教育网络联盟计划,加快"人网"、"天网"、"地网"及其他教育资源优化整合,发挥师范大学和其他举办教师教育高等学校的优势,共建共享优质教师教育课程资源,提高教师培训的质量水平;组织优秀教师参加高层次研修和骨干教师培训,不断提高在职教师的学历、学位层次和实施素质教育的能力。之后的《教育部 2010 年工作要点》、《国家中长期教育改革和发展规划纲要(2010—2020 年)》也均提出"继续实施中小学教师国家级培训计划。加强教师信息技术培训"。

《教育信息化十年发展规划(2011—2020 年)》明确提出"提高教师应用信息技术水平",强调建立和完善各级各类教师教育技术能力标准,继续以中小学和职业院校教师为重点实施培训、考核和认证一体化的教师教育技术能力建设,将教育技术能力评价结果纳入教师资格认证体系。同时,加快全国教师教育网络联盟公共服务平台的建设,积极开展教师职前、职后相衔接的远程教育与培训。到 2020 年,各级各类学校教师基本达到教育技术能力规定标准。采取多种方法和手段帮助教师有效应用信息技术,更新教学观念,改进教学方法,提高教学质量。这份发展规划同时还强调要"实施教育技术能力培训"。一方面,制定和完善教师教育技术能力标准,开发面向各级各类教师的教育技术培训系列教材和在线课程,实行学科教师、管理人员和技术人员的教育技术培训。另一方面,制定信息化环境下的学生学习能力标准,开发信息化环境下的学生学习能力培养相关课程。此外,建设教育技术能力在线培训平台和网上学习指导交流社区也是教育技术能力培训实施过程中的又一重要举措。这份发展规划中提到,到 2015 年,建立 12 个国家级培训基地,健全 32 个省级培训基地,形成以基地为中心,辐射全国范围的教育技术能力培训体系;中小学教师和技术人员基本完成初级培训,30％的中小学教师完成中级培训,50％的管理人员完成初级培训。

二、教师教育信息化能力提高工程的开展

(一)教师教育技术能力培训计划

为了提高我国中小学教师教育技术能力水平,促进教师专业能力发展,2004 年 12 月 25 日,教育部正式颁布了《中小学教师教育技术能力标准(试行)》,它是我国颁布的有关教师的第一个能力标准。它的颁布与实施是我国教师教育发展的又一里程碑,对我国教师教育的改革与发展产生了深远影响。

2005 年 4 月 6 日,全国教师教育年度工作会议上,教育部宣布正式启动实施全国中小学教师教育技术能力建设计划。这项计划的实施旨在以《中小学教师教育技术能力标准(试行)》为依据,以全面提高教师教育技术应用能力,促进教育技术在教学中的有效运用为目的,建立教师教育技术培训和考试认证体系,并以信息技术与学科教学有效整合为主要内容,组织开展全国中小学教师教育技术培训和统一规范的中小学教师教育技术能力水平考试,全面提高教师实施素质教育的能力水平。

案例 4 - 16

　　广东省江门市于 2007 年 4 月正式启动实施中小学教师教育技术能力建设计划。本次教育技术项目培训与以往教师培训有明显不同,采用了"文本教材＋配套光盘＋网络培训平台"三位一体的立体化教材,文本教材和光盘便于学习者自主学习,网络培训平台提供了丰富的学习资源,包括支持教学的资料、案例,还创建了一个学习者之间、师生之间进行讨论互动的学习空间,既支持教师培训期间的教与学,也支持培训后的继续学习。培训以 4—6 人为一个小组,采用协作学习方式,组内成员间进行协作和交流。受训教师通过网络资源进行自主探究学习,扩展自身的知识面,促使其自主发现问题、解决问题。培训中设有师生互动环节,强调师生对话。培训强调案例观摩和体验,从实际案例出发,让受训教师分析案

例。立足于教师实际需求,整个培训过程以"完成一节信息技术与课程整合课"的真实任务情境为主线,以真实任务驱动受训教师设计教学主线、教学内容和学习研讨活动,提高受训教师的参与意识。评价采用主讲教师评价、小组评价、组间评价和受训教师自评等四种方式,一方面采用考核方式考核学习目标的实现程度,另一方面为每个受训教师建立学习档案文件夹,把受训教师的讨论记录、学习日志、小组活动、实际操作测试、作品展示、自评与互评、受训者的表现情况等归档来评价受训教师过程性、情感性的目标。每个教学班配主讲教师两名,分别为教育技术学和学科教师,这种知识结构的互补组合,有利于整个知识体系的科学性。教学地点为计算机网络机房,每次教学配备网络管理员一名。在开班前三天,检查网络培训平台安装及运行情况等,确保培训教学的正常进行。截至2008年4月,已经有近万名受训教师参加了该教育技术项目培训,并取得了很好的效果。①

案例4-16中的中小学教师教育技术能力培训突破了传统的教师培训模式,在培训方式上,采用"文本教材＋配套光盘＋网络培训平台"三位一体的立体化教材,实现传统教学与网络教学的结合。在受训者的学习方式上,采用小组协作学习、自主探究学习、师生互动学习、案例学习、研究性学习、基于问题的学习等多种新型学习方式,受训者积极主动参与学习、合作探究和亲身实践,充分发挥主体性作用。培训过程加强了对项目实施过程和效果的评估,采用过程性评价与总结性评价相结合、量化评价与质性评价相结合的方法,既关注学习的结果,也关注学习的过程;既关注受训教师的学习水平,也关注受训教师在学习活动中所表现出来的情感态度,从多渠道反馈信息来促进受训教师的发展,使评价更科学、更合理、更客观。培训实行双导师制,学科专家或骨干参与培训,使培训内容在专业上与该学科教学前沿课题接轨;教育技术学或信息技术教师参与培训,引领受训教师学习技术,并把技术应用到教案设计以及教学实施的整个过程中。

同样在高等教育领域,要提高教师的教育技术素质和能力,必须开展高校教师教

---

① 李耀麟,刘魁元：《教育技术能力培训的特征与措施》,《中国电化教育》2009年第7期,第33—35页。

育技术培训,教育技术培训成为新一轮高校教师培训的重要内容。教育部于 2000 年发布了《关于开展高校教师教育技术培训工作的通知》,各地高校均开展了不同级别、不同内容、不同形式的教育技术培训工作,高校教师的教育技术能力普遍得到提升。2010 年 9 月,全国高校教育技术协作委员会颁布了《国家高校教师教育技术能力指南(试用版)》,对促进高校教师专业化发展,规范高校教师教育技术能力培训、提升高校教育信息化水平等起到了重要的指导作用。

(二)"农远"工程教师培训

2003 年农村中小学现代远程教育工程的实施以及 2004 年底《中小学教师教育技术能力标准(试行)》的出台,进一步推动了信息技术在中小学教学中的应用,同时也对中小学教师在教学过程中应用信息技术的能力提出了要求。快速提高农村地区中小学教师的教研水平,成为实现"农远"工程应用效益与农村教师专业发展、推进农村教育持续发展的重要内容。

案例 4-17

2007 年 8 月,教育部充分利用农村中小学现代远程教育平台,组织实施了西部农村教师国家级远程培训计划。培训通过 IP 频道发送到全国所有"农远"工程覆盖的中小学校,并在有关教师远程培训网站共享,部分地区还将培训资源刻录成光盘发放给教师自学。此次实施的"农远"教师培训计划共为中西部 16 个省份、100 个县直接培训约 20 万名农村义务教育阶段教师。[①]

西部农村教师国家级远程培训计划属于国家层面的教师远程培训,培训内容贴近教师,采用集中培训与现代远程教育相结合的方式,创新教师培训的手段和方法,大大减轻了教师的负担。在培训组织和机制创新方面,中央、省、市(地)、县、乡镇(学校)五级互动,教师培训部门与基础教育、电教、教研、电大等部门和机构通力合作,为各地开展教师远程培训作出了示范。

---

① 李馨:《农村中小学现代远程教育工程建设成效分析》,《电化教育研究》2009 年第 2 期,第 87—92 页。

案例 4-18

　　"农远"工程启动以后,陕西省组织各个学校以学校为单位进行学科教师培训。校本培训以"农远"工程三种模式的教学应用研究为主线,采用多向度、多形式的校内或校际交流与研讨。其中,农村小学的校本培训以乡镇为单位,以中心校为基地,以光盘播放为重点,采用分学科区域教研的形式。对农村初中来说,规模较大的农村初中采用校本研修形式,规模较小的则采用联合区域研修或参加规模较大初中的校本研修。在培训时间方面,可以灵活掌握,采用学期培训或假期培训。[①]

　　农村中小学现代远程教育工程自启动以来,各个省市都如火如荼地开展教师培训。案例 4-18 中陕西省经过几年的项目实施,逐步构建了省、市、县、校四级体系的教师培训模式。省级教师培训的覆盖面比较广,涵盖的教学内容也比较多,主要针对农村中小学中的市县级骨干技术人员、骨干学科教师,采用集中培训和远程学习相结合的方式进行教师培训;市、县一级的教师培训主要是面向两类地区的一线骨干教师——技术骨干和教研骨干的集中培训,以确保项目设备的正常运行和教学应用研究的顺利开展;校本培训主要是本地化、全面地进行学科教师的培训,从而更好地促进教师的专业成长,以保证"农远"工程三种模式下的教学质量。

　　农村远程教育工程教师培训是一项长期的系统工程,也是建设一支高素质师资队伍的重要保证。"农远"工程积极创新培训手段,采用集中培训和送培下乡相结合、培训骨干教师和全员培训相结合、面对面和远程培训相结合等方式开展教师培训。到 2008 年为止,已有 100 多万名教师从农村远程教育应用培训中受益,我国农村教师队伍的信息技术能力普遍得到了提高。"农远"工程的教师培训改变了农村教师的知识呈现方式、教的方式和师生的互动方式,有助于提高农村教师信息素养和教育技术应用水平,有效促进了农村教师队伍整体素质的提高。

---

① 乜勇,葛文双:《农远工程教师培训推进策略研究——以陕西省模式三项目省级骨干教师培训为例》,《中国电化教育》2009 年第 4 期,第 41—44 页。

（三）英特尔未来教育

教育信息化步伐不断加快，世界各国越来越关注教育信息化进程中教师应用教育技术的能力和水平。2000 年，我国与英特尔公司合作，在北京和上海率先试行英特尔未来教育项目。英特尔未来教育项目是 Intel Teach to the Future 的中文名称，是由英特尔公司提供资助的一个大型国际合作性质的教师培训项目。它的目标是通过对一线的学科教师进行培训，解决课堂教学中有效应用技术的问题，培养教师的创新思维和思辨能力。未来教育培训课程共包括 10 个教学模块和 48 小时的实践指导，并为教师提供所有必要的光盘资料和学习支持网站。

2001 年，英特尔未来教育项目开始在许多省市进行推广。2002 年，该项目已在全国 18 个省市开展，大约有 11 万名中小学学科教师参加了项目培训。2003 年 8 月，英特尔公司与教育部签署战略合作协议谅解备忘录，计划将在未来 3 年内再培训 50 万名中国大中小学教师。2004 年 3 月，英特尔未来教育被正式纳入国家教师教育信息化的主框架下，成为教育部师范司直接领导和管理的重大培训项目。

2003 年到 2005 年期间，英特尔未来教育培训主要从职后教师教育和职前教师教育两方面同时展开。职后教师教育方面，结合国家教师培训计划，在原有培训基础上，把培训推广到国内除西藏、台湾之外的所有省、市、自治区，计划培训 50 万名学科教师；职前教师教育方面，于 2003 年在 10 多所师范院校进行试验，利用未来教育培训资源提升师范生教育技术能力，使未来教师在上岗前就具备基本的信息技术与教学整合能力。为了保持项目的可持续发展，随后未来教育培训又开展了项目培训效果研究、校长培训计划和面向教师专业发展的高级研修计划等后续研究。

2006 年，教育部与英特尔公司合作开展了"英特尔未来教育基础课程项目"，该项目是英特尔未来教育项目的一部分。在 2006—2008 年间，该项计划培训超过 20 万名农村中学计算机教师和学科教师，并培训超过 50 万名农村学生。

到 2007 年为止，英特尔未来教育项目共培训了 70 余万名中小学教师，遍及全国 31 个省、自治区、直辖市及新疆生产建设兵团。英特尔未来教育项目的实施，有力地支持了农村中小学现代远程教育工程，不仅充分发挥了农村中小学现代远程教育工程的效益，而且进一步提升了农村中小学教师和学生的信息技术应用能力与水平。

三、教师信息化教育团队

为顺应教师教育信息化发展的要求，构建教师终身学习体系，大幅提升教师队伍尤其是农村教师队伍的整体素质，教育部于 2003 年 9 月启动了全国教师教育网络联盟计划（以下简称"教师网联计划"）。教师网联计划旨在以现代远程教育为突破口，在政府的支持和推动下，充分调动各级各类举办和支持教师教育的高等学校（机构）的积极性，整合资源，构建以师范院校和其他举办教师教育的高校为主体，以高水平大学为核心，以区域教师学习与资源中心为服务支撑，社会力量积极参与，职前职后教育一体化，教师教育系统、卫星电视网与计算机互联网相融通，学校教育与现代远程教育等各种教育形式相结合，学历教育和非学历教育相沟通，系统集成，优势互补，共建共享优质教育资源，覆盖全国城乡的教师教育网络体系。

教师网联计划坚持"创新、集成、跨越"的指导原则。在改革教师教育体系的同时，融通"人网"、"天网"、"地网"三网资源，充分利用现代远程教育手段，共享优质资源，提高教师教育水平；有机结合学校教育、卫星电视教育、网络教育、函授教育、自学考试以及面授辅导等多种形式，有效沟通学历教育与非学历教育；有机结合政府支持与市场机制，创设政策环境，监控办学质量，有效配置教师教育资源，实现可持续发展；教师网联成员之间采用合作与竞争相结合的方式，发挥各自的优势和特色；明确政府、学校和教师的责任与义务，形成教师培训的激励机制、培训成本补偿机制与经费投入保障机制；教师继续教育和教育人事制度改革、教育教学改革及实施中小学现代远程教育工程紧密结合。

案例 4 - 19

全国教师教育网络联盟计划启动后，福建省认真实施该项计划，积极探索新时期大规模、高质量、低成本培训教师的新模式。2003 年 1 月，福建省教育厅印发了《关于建立全省中小学教师继续教育远程培训网络的意见》，并召开了全省中小学教师继续教育远程培训网站建设工作会议，全面部署了中小学教师继续教育远程培训网站建设的各项工作；依托福建师范大学和市、县（区）教师培训机构，建立覆盖全省的中小学教师继续教育远程培训网络，广泛开展中小学教师继续教育远程培训；成立了福建省中小学教师继续教育远程培训中心，建立了福建省

中小学教师继续教育远程培训门户网站;各区市和县(市、区)教师培训机构积极
开展中小学教师继续教育远程培训基地建设,已有 60 多个县(市、区)成立了中小
学教师远程培训基地,并实现了与省中小学教师继续教育远程培训中心的互联
互通。自此,福建省区域性教师教育网络联盟基本成立,为推进新一轮教师全员
培训构建了新的平台。①

　　教师网联计划主要包括四个层面:一是国家层面的全国教师网联建设;二是省级
区域性教师教育网络联盟体系建设;三是县级教师培训机构改革与建设;四是校本研
修与学校学习型组织建设。案例 4-19 中福建省构建了省级区域性教师教育网络联
盟,是区域内组织实施教师培训计划的主要载体,是区域内与全国教师网联合作开展
教师培训的伙伴和支撑体系。截至 2005 年,依托福建省中小学教师继续教育远程培
训网络,参加福建师范大学网络学历教育的中小学教师达 2.5 万人,已接受基础教育
新课程培训、教师职务培训和新任教师培训的中小学教师达 6.2 万人次。

　　截至 2012 年,教师网联已有 14 家成员单位,汇聚了我国最优秀的教师教育资源。
其中,6 所部属师范大学是实行师范生免费教育的主体,每年培养免费师范生 1 万余
人,并从 2012 年起开始招收免费师范毕业生攻读教育硕士;9 所成员高校都是"国培
计划"示范性集中培训项目的重要承担机构,2011 年承担的示范性集中培训项目任务
量为 3 160 人,占到该项目的 40% 以上;14 家成员单位都具备"国培计划"教师远程培
训机构资质,可以参加"国培计划"教师远程培训项目的竞标。教师网联计划推进了教
育信息化的发展,推动了教师教育的变革与创新,在我国教师队伍建设工作中发挥着
重要作用。

第五节　锚定"三通两平台"抓手,多领域共推信息化进程

　　从 2000 年教育部召开全国中小学信息技术教育工作会议,明确提出要全面实施

---

① 薛为民:《建设区域性教师教育网络联盟,探索新时期大规模、高质量、低成本培训教师的新模式》,《中小
　学教师培训》2005 年第 7 期,第 6—8 页。

中小学"校校通"工程，到 2012 年"三通两平台"发展规划的提出，国家颁布了各种政策、发展规划，研究和部署在中小学普及信息技术教育的措施。在国家教育政策的推进下，中小学信息技术教育快速普及，促进了基础教育的跨越式发展。在其他教育领域，国家现代远程教育政策的颁布实施，有力推动了我国各教育领域基础设施建设、资源建设、重大应用、教师信息化队伍建设、标准化建设、法律法规建设和相应的管理等方面的快速发展。

一、"三通两平台"发展规划

2000 年 10 月全国中小学信息技术教育工作会议提出"全面启动中小学'校校通'计划"，2008 年，教育部明确提出要"积极开展中小学现代远程教育，努力推进'班班通，堂堂用'"。2012 年 3 月，教育部颁布《教育信息化十年发展规划（2011—2020 年）》（以下简称"《发展规划》"），提出"到 2020 年……基本实现所有地区和各级各类学校宽带网络的全面覆盖……实现'校校通宽带，人人可接入'"。随后在 9 月的全国教育信息化工作电视电话会议上，刘延东副总理提出"十二五"期间要以建设好"三通两平台"为抓手。同年 10 月，教育部等九部门印发《关于加快推进教育信息化当前几项重点工作的通知》，具体部署了以"三通两平台"建设为核心的七项重点工作。2013 年，教育部进一步明确了以促进信息技术与教育深度融合为核心理念，以"应用驱动"和"机制创新"为基本原则的发展思路，并将"三通两平台"、教学点数字资源全覆盖，以及教师培训等列为近期教育信息化工作的重点内容，为各地推进教育信息化明确了总体原则、方向和路径。

"三通两平台"中，"三通"是指"宽带网络校校通（简称'校校通'）、优质资源班班通（简称'班班通'）、网络学习空间人人通（简称'人人通'）"；"两平台"是指"教育资源公共服务平台、教育管理公共服务平台"。"三通"应在"两平台"的支撑下开展建设与应用，同时"三通"之间相互关联："校校通"是基础设施层，通的是宽带网络；"班班通"是班级常规教学应用层，通的是优质教育资源；"人人通"是个性化学习服务层，通的是实名制的网络教学与学习环境。

"宽带网络校校通"是以校为本的教育信息化软硬件基础设施建设与应用，建设重点是从根本上解决各级各类学校的宽带接入问题，初步完成各级各类学校网络条件下基本的教学和学习环境建设;"优质资源班班通"是以班为本的信息化教育教学应用,形成丰富的各级各类优质教学资源,并且将这些资源推送到每一个班级,使之在教学、学习过程中得到普遍使用,促进教学模式与教学方法创新,提高教育教学质量;"网络学习空间人人通"是以人为本的基于信息化环境的教学与学习,通过人人拥有的实名制网络学习空间,把技术和教育融合落实到每个教师和学生的日常教学和学习中,形成基于网络学习空间的教学、教研和研讨方式,促进教学方式与学习方式的变革。

教育资源公共服务平台就是《发展规划》中提出的教育云资源平台,该平台要为各类教育资源的汇聚与共享提供支撑,为教育资源建设与应用的衔接提供机制与服务,还要为课堂教学、学生自学提供交流与协作服务。教育管理公共服务平台就是《发展规划》中提出的教育云管理服务平台,该平台要为各级各类学校提供校务管理服务,为地方各级教育行政部门提供教育基础信息管理和决策支持,为社会公众提供教育公共信息服务。

"三通两平台"是我国教育信息化建设"十二五"期间的核心目标与标志工程。从"校校通"到"班班通"再到"人人通",从以校为本的教育信息化软硬件基础设施建设与应用,到以班为本的教育教学应用,再到以人为本的基于数字学习环境的教学与学习,展示了教育信息化全面融合发展的建设目标。[①] "三通两平台"的有效实施,有利于加快我国教育改革和发展的步伐,支撑教育向现代化迈进。

二、多领域下现代远程教育推动政策

(一)基础教育领域

为了缩小城乡教育差距,提高农村教育质量和效益,使我国广大农村的中小学生得以共享优质教育教学资源,2003 年 5 月 15 日,国家颁布了《关于实施现代远程教育工程试点示范项目的通知》,启动实施了现代远程教育工程试点示范项目,在试点示范项目的安排方案中明确提出了试点示范项目设计采用教学光盘播放点、卫星教学收视点、中心学校计算机教室三种模式。

2003 年 9 月 2 日,国务院常务会议审议通过了《关于进一步加强农村教育工作的

---

① 祝智庭,管珏琪:《"网络学习空间人人通"建设框架》,《中国电化教育》2013 年第 10 期,第 1—7 页。

决定》，明确提出了"实施农村中小学现代远程教育工程，促进城乡优质教育资源共享，提高农村教育质量和效益"。在 2003 年 9 月 19 日召开的全国农村教育工作会议上又进一步提出："要在 2003 年继续试点的基础上用五年左右的时间，使我国农村初中基本具备计算机教室，小学基本具备卫星教学收视设备和教学光盘播放设备及成套教学光盘，小学教学点具备教学光盘播放设备和成套教学光盘，以信息化带动农村教育的发展。"

为了贯彻落实国务院《关于进一步加强农村教育工作的决定》精神，2003 年 11 月 17 日，教育部、国家发改委、财政部提出将在中西部农村地区进一步加强工程试点工作，并出台了《农村中小学现代远程教育工程试点工作方案》。工程试点工作的目的和任务是：在教育部、国家发改委、财政部已共同实施的现代远程教育工程试点示范项目基础上，通过进一步加强试点工作，全面探索农村中小学现代远程教育工程三种模式在不同的经济社会发展地区、不同的地理环境下的工程建设、应用、运行机制和管理方式；检验三种模式技术配置的适用性和经济性；探索建立有效保障运行和维护的长效机制。为确保实施阶段的顺利进行，教育部、国家发改委、财政部于 2005 年 3 月 29 日联合下发了《2004—2005 年农村中小学现代远程教育工程实施方案》。为进一步推动此项工作，教育部于 2005 年 7 月 2 日至 3 日，在甘肃省张掖市召开了中西部农村中小学现代远程教育教学应用现场交流会。

在推进教师教育信息化的进程中，2002 年的《关于推进教师教育信息化建设的意见》、2003 年的《关于实施全国教师教育网络联盟计划的指导意见》、2004 年的《2003—2007 年教育振兴行动计划》都提出"加快提高教师和管理队伍素质"。后续的《教育部 2010 年工作要点》《国家中长期教育改革和发展规划纲要（2010—2020 年）》也都提出"继续实施中小学教师国家级培训计划。加强教师信息技术培训"。另外，国家通过组织实施高校教师教育技术等级培训计划、全国教师教育网络联盟计划，组织优秀教师高层次研修和骨干教师培训，以不断提高在职教师的学历、学位层次和实施素质教育的能力。

（二）高等教育领域

为解决现代远程教育发展中的技术问题，教育部 2001 年设立了现代远程教育关键技术与支撑服务系统天地网结合项目，由 30 多所高校承担。该项目结合网络教育的实际需求,逐步建立起依托 CERNET 和卫星教育多媒体传输平台的远程教育教学平台。为加快东西部教育资源共享与教育合作,上海交通大学、西安交通大学、浙江大学于 2002 年 9 月起开始实施"课程互选、学分互认、网络教育资源共享"的联合办学示范工程,已提供 34 门互选课程,有 3 475 名学生参与,选课达 6 855 门次。三校在资源共享的基础上,还向西部地区高校免费输送网络教育资源,为西部地区教育的跨越式发展和人才培养作出贡献。

在高校信息化环境建设方面,2002 年 9 月,《教育信息化"十五"发展规划(纲要)》提出:"推进大学校园网建设工作,重点加强西部大学校园网建设。积极开展电子化图书馆、综合管理信息系统、远程教育系统等校园内信息应用系统的建设,建造良好的网络信息环境。"东中部地区高等学校校园网建设则采取国家投资("211 工程"二期)、高校自筹和企业投资等多种方式,完善和全面提升高校校园网,实现了与 CERNET 的高速链接;同时建设了一批基于校园网的教学、科研和管理应用系统,为高等院校师生进入网络环境开展教学、学习和科研创造了条件。2012 年 3 月,《教育信息化十年发展规划(2011—2020 年)》明确提出"加强高校数字校园建设与应用"。利用先进网络和信息技术,整合资源,构建先进、高效、实用的高等教育信息基础设施,开发整合各类优质教育教学资源,建立高等教育资源共建共享机制,推进高等教育精品课程、图书文献共享、教学实验平台等信息化建设;提升高校教师教育技术应用能力,推进信息技术在教学中的普遍应用。

2004 年,教育部颁布的《2003—2007 年教育振兴行动计划》以提高高等教育人才培养质量为目的,明确提出"建设精品课程",以进一步深化高等学校的培养模式、课程体系、教学内容和教学方法改革。由此部署实施了全国教师教育网络联盟计划,共建共享优质教师教育课程资源,提高了教师培训的质量水平。教育部又于 2011 年 6 月颁布了《关于启动 2011 年精品视频公开课建设工作的通知》,正式启动国家精品开放课程建设。这两份政策文件的颁布开启了我国国家精品课程和国家精品开放课程的建设之路,实现了我国优质教育资源的共享,极大地推动了我国开放教育的发展。

(三)职业教育领域

《教育信息化十年发展规划(2011—2020 年)》提出"大力推进职业院校数字校园建设,全面提升教学、实训、科研、管理、服务方面的信息化应用水平",倡导以信息化促进人才培养模式改革,通过改造传统教育教学,支撑高素质技能型人才培养,充分发挥信息技术在职业教育巩固规模、提高质量、办出特色、校企合作和服务社会中的支撑作用;同时强调:(1)加强职业院校,尤其是农村职业学校数字校园建设,全面提升职业院校信息化水平;(2)建设仿真实训基地等信息化教学设施,建设实习实训等关键业务领域的管理信息系统,建成支撑学生、教师和员工自主学习和科学管理的数字化环境。通过以上两点,加快我国职业教育信息化发展环境的建设进程。

(四) 继续教育领域

《2003—2007 年教育振兴行动计划》中提出"大力发展多样化的成人教育和继续教育",鼓励人们通过多种形式和渠道参与终身学习,加强学校教育和继续教育相互结合,进一步改革和发展成人教育,完善广覆盖、多层次的教育培训网络,逐步确立以学习者个人为主体、用人单位支持、政府予以必要资助的继续教育保障机制,建立对各种非全日制教育培训学分的认证及积累制度。以更新知识和提高技能为重点,开展创建学习型企业、学习型组织、学习型社区和学习型城市的活动。充分发挥行业、企业的作用,加强从业人员、转岗和下岗人员的教育与培训。积极发展多样化的高中后和大学后继续教育,统筹各级各类资源,充分发挥普通高等学校、成人高等学校、广播电视大学和自学考试的作用,积极推进社区教育,形成终身学习的公共资源平台。大力发展现代远程教育,探索开放式的继续教育新模式。

《国家中长期教育改革和发展规划纲要(2010—2020 年)》提出"构建体系完备的终身教育"。发展和规范教育培训服务,统筹扩大继续教育资源。鼓励学校、科研院所、企业等相关组织开展继续教育。加强城乡社区教育机构和网络建设,开发社区教育资源。大力发展现代远程教育,建设以卫星、电视和互联网等为载体的远程开放继续教育及公共服务平台,为学习者提供方便、灵活、个性化的学习条件,搭建终身学习"立交桥"。促进各级各类教育纵向衔接、横向沟通,提供多次选择机会,满足个人多样化的学习和发展需要。健全宽进严出的学习制度,办好开放大学,改革和完善高等教育自学考试制度。建立继续教育学分积累与转换制度,实现不同类型学习成果的互认和衔接。

《教育信息化十年发展规划(2011—2020 年)》提出"推进继续教育数字资源建设与共享"。建立继续教育数字资源建设规范和网络教育课程认证体系。探索国家继续教育优质数字资源公共服务平台的建设模式和运营机制,鼓励建设各类继续教育优质数字资源库。充分利用包括有线电视网在内的公共通信网络,积极推动教育资源进家庭。推动建立优质数字教育资源的共建共享机制,为全社会各类学习者提供优质数字教育资源。持续发展高等学校网络教育,采用信息化手段完善成人函授教育和高等教育自学考试,探索中国特色高水平开放教育模式,加快信息化终身学习公共服务体系建设。加强继续教育公共信息管理与服务平台建设,完善继续教育"学分银行"制度,建设支持终身学习的继续教育考试与评价、质量监管体系,搭建继续教育公共信息管理与服务平台,为广大学习者提供个性化学习服务,为办学、管理及相关机构开展继续教育提供服务。

第五章

『班班通』：技术应用的转型之路

当信息网络时代呼啸而至，教育的发展也随之走向开放和国际化，各国政府对于教育和科技的重视与投入达到前所未有的新高度。2012 年 3 月，我国教育部正式颁布了《教育信息化十年发展规划（2011—2020 年）》（以下简称"《十年规划》"），这是新中国成立以来第一个教育信息化的主导性政策。为落实这一规划，我国制定了中国教育信息化的一系列推进措施，代表性的即是简称为"三通两平台"的行动计划，以此展开教育信息化在基础教育、高等教育以及职业教育等各级各类教育中的应用试点和应用推广。作为标志性事件的是 2012 年 9 月国务院召开的全国教育信息化工作电视电话会议，会议着重提出以"三通两平台"为抓手，建设教育资源公共服务平台和教育管理公共服务平台。以此次会议为起点，教育信息化以"三通两平台"为标志的建设工程在全国普遍实施。从"校校通"工程到"班班通"工程，标志着我国基础教育信息化发展由基础设施和资源建设转向推进与保障教学应用，为实现教育资源共享与应用、促进义务教育均衡发展和内涵发展带来了新的解决途径。

资源是"班班通"应用的灵魂，资源共享的服务平台搭建是组织和维护优质数字资源的有效途径，信息技术是扩大优质资源覆盖面的重要手段。因此，与资源应用配套的平台服务成为教育信息化建设的重中之重。国家教育资源公共服务平台于 2012 年底上线运行，标志着我国教育资源云服务体系建设又向前迈出了重要步伐。教育管理公共服务平台两级（国家、省）建设、五级（国家、省、市、县、校）应用格局基本形成，全国学生、教职工、教育机构等管理信息系统和国家级数据中心基本建成，全国学校"一校一码"、学生电子学籍"一人一号"基本实现。为推动《十年规划》顺利进行，2012 年 5 月，教育部制定《精品资源共享课建设工作实施办法》，北京大学、清华大学等高校以中国大学视频公开课的形式通过爱课程网、中国网络电视台等平台向社会免费开放。2014 年 11 月，教育部、财政部、国家发展改革委、工业和信息化部、中国人民银行印发《构建利用信息化手段扩大优质教育资源覆盖面有效机制的实施方案》，明确细化了以"三通两平台"为核心的重点任务，并推出了推进机制、政策环境、经费投入、管理体系、环境气氛等五个方面的保障措施。

"班班通"、"堂堂用"是应用的终极目标。"班班通"的实现,打破了教室、学生、教师和学校的界限,实现局域、城域的无边界。"班班通"的建设,在建成优质教育资源的信息化学习环境,实现所有地区和各类学校宽带网络的全面覆盖方面,都取得了很大成效。2012 年 11 月,教育部全面启动实施教学点数字教育资源全覆盖项目;2013 年底,教学点数字教育资源全覆盖项目中已配备设备和数字资源开发国家规定课程的教学点有 4.7 万个;2014 年,西藏教学点的完成标志着教学点数字教育资源全覆盖项目全面收官。

在线教育产业方面,进入 2012 年以来,随着 MOOC、翻转课堂等在线教育模式研究的兴起和深入,国内关于在线教育的产业和研究也掀起一个新的高潮。[①] 2013 年被称为"中国在线教育元年",经历了"融资、创新、颠覆、大数据……",在线教育市场热闹非凡,互联网巨头争相涌入,之后百度、阿里巴巴、腾讯(总称为 BAT)等纷纷布局在线教育,迎来更多的在线教育产业争夺。2015 年,国务院总理李克强首次在政府工作报告中提出"互联网+"的行动计划,在线教育发展迅猛。

本章将延续前面章节的思路,概述从 2012 年到 2015 年间,以"班班通"为代表的技术应用转型之路。21 世纪以来,是我国教育信息化发展规划成熟、稳步增长的跨越性历史阶段;2012—2015 年这三年,作为《十年规划》颁布以来的头三年,各个地区、学校教育信息化发展出现阶段性成就。下面将从资源项目建设、网络数据基础、应用实践、在线教育产业等方面分别进行回顾。

第一节　各类数字资源项目建设

优质的学习资源是开展教学的基石,是教师教学与学生学习内容的数字化表征,也是"班班通"应用的灵魂。丰富的教学资源(含各种学习工具软件)是实现信息技术与课程整合的必要前提。为了给教学硬件提供支撑,改变教师主宰课堂、学生被动接

[①] 顾小清,胡艺龄,蔡慧英:《MOOCs 的本土化诉求及其应对》,《远程教育杂志》2013 年第 5 期,第 3—11 页。

受知识的状态,教育教学资源的建设和共享是基本保证,因此,资源建设与共享,也成为"班班通"工程建设的主要内容。

2008 年,教育部明确提出要"积极发展中小学现代远程教育,努力推进'班班通,堂堂用',让广大中小学生共享优质教育资源",以"班班通"工程建设为代表的新一轮教育信息化建设掀开了新的篇章。2013 年,教育部进一步明确了以促进信息技术与教育深度融合为核心理念,以"应用驱动"和"机制创新"为基础原则的发展思路,并将"三通两平台"、教学点数字教育资源全覆盖,以及教师培训等列为近期教育信息化工作的重点内容。① 随着"农远"工程的结束,我国基础教育基本实现"校校通",各个中小学可以利用互联网、卫星传输网络获得信息,学校之间交流更加便捷,各个学校都可以利用信息技术获得教学中需要的教学资源。基础教育学校都开设了信息技术课程,信息技术作为学习内容走进了学生的视野;信息技术已经被一些教师掌握,他们已经可以熟练使用信息技术工具创造性地开展教学活动,信息技术已经成为教学中真正能够发挥作用的工具,教育信息化取得了阶段性的成果。以下将从"班班通"项目及其创新项目的典型案例和地区案例中审视 2012 年到 2015 年期间资源建设特有的时代烙印。

一、国家层面项目

案例 5 - 1

数字教育资源全覆盖项目连接基层教育信息化教育推进

一位基层普通老师写下这样的诗句:"鼠标点两点,美妙资源现。语数艺体课,课课都开齐。孩子真喜欢,成绩往上蹿。感谢九部委,春风抚深山。"真切表达了数字资源项目建设、实施和实践后的激动与喜悦之情。甘肃省华池县山庄乡尚湾教学点的孩子们已经不再像以前那样通过每天认识十个字,抄写十遍然后组词十遍进行学习了,自从"班班通"系统走进他们的课堂之后,孩子们看到了生动

---

① 杨宗凯:《"三通两平台"促进教育教学创新——以苏州教育信息化发展实践为例》,《中国教育信息化》2014 年第 9 期,第 17—20 页。

形象的动画,学习生字也不再刻板重复。孩子们开始认为学习是一件快乐的事情,老师也不会发愁教学难以推进了。①

2013 年 9 月开学,许多边远贫困地区教学点的学生欣喜地发现,学校里出现了先进的数字教育设备,一些优质的数字教育资源正通过卫星和网络源源不断地进入教学点的课堂。国家数字教育资源项目已经形成语文、数学、应用、品德与生活、科学等多门学科不同学段的系列资源,完成全国范围内的播发任务。②

根据教育部等九部门《关于加快推进教育信息化当前几项重点工作的通知》要求,教育部、财政部于 2012 年底全面启动了教学点数字教育资源全覆盖项目,为农村边远地区教学点提供设备和资源,帮助其开齐开足国家规定的课程。项目以国家基础教育资源中心已有资源为基础,以人教社新版教材为对象,完成了教育资源内容框架和界面设计,制作了各学科的资源样例,征求了教学点教师等的意见。项目组两次组织课标、教材专家和教育技术专家,对资源内容框架、界面和各学科样例逐一进行评审论证,最终确定资源分为"教师上课"、"学生自学"和"拓展资源"三类,以满足教师教学和学生学习的不同需要。实践应用过程中,在课前,"班班通"平台提供丰富的与教材同步的教案、课件等教育资源,教师备课时可从海量资源中选择与课程同步的优秀教案,直接使用或根据教学要求进行编辑修改。修改后的教案可上传至"班班通"平台,供自己上课使用或者在教研组内、学校内部乃至全市、全省进行共享。

课堂上,教师可以直接从多媒体教学机上打开备课时选择的优秀课件、视频等教育资源,以更加直观生动的形式进行课堂授课,彻底改变了以往黑板加粉笔单调枯燥的教学方式。同时,"班班通"平台为教师提供了大量的教育期刊资源,供教师课后进行教学研究,提高自身的教学水平。课后,"班班通"系统平台提供了为学生和家长同步导学服务,包括测评提升、网上作业、在线答疑、专项培优、课外拓展、每日学堂、家长

---

① 中国教育报:《厦门市翔安区所有班级都有多媒体教学设备——"班班通"给力村小课堂》,http://www.moe.gov.cn/jyb_xwfb/s5147/201401/t20140120_162793.html,检索日期 2017 - 8 - 22。

② 教育部:《"教学点数字教育资源全覆盖"项目》,http://www.moe.gov.cn/jyb_xwfb/xw_zt/moe_357/jyzt_2015nztzl/2015_zt12/15zt12_fpcx/201510/t20151016213720.html,检索日期 2017 - 8 - 22。

学堂、家校互动、教育社区等综合性信息，摆脱了传统教学模式必须在课堂中进行的束缚，实现教师、学生和家长在课外的实时互动，帮助家长了解学生的学习进度，提供答疑等服务。此外，教师可通过平台向自己的学生推荐优秀的课外拓展学习资源，布置课后练习作业；学生则可以在电脑、手机或平板等设备上用自己的账号登录，在教师的指导下完成课后的学习和练习。

从国家的顶层设计到各地的高度重视，按照"设备配备到位，资源配送到位，教学应用到位"的部署，截至 2014 年 11 月，全国 6.4 万个教学点全面完成教学点数字教育资源全覆盖项目建设任务，实现通过卫星或网络接收并应用数字教育资源。针对基础教育资源共享的"班班通"产品，有效地解决了基础教育过程中资源建设和共享方面的困境和问题。首先，"班班通"的应用融通了资源应用的地域差异，使得农村与边远地区的学校不仅能够借助多媒体教学设备改善教学环境，也能够借助这些资源共享产品，改善教学资源的不足，有机会与城市的学校享用相同的教育资源，从而缩小城乡之间的教育鸿沟。此外，"班班通"的应用有效改善了资源支撑下的教学模式局限，对学校而言，在丰富的数字教育资源的支持下，实现了教学模式的巨大改变。以往一支粉笔一节课的教学方式得以改变，学生可以通过丰富的多媒体教学资源更加直观生动地理解教材中所传达的知识。

二、各地区项目

除了国家统筹规划，或者典型企事业参与共同开发的资源建设项目与应用项目之外，各地方由需求引发的资源建设和应用也如同雨后春笋般纷纷涌现。资源建设项目首先是为了满足教育部启动实施的教学点数字资源全覆盖要求，其次也是针对各地区所在学校的教育信息化应用需求。如 2012 年正式上线的"北京数字学校"，这个建立在网络平台上的学校，初衷便是为全市中小学生提供免费的名师课程资源，不论学生是否身处名校，甚至无论是否在北京就读，一样能够通过北京数字学校的平台享受优质的教学资源。另一方面，地区性的资源平台不仅能够实现与国家优质资源平台的无缝衔接，而且也满足了当地区域之间、学校之间的资源共享共建，有利于师生方便快捷地查阅和下载各类资源，如河南郑州、福建、黑龙江等省市的地区性资源应用平台。此外，各地区的资源平台项目建设还体现了创新性的特点，以山东省青岛市为例，青岛市以"班班通"平台系统为基石,着力建设电子书包和云平台的资源服务系统,开展数字资源项目,凸显其平台价值。

案例 5 - 2

特殊的"蚕奥会"

陈老师是北京市东城区曙光小学三年级的数学教师,今天,他带来一场特殊的"蚕奥会",让学生们比拼如何养蚕。从陈老师那儿统一领到蚕宝宝后,每个学生就摩拳擦掌了,准备在"蚕奥会"上一展身手。学生们把自己的养蚕过程定期发送到网络平台上,谁的蚕蜕皮了,谁的蚕吐丝了,谁的蚕"甩子"了……平台上同学们相互交流着快乐和困惑。感兴趣的其他学校同学也可以点击相关课程视频,参与其中进行观看和讨论。①

人大附中、实验二小、北京四中……不用担忧你不是这些名校的学生,北京数字学校会给你带来同样的聆听名校名师的精彩课程的机会。依托基础教育信息化"班班通"工程的开展,北京首次搭建北京数字学校,将优质教育资源便捷快速地传递给每一所学校、每一个班级、每一个家庭、每一名学生,较快实现优质教育资源共享和扩充。②北京数字学校设立以来,不仅学生、教师,甚至家长也都参与其中,他们利用先进的信息技术手段,随时随地、按需获取资源和教学应用服务。这个建立在网络平台上的学校将数字化学习平台由学校延伸至家庭,由名校连通到全市、全国的各阶段学校。上课之前,教师打开电脑连接校园网,备课、授课均可以通过多媒体设备完成;课堂上,学生可以操作数字资源平台,可以观察多媒体设备,感受生动形象的教学内容;课后,学生在北京数字学校聆听名师课程,完成作业、提问答疑等各种互动教学行为。北京数字学校的建设,是一场依托信息化、大数据开展的学习革命,教学同步进入云时代。北

---

① 《京华时报》:《北京数字校园建设提速,中小学教学进入云时代》,http://news. xinhuanet. com/edu/2014-07/15/c_126754897_3. htm,检索日期 2017 - 8 - 21。

② 黄荣怀,陈桄,邬红艳:《建设北京数字学校,打造北京智慧学习环境》,《基础教育参考》2012 年第 21 期,第 8—10 页。

京数字学校网络和电视平台的用户数已经覆盖全市所有中小学生,大力推行优质资源"班班通"工作,与国家教育资源公共服务平台对接,接入"一师一优课"视频资源3万余条,接入基础教育资源2 000余条。2014年1月11日,北京数字学校与贵阳市中小学师生共享优质教育资源服务项目启动,这也是跨区域,加强与发达地区数字资源项目合作的一大成功案例。贵阳市县以下中小学率先、优先享受北京市数字化优质教育资源,以促进该地区农村教育的发展。北京数字学校资源在贵阳落地后,教师和学生经过进一步的融合和应用,将其本土化,搭建成为符合自身需求的学习资源,这将快速提升贵阳市教育信息化发展,逐步缩小地区的教育差距,促进教育均衡发展。

案例5-3

城域网资源建设先行,为"班班通"插上飞翔的翅膀

一堂"作文立意"课开始了,语文老师杨杰打开电子白板,用电磁笔轻轻一点,图文并茂、生动有趣的教学材料徐徐展开。杨老师讲得饶有兴致,学生们听得津津有味。接着,杨老师将制作的PPT文件通过无线网络传送给学生,根据老师在PPT文件中提出的问题,同学们熟练地运用平板查阅资料,运用思维导图软件对查阅到的资料进行整理,然后和老师一起对收集、整理的信息作进一步的提炼……这就是郑州二中信息化创新班的上课情景。[1]

案例5-3中,郑州二中的孩子们熟练操作着学习平台,运用思维导图整理和提炼知识体系;同时老师在课堂上驾轻就熟地使用教学平台为同学们展示资源,与教学知识点融为一体。这样的情景得益于郑州教育城域网资源平台的建设,以及与"班班通"工程的无缝衔接,两者共同为师生打造了不竭的数字资源宝库。[2] 郑州教育城域网建设开始于2001年,截至2009年已初步构建了一个惠及全市城乡的中小学教育信息化

---

① 锐捷:《郑州"班班通"加速"新教育"腾飞》,http://www.ruijie.com.cn/al/jy-pj/11967,检索日期2017-8-21。

② 郑州教育信息网:《2007郑州教育城域网资源建设应用专题》,http://www.zzedu.net.cn/zhuanti/ziyuan/index.html,检索日期2017-8-22。

网络,形成了基本适应中小学教学需要的资源体系;从 2009 年到 2010 年为"纵深提升"阶段;2012 年至今进入"优化倍增"阶段,此阶段要实现优质、均衡发展,加大薄弱学校改造提升与实施"班班通"工程的融合贯通,将优质的各类资源内容连续更新,包括电子期刊、视音频资源、文档图片。

不仅是郑州,福建的教育云平台工程包括基础设置、平台服务、教育云平台、教育应用软件和教育数据工程,也开启了通过网络建立学校层面的教学资源库,实现校内资源的统一管理和共建共享。在此基础上,学校之间、区域之间进一步建立教育云平台,实现跨校跨区的教育信息上资源的统一管理和异地远程教学等。黑龙江省教育局也于 2013 年启动"龙学网"建设项目,实现"龙学网"教育管理公共服务平台与国家教育管理公共服务平台的对接以及省、市、县(区)、学校的四级应用,推进农村中小学宽带接入,实现农村教学点数字教育资源全覆盖。由上述各地以及区域的案例可见,各地数字资源项目的建设或依托国家数字化优质资源平台,或搭建可对接国家资源平台的教学平台,进行统一管理和共享,保障小到教学点,大到区域之间的资源共享互通,为探索教育教学手段和模式创新、促进信息技术与教育教学深度融合奠定基础和提供保障。

案例 5-4

创新性建设资源项目,为"班班通"保驾护航

青岛市开发区太行山路小学三年级一班班主任韩老师高兴地表示:电子书包的教学内容声情并茂,让孩子们的学习变得更加有趣。通过电子书包做题,答案一目了然,我们老师很快就能了解学生掌握了多少。"在交互式学习环境下,学生的自我学习和同伴影响起到了很大的作用。"韩老师说,"孩子们通过电子书包里的资源库,找到优秀作文作为参考,同时也能发现同学谁的作文写得好,也会试着去学习。以前,如果我对学生说,'你们看某某学生作文写得多好,你们课后多看看',他们往往会有抵触情绪,但是现在学生通过资源库,自主选择查阅,发现差距,激发了学习的劲头!"[1]

---

[1]《青岛日报》:《山东青岛"电子书包"上阵课堂省出 5 分钟》,http://www.eduyun.cn/ns/njyxxhzixundong tai/20131224/3104.html,检索日期 2017-8-22。

在各地区资源项目中，也涌现了多样的创新应用形式。比如，2013年山东青岛发展云课堂和电子书包应用，以数字资源整合硬件设备和云服务平台，驱动教学应用，并且提升区域的教育信息化水平。电子书包环境下资源表现出富媒体性、个性化、实时反馈性等特征，它是数字资源、学习工具等多种功能的集合。案例5-4中青岛市的数字资源建设项目继承和突破了"班班通"多媒体资源库，借助网络和移动设备建设创新性的数字资源应用。

教育资源建设是教育信息化一个重要的组成部分，对提高教育教学水平、推进素质教育、促进教育均衡发展具有重要作用。"班班通"工程建立了区域统一的资源平台，按照学科、年级进行了统一规划，同时建立了各级教学资源中心。从资源覆盖区域角度来看，"班班通"工程建设，对我国教育信息化均衡发展以及东、西部教育信息化差距沟壑的填补起到了关键性的作用，逐步缩小了区域、城乡、校际差距，帮助边远、农村地区适龄儿童接受和共享优质的教育资源。从资源应用的深度和广度来看，"班班通"可以提供常规教育教材之外更为丰富的教育教学资源，依托数字化软硬件设备，还可以提供多种教学和学习的辅助工具，通过在教学过程之中或者延伸到课外的资源使用，对促进师生之间更有深度的互动发挥了作用。

第二节 各级平台系统价值凸显

"班班通"是一个融合了基础设施、软件资源以及教育教学整合应用等内容的系统工程。正因如此，平台系统和网络数据是"班班通"运行的基础，是提供资源应用和开展教学活动的基本保障。2014年，教育部、财政部、国家发展改革委员会、工业和信息化部以及中国人民银行五部门联合印发的《构建利用信息化手段扩大优质教育资源覆盖面有效机制的实施方案》（以下简称《方案》）明确提出，未来六年建成覆盖全国各级教育行政部门和各级各类学校的学生学籍、教师和学校资产的管理信息系统及基础数据库。这一方案的出台，充分体现了相关部门对"班班通"推进过程中数据库系统建设的重视程度，也凸显了数据库和信息系统对于"班班通"工程，甚至教育信息化建设的重要价值。

一、国家教育资源公共服务平台建设

2013 年,教育部在北京举行国家教育资源公共服务平台开通仪式,该平台正式开通上线试运行。它能够提供资源上传下载服务,并且根据不同用户所需将适当的资源推送到其学习空间,促进了优质教育资源"班班通"的推广应用。教育资源公共服务平台是能够支撑优质教育资源"班班通"的国家层面平台,充分依托国有大型电信企业的基础设施,通过政府购买服务,以平台支撑教育资源的建设和共享;另外建立国家平台与地方、企业平台互联互通与协同服务,形成覆盖全国的数字教育资源云服务体系。在教育云服务平台中,"班班通"互动教学系统、交互式学习网站、资源共建共享系统和电子书包系统等都离不开教育资源的支撑。"班班通"数字化教育云资源库中的资源与这些模块充分整合,可以方便师生获取教育资源,并提高资源的利用率。教师可以通过"班班通"互动教学系统获取教育云服务平台中的优质教育资源来开展教学活动,有利于提高教学质量;学生可以利用相关的云终端设备,如通过电子书包系统获取优质的教育资源来开展自主学习,有利于提高学习兴趣,增强学习效果。

教育云服务平台分为国家教育资源公共服务平台和区域平台,可以随时随地为学习者和教师提供资源支持服务和空间服务;资源提供者包括企业、教育机构和个人,如图 5-1 所示。国家教育资源公共服务平台包括三个中心:资源汇聚共享中心、互联互通用户信息交换与互认中心和资源交易结算中心。国家平台在公共服务体系中作为交换枢纽,实现了整个体系内的资源流通,促进用户沟通、协作,从而进一步推进资源的共建共享;国家统一采购优质资源,分发给各省平台,供各省平台用户免费使用,提供公益服务;国家引入市场化资源,分发给各省平台,供各省平台用户购买,同时也可以在国家平台购买。通过给试点区域的用户提供空间与资源服务,建设以示范性教学资源为特色的教学空间,引领信息化教育发展,推动平台建设和公共服务体系的形成。区域平台充分利用国家平台资源,结合本地实际,为本地教师、学生家长及各级机构提供适合的空间与资源服务;此外各地也都发动教师和学校建设本地特色优质资源,与国家平台形成差异化资源汇聚机制;结合本地教育教学实际,实现本地化、规模化、常

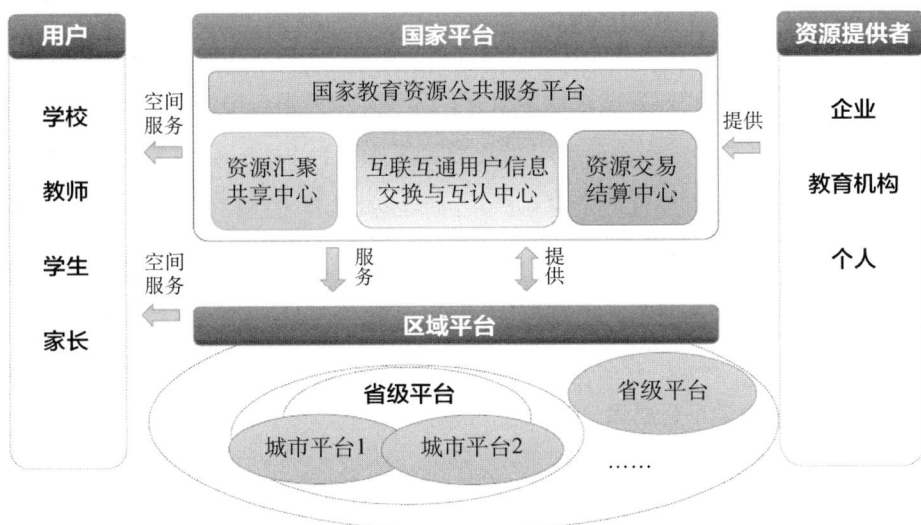

图 5-1 中国教育资源服务体系

态化应用,进一步深化和创新信息技术与教育教学相融合。①

　　教育资源公共服务平台作为教育资源共建共享最重要的载体,直接影响教育资源的汇聚共享、建设与应用的衔接。利用云计算模式可以最大限度地实现软、硬件资源的集约共享,降低学校信息化成本和建设难度,推动资源建设与使用的良性互动,提高应用水平。国家教育资源公共服务平台是一个运用云计算技术构成的覆盖全国、多级分布、互联互通、为优质资源"班班通"和网络学习空间"人人通"提供技术支撑与网络服务的云服务体系。

二、各地区系统平台建设

　　为贯彻落实《十年规划》,推进国家数字教育资源公共服务平台规模化应用,促进优质数字教育资源的共建共享,教育部于 2012 年 11 月发布《教育部关于公布第一批教育信息化试点单位名单的通知》,确定和批复 682 个教育信息化试点单位。这些试

---

① 王珠珠：《国家教育资源公共服务平台及数字资源中心建设与教育资源共建共享》,《中国教育信息化》2013 年第 1 期,第 17 页。

点单位依托国家数字教育资源公共服务平台以及各个地区的地方平台所汇聚的优质数字教育资源,探索如何构建网络条件下的学习和教学环境,尝试开展信息技术与教学融合的各种形式,共同探索国家数字教育资源公共服务平台规模化应用的有效方法和途径。如北京通过建设连通全市应用的教育资源平台,一方面,对接国家资源公共服务平台,共享基础教育的优质资源;另一方面,建设具有北京特色的资源共享交换平台,统一管理分散的学习资源。又如山东青岛、浙江和广西等地,通过组织建设专门区域、专门学科的资源学习平台,实现地区范围内的跨区域、跨学校、跨班级的资源共享共建。

(一)各地区教学平台建设

案例 5 - 5

北京率先建设数字教育资源共享交换平台

由于资源相对分散、共享渠道缺乏,造成大量优质资源的价值没有得到充分发挥。北京市提出"资源物理分布,服务逻辑集中"的思路,搭建了数字教育资源共享交换平台。2013年底,已经向上对接国家教育资源公共服务平台的视频资源达3万条。

得益于资源共享交换平台,北京市第九十四中学利用平台开展班级的微空间和"一对一"辅导,在2015年12月两次雾霾停课期间,应用教学服务平台开展教学信息发布、资料分享、家校沟通、作业辅导等工作,服务器访问量连创新高。停课不停教,停课不停学,数字资源和网络平台的价值得到充分发挥。[①]

经历区域信息化的"班班通"工程后,北京市的教育信息化项目经历了教育资源库、数字校园、智慧教室等发展历程,学校硬件设备也经历了幕布投影机、交互式电子白板、触摸电视、台式电脑、平板电脑的升级。北京市教育信息化建设始终依托数字资

---

① 百度文库:《基础教育案例1:北京市互联网学习发展案例》,https://wenku.baidu.com/view/f42d7223cdbff121dd36a32d7375a417866fc1c2,检索日期 2017 - 8 - 22。

源平台。从学习资源方面来看,各类教育服务平台提供了由北京市众多特级教师、学科带头人、骨干教师共同参与、开发和录制的精品课程。通过平台视频对全市学生开放,无论个人电脑、移动终端,学习者都可以随时随地地享受课程资源。从平台互动方面来看,学生、教师和家长通过平台实现个性化的交流和应用,并建立微群组,打造了个性学习空间。从平台共享方面来看,区域级教育公共服务体系与国家教育资源服务平台形成有机衔接,将整体服务构架于云端,进而实现教育信息化平台系统的整合和创新。正如案例 5－5 中讲述的雾霾停课不停学,教师和学生不再受学习地点的束缚,依旧能够利用平台完成正常的教学和学习任务。

案例 5－6

各地区教育城域网站与软件平台建设

青岛市北区教育资源服务平台建设项目从 2013 年启动,到 2014 年已建成教育城域网平台、健康管理系统和教育教学系统。青岛市北区通过此项目,推进全区一体化大数据管理、建设统一的基础支撑平台,完善教育管理服务平台,涵盖校务一体化管理,整合区教育门户网站及下属 76 所学校子网站,实现了家校互联信息服务、学生网络作业交流等可持续的运营支撑,为市北区基础教育提供了高效、持续的教育信息化服务。[①]

浙江省信息技术学习平台从 2012 年初开始建设,与中小学信息技术学科交叉配套,通过提供主题学习、精品资源、在线互动交流和作品展示等功能,以课堂为主,课内外相结合,有效地为学生创设主题式学习,有效地提升学习效率和质量。通过这个平台,浙江省能够实现全省的信息技术教育教学资源共享,实现师生、生生的网络学习交流。孩子们说:"更加喜欢信息技术课了,因为我们用信息技术在学习信息技术!"[②]

---

① 万鹏教育:《青岛市北区教育城域网站及软件平台建设项目》,http://www. wanpeng. com/newsInfo. aspx? pkId＝14569,检索日期 2017－8－22。

② 万鹏教育:《浙江省信息技术学习平台》,http://www. wanpeng. com/newsInfo. aspx? pkId＝14518,检索日期 2017－8－22。

陕西省从 2012 年开始,逐步开展教育教学综合服务平台、学前教育平台、电子政务平台等项目建设,不断强化教育应用的高度整合、共建共享、统一调度、合理应用,建立健全陕西教育信息化公共服务体系及运行机制,优化教育资源的配置,丰富教育资源的积累。整体平台基于互联网、移动设备,为教师、学生、家长、学校架起沟通的桥梁,是同步学校、同步辅导、家校互动等教学与教学资源应用的信息化平台。①

2007 年广西壮族自治区教育厅、电教馆合作建设了广西教育教学信息资源网,实现了多平台数据同步,为全广西教师提供了快捷易用的应用平台。之后,随着"三通两平台"项目的推广,藤县开始实践和二次开发区域"班班通"平台,该平台是集网络教研、直播互动教学、资料传输、资源共享、即时通信功能于一体的整合式平台。②

正如案例 5-6 所传递的信息,全国许多地区都在集中建设软硬件环境,开展国家数字教育资源公共服务平台规模化应用试点工作,建立学生、教师空间,开发同步课堂网络平台,解决教学资源的共享和传输问题,并且完成与国家教育资源平台的连接应用。正如案例 5-6 中所描述的,这些地区平台系统的一大特色即为"连通"。一方面从应用空间来看,区域和试点学校以公共服务平台提供的空间为载体,利用平台汇聚的资源与服务,连通区县、连通学校、连通班级;另一方面,学校、教师、学生和家长能够通过平台进行互动教学、科研,促成同步课堂、网络教研、在线公开课、视频会议和在线家长会等多种功能场景互通,实现网络条件下的教学和学习方式的变革。

(二)平台系统彰显教学价值

"班班通"是我国基础教育信息化发展到一定程度,信息技术融入教育后的产物,其中"班班通"系统是以交互智能平板为显示与操作平台,将大屏幕高清显示、交互式电子白板、电脑、电视、多媒体演示和网络传输等功能集成于一身。基础教育"班班通"

---

① 万鹏教育:《陕西省教育教学综合服务平台》,http://www. wanpeng. com/newsInfo. aspx? pkId = 14264,检索日期 2017 - 8 - 22。

② 万鹏教育:《广西藤县班班通平台》,http://www. wanpeng. com/newsInfo. aspx? pkId = 14376,检索日期 2017 - 8 - 22。

平台由教学资源管理系统、教学资源调度系统、教学资源服务系统、教师备课系统、教师授课系统、教学信息管理系统、教学数据统计系统、网络系统组成，可以实现包括资源搜索、浏览、收藏、下载、课堂管理、互动和分享等在内的功能操作。随着信息技术的发展和功能提升，"班班通"系统及其配套平台的建设也在逐步更新，在不同经济发展水平和应用功能需求的地区，显示出了不同的平台"画像"。如案例 5-7 至案例 5-10所述，衡阳县由于地处偏僻，"班班通"平台的使用很大程度上是依靠"班班通"系统的功能进行基础应用；铁岭、青岛、吉林省江源区等地则分别从云平台的建设、电子书包平台的推广和以"班班通"平台为基础的专业化平台实验室建设方面进行创新性建设，在各自区域都取到了优质的教学效果。

案例 5-7

教学系统进大山，教学方式换新颜

"现在上课太有趣了，一节课过得太快了！"

一下课，地处衡阳县偏远山区的大云中学的学生们就热烈讨论开来。自从该校 9 个教室互动教学"班班通"教学系统投入使用后，新的教学方式激发了学生深厚的学习热情，一改往日"一本书，一支笔，一张嘴"枯燥乏味的教学模式，进入一个由声音、图片、文字等多种途径授课的新时代。[①]

案例 5-7 中，衡阳县五所学校通过安装"班班通"教学系统，使"山里娃"也能接受到现代化教育。该系统为全体师生提供了丰富的教学资源，教学过程中教师能够利用这些资源实现信息技术与学科日常教学的有效整合，从而促进教师教学方式和学生学习方式的变革，最终促进学生的发展。教师还可通过该软件调用与编辑文字、图像、视频、动画等多媒体素材，并借助软件内置的教学工具和海量资源库，进行图文影音并茂的教学授课，打造互动型课堂。

[①] 中国学校装备网：《衡阳县 5 所学校安装"班班通"山里娃也能享受现代化教育》，http://www.zgxxzb.com/news_detail/newsId=433.html，检索日期 2017-8-22。

案例 5-8

云计算携手"班班通",促进创新平台建设

2015年,铁岭市教育资源公共服务平台利用云计算模式,将优秀教师的上课情况通过互联网快速、实时传递到平台上,资源薄弱校的孩子可以通过平台实现同步上课。同时,平台能够汇聚众多优秀教师的课件,资源薄弱校的老师通过平台就可分享名师的教学经验。平台能够把学校、教师、家长和学生紧密地联系在一起,老师可以通过平台布置作业,及时发现学生的短板,随时和学生及家长沟通,十分便捷高效。[①]

案例5-8中,铁岭市教育资源公共服务平台打破教育资源不均衡状况,利用云服务将全市资源共享互通,不再受时间、地点的限制,方便教师和学生随时随地查阅资料、分享学习心得。并且,铁岭市教育资源库建设经过专家对现有资源的筛选、审核,组织全市教育名师、特级教师进行教学资源的制作,从来源保证资源的优质和有效性。类似铁岭市,还有江西省的智慧互动课堂教育云资源平台,这些教育资源平台一方面将国家教学资源平台利用云计算模式进行推行,另一方面能够创新性地开发满足各自区域需求的服务平台,鼓励教师针对有效的教学资源、试题资源进行组织和共享,同时也体现了教育资源的公共性和数据的开放性。

案例 5-9

电子书包上阵,优质资源"班班通"

老师在电脑上一点"发送",阅读内容就传输到了每位学生面前的平板终端;学生答完题后点击"提交",老师的电脑上就显示每位学生的答题速度及正确率……班里每位学生都有一个平板和外接键盘,方便阅读和打字。阅读课上,老

① 东北新闻网:《辽宁首个教育资源公共服务平台启用》,http://www.sdlandunzhiyi.com/2015/1209/129987.shtml,检索日期2017-8-22。

师发放阅读材料,学生在平板终端完成阅读和答辩,平台能够即时完成统计和答案展示。相比传统课堂,节约了每堂课发放纸质材料的时间,并且教师能够通过平台掌握每位学生的学习进程,学生们也乐在其中,享受信息化的课堂环境。①

　　基于经济基础和功能需求的不同,不同地区实现课程资源开发、传输使用及教育教学等需求的方式也不尽相同,各级数据库和平台系统的建设也是各显身手。青岛市推行电子书包工程,融合了教学平台和学习资源,同时体现了信息技术和课堂教学融合的成效,充分调动了学生的课堂参与性。我国山东青岛、烟台、浙江嘉兴、北京、上海等众多发达地区持续发展和推进使用电子书包,将原来"班班通"投射在大屏幕上的教案或课件、习题,转发到每个学生电子书包的小屏幕上,发挥电子书包特有的功能如即时反馈、统计信息以及动态记录学生学习过程等。电子书包让网络直接进入课堂,让学生非常便捷地运用网络资源提升自己的学习效率,也让教师及时了解不同学生对知识点掌握的程度,方便教师予以个性化的引导。

案例 5 - 10

打造现代技术的课堂,拓展"班班通"网络平台

　　江源区启动了吉林省第二批农村义务教育薄弱学校改造计划,在江源区首批试点学校白山市第二十中学和实验小学等学校的 66 个班级实现了"班班通"。通过整合使用交互式电子白板、投影仪、网络计算机等现代教育教学设备和资源,聚合优秀的教学设备和丰富的教学资源,最大限度地调动、激发了学生的学习积极性和主动性,使教师和学生都深切地感受到了现代教育信息技术给课堂带来的高效和便利。截至 2015 年,白山市第二十中学及区实验小学已建成计算机网络教室和标准化科学实验室。"班班通"工程的实施,有效缓解了教育资源配置不

---

① 《青岛早报》:《开发区 6 学校试水电子书包》,http://news. bandao. cn/news_html/201312/20131221/
news_20131221_2333215. shtml,检索日期 2017 - 8 - 18。

均衡的问题,让优质教育资源得以共享,促进教育资源与信息技术深层次的整合,提升信息化在教育教学中的应用实践,从而全面提升江源区的教育教学质量。[①]

在规模化应用的推进中,江源区通过"班班通"区域系统的开发、采购和应用实践,完成了多种硬件设备的整合应用,形成了协同教学软件系统,有效地连接和弥补了国家教育资源平台的优势和服务。白山市第二十中学配合"班班通"平台应用,建设了计算机网络教室和实验室,试图寻求网络条件下的教学和学习方式的变革,以促进教师专业化发展,提升学生的学习能力。类似的还有很多其他地区的探索,比如山东青岛、浙江宁波等地区都建设得非常有特色。宁波通过出台政策建设高清远程网络教学平台(远程视频会议系统),启动数字化校园建设评估,实施义务教育学校标准化建设工程,完成了 80 所标准化学校建设,建成了比较完善的各学段的网络学习平台。

"班班通"网络系统是一个具有强大资源整合功能的系统,能够为教师提供一个优质、高效的网络教学环境,为教师的备课、上课提供了完整可靠、优质高效的教学资源,也为教师备课、授课提供了很好的教学平台,学生也可以通过数字校园网络资源开展自主学习。上述若干案例中各地区因地制宜搭建系统与平台,以及"班班通"系统平台、电子书包系统等拓展平台阐述其建设和实践,分别以网络结对帮扶、平台系统在偏远山区的应用、云服务的平台搭建创新、基于"班班通"的现代技术课堂扩展和电子书包创新等不同层面的探索凸显平台的价值,并由基本应用到创新实践,展现了将国家教育资源服务平台与区域系统应用相结合的具体应用过程。

第三节 资源驱动的信息技术应用

"班班通"不是简单的多媒体设施进课堂,而是要让学生享受到优质的教育资源。此外,"班班通"构建的信息化环境在改善教育条件的同时,也通过优质教育资源的共享,带动了教师教育思想观念的更新和教育教学方式的改变,为教学改革注入了新的

---

① 江源区教育局:《吉林白山市江源区首批试点学校实现"班班通"》,http://www.ict.edu.cn/santong/class/n20150626_25886.shtml,检索日期 2017-8-25。

活力,为实现信息技术与学科课程深层次整合提供了有利条件。

　　资源、应用、教学和教研借助技术的应用之路将实现无缝衔接。借助资源应用平台,"资源"频道汇聚了来自国家基础教育资源网、百度文库、一师一课的海量优质教育资源,并按照学科教材目录体系进行分类,涵盖了教学案例、教学设计、素材、课件、习题等多种类型资源,形成涵盖面广、知识点划分精细准确的资源导航。"应用"频道汇聚了多样丰富的个性化教育教学应用,形成教育资源超市,提供免费或付费应用,包括备课授课、互动课堂、协作互动、网络课程、网络教研、作业测评、数字图书馆、语言学习等多种类型。"教研"频道为教研人员和教师提供网上工作室,使他们能够围绕相关教研主题开展协作备课、评课、视频研讨等教研活动。"优质资源班班通"的根本目的是推进信息技术在教学和教研活动中的普遍应用,以提高教学质量和促进教育均衡发展。为推进这一目标,基于优质资源共享和服务的信息化应用显得意义非凡。"专递课堂"、"名师课堂"以及各类教学模式的探索和信息技术功能的应用,都将成为奠定这一目标的基础。利用网上同步上课,使得边远地区、城市远郊同时拥有相对丰富的教育资源,共享网络优质信息和名师教学,让更多的孩子受益。"班班通"的核心工作是在资源、平台驱动的基础上,使得利用信息技术教学、教研成为常态。本节将从各地区、学校的"班班通"应用案例,窥视其引发的信息技术变革,及其带来的教与学的改进。

一、激发学习兴趣,遨游知识海洋

案例 5-11

"班班通"领略太空授课,孩子们啧啧称奇

　　"太神奇了,太有趣了,时间过得好快呀,太不过瘾了。这'班班通'真有趣。"一位正沉浸在太空授课的孩子发出这样的感慨。2013 年 6 月 20 日,高县 6 万余名师生与全国众多师生一样,通过网络直播、信息化教学设施,收看航天员太空授课,一同领略奇妙的太空世界。

> "我从来没有觉得一堂课能这么有趣,一堂课的时间这么短暂,不知道什么时候还能有下一次太空授课啊?"岳阳朝阳小学观看太空课,围绕"天空梦"正在畅所欲言。"我要是能问王老师一个问题就好了,我都有好多好奇的地方呢!"郴州市菁华园学校同学忍不住发出这样的感叹。孩子们热切的眼神和话语,表达了对这次精彩的讲解、神奇的太空实验的热爱。而这次实时的天地互动,在很大程度上归功于"班班通"工程,无论是县城学校,还是偏远山区,该工程都能够保障师生实时享受太空授课。①

  案例 5 - 11 中来自岳阳等全国各地的孩子们心情久久不能平静,内心充满了对太空的好奇和期待,以及对知识的向往和追求,这体现了"班班通"工程发挥的教育价值。短短的四十分钟课堂,数以千计少年的蓝天梦被激发,这一刻他们梦想着成为未来的科学家、宇航员、探险者。通过班级多媒体平台,完成一堂"太空教学盛宴",这正体现了"班班通"工程的价值所在,是其推进实践教学的成功例证。首先,"班班通"教学所展现出来的新颖、形象、生动、直观、有趣的知识形象,能够吸引学生的兴趣与好奇心,引发学生的联想和探索,使其产生浓厚的学习兴趣及强烈的求知欲,从而调动学生学习的积极性。在教学中灵活、适时地采用多媒体教学手段,对培养学生的各种能力、兴趣爱好、思维习惯有积极的促进作用。其次,传统教学资源太单薄,教学大多以单一形式来传授知识,如语文课程是阅读课文训练、数学是习题训练等,带来的弊端一方面是造成孩子们对知识内容产生刻板和必须死记硬背的印象,另一方面由于缺乏生动的补充资料,可能"扼杀"孩子们的丰富想象力和拓展学习。但是"班班通"工程能够扩大孩子们的认知,激发学习兴趣。如语文、历史课程,用多媒体手段配合课程内容适当补充有关材料和时代背景,不仅能够降低孩子们对知识的理解难度,变抽象为直观,而且避免了学习资料的枯燥乏味,有利于加大课堂容量。此次太空授课也体现了无论在偏远山区还是农村远郊,"班班通"系统都能够为孩子们同时传播优质资源、共享教学信息。

---

① 为先在线:《各地学校收看"太空授课",学生啧啧称奇》,http://news.hnjy.com.cn/sxdt/41249.jhtml,检索日期 2017 - 8 - 22。

二、均衡教育发展,资源全面覆盖

案例 5－12

桃花沟来了新老师,联校网教解难题

作为教学点上唯一的任课教师,57 岁的刘兆明在湖北省十堰市郧阳区桃花沟教学点工作的头 20 年,都没有这 3 年学到的技能多。从开关机到软件应用,从资源使用到熟练调试安装各种设备,最让刘兆明自豪的是,他这个彻头彻尾的"门外汉"也能教英语课了。

刘兆明的"法宝"是 2012 年底教育部、财政部启动实施教学点数字教育资源全覆盖项目提供的设备和课程资源,这让桃花沟教学点告别了"一间屋子一块板,一支粉笔一本书"的教学时代。

此外,2014 年湖北通山通过联校网教,激活山沟沟里的课堂,联校网教不仅解决了走教的三难问题,而且最大限度地实现了教育资源的互联共享。

明水教学点的小孟涵一脸幸福地告诉记者:"我们有好多好多新老师,他们在屏幕上,会教我们英语,还教我们唱歌。"明水教学点只有 1 名教师,2 个教学班,共 16 名学生。去年 11 月以前,除音乐、美术等少数课程能见到走教老师外,其他时间只有田老师一人。

网教平台搭建起来后,教学点教师可以通过信息网络与联校本部教师一起集体备课,一起开展教学研究。现在,教学点信息化教学基本上做到了课堂用、经常用、普遍用。[①]

正如案例 5－12 中桃花沟教学点那样,农村教学点的学校一般硬件设备、师资条件都相对落后,而这里的孩子们,却因为"班班通"工程、网教平台能够接触到以前所没有的资源。实施"班班通"一个很重要的目标,是有效弥补教育资源不均的问题。国家

[①]《中国教育报》:《湖北省通山县"联校网教"激活山沟沟里的课堂》,http://www.jyb.cn/basc/xw/201405/t20140521_582514.html,检索日期 2017－8－22。

教育资源公共服务平台建设的目标之一,就是助力解决资源因地域、经济发展水平所带来的分布不均衡问题,通过组织和共享将优质资源输送到边疆、农村和偏远山区等贫困地区,以实现教育资源配置均衡,缩小数字鸿沟。

对于桃花沟教学点和其他教学点来说,"班班通"项目的实施,一方面缓解了教学点的师资短缺问题,保证国家规定课程的开足开全,另一方面也在很大程度上缓解了学生上学路途遥远、中心校寄宿条件差、辍学率反弹等一系列问题。

桃花沟教学点的故事,在我国教育信息化建设进程中可谓比比皆是。从全国范围来看,2014 年底已经有 6.36 万个教学点全面完成教学点数字教育资源全覆盖项目建设任务,实现设备配备、资源配送和教学应用三到位。音乐、美术、英语等课程开课率显著提升,农村偏远地区教学点长期以来缺少教师、无法开齐开好国家规定课程的问题逐步得到解决,教学点的课堂正逐步变得丰富多元、生动活泼起来。到 2015 年,"优质资源班班通"效果日益凸显,已惠及 400 多万名偏远地区的孩子。"一师一优课,一课一名师"活动的开展,调动了全国 500 多万名教师参与,完成"晒课"300 多万堂,使优质教育资源覆盖面不断扩大,促进了教育质量的进一步提高。

"班班通"工程实施过程中,以资源为驱动,运用信息技术有效地促进和提升了教学效果。首先,"班班通"的资源共享提升了教师教学能力。通过接触网络技术所带来的新资源,教师的备课、教学效率和效果都得到了提升。其次,课堂环境发生了变化,互联网的应用特别是"班班通"资源的应用,变传统封闭的课堂为现代开放的课堂,教学方式发生了转变。最后,"班班通"的资源应用,提升了学生的学习兴趣,学习的主动性也有了极大的提高。"班班通"作为一种常规的信息化教学环境,进一步夯实了信息技术与课程整合的物质基础,可以更好地满足情境创设、启发思考、信息获取、资源共享、多重交互、自主探究、协作学习等新的教学方式与学习方式的需求。学生获得了充分应用技术的机会,不仅可以借助现代教学媒体获取知识,拓展认知和开阔视野,更能极大地提升信息素养和学习兴趣,遨游在知识的海洋之中。

三、教与学的方式：变与不变之间

案例 5 - 13

架起知识的"彩虹桥"，交互式白板助力信息技术改变教与学

　　杨柳青大柳滩小学的教室里，传来了孩子们跃跃欲试的稚嫩声音。这里，老师们正在和孩子们一起上数学课。"孩子们，开动大脑，小明可以购买多少盆花啊？拖动鼠标把这个花盆摆在这里，谁想试试找找答案呢？"数学老师这样提示孩子们。"老师，我来！""老师，老师，我想试试！"一个个小手齐刷刷地举了起来。自从交互式电子白板走进课堂后，课堂就仿佛运用信息技术架起了通往知识的"彩虹桥"，孩子们能够更加形象、便捷地看到知识的"存在"。

　　正在讲课的英语老师把白板的功能与使用技巧同教学内容有机结合，音视频、鼠标、大屏幕、录屏、聚光灯、放大镜等轮番上阵，孩子们完全融入到信息技术带来的"知识盛宴"中。

　　为了发挥交互式电子白板工程在教学中更大的优势，西青区教育局装备管理中心对教师进行了技术培训，不仅帮助教师熟练操作电子白板，而且提升了教师们的信息素养。"原来手机和云服务也可以为教学提供这么丰富的教学资源啊！"一位英语老师这样感叹道。结合多媒体软件的功能，老师们逐渐熟练技能操作，并且能够围绕课程内容，搭建课件开展教学。无论是语文课、数学课、英语课，还是科学课、劳技课，各学科老师通过逐步探索各自学科的特点，发挥多媒体的效益。[1]

　　教师轻轻地点击鼠标，大到天体运行，小到微生物都会直观形象、生动活跃地呈现在孩子们面前，教师可以随时利用网络组织多媒体教学，使得学习成为一件趣味盎然的事情。交互式电子白板与网络、计算机进行联通，利用投影机将丰富的资源展出，构

---

[1] 中国网：《天津西青区普及电子白板配改造 1 000 套》，http://www.eduyun.cn/ns/njyxxhzixundongtai/20131125/2685.html，检索日期 2017 - 8 - 22。

造了基于一个大屏幕、交互式的协作教学环境。"班班通"工程的深入实施和实践,促进了技术融入课堂的过程,不仅丰富了孩子们的知识宽度和广度,改善了教学过程,而且提升了教师的信息化应用能力和素养。天津大柳滩小学的美术老师用电子白板构建了一个唯美的世界,鲜艳的色彩、动听的旋律以及多变的图像,促使孩子们在其中思考、体会、感悟、创作,这是技术为教学带来的神奇,也是课堂教学变革的起点。

案例 5 - 14

数字化教学——这样上课真好玩

四五个孩子们坐成一圈,看着眼前平板里的教学内容,嘴里嘀咕着,手指时而点击屏幕,时而快速地打着英文单词。"太有趣了,我现在知道浴室、卧室这些单词怎么说了,这样上课真好玩!"小芦苇同学兴奋地说道。

这些孩子们正在上香槟小学的一堂英语课,孩子们手持平板,可以翻阅老师提前准备的学习资料,通过图文的配合和选择、连线和填空等多种形式的巩固练习题,孩子们一节课又能多学几个单词了。在周老师眼里,笔记本电脑、白板、平板设备走进教学活动,让她的上课方式发生了巨大变化。她说孩子们可以针对课堂没有听懂的部分,课后回家利用设备再去探究和复习,就像老师随时在自己身边。①

在优质硬、软件搭配的基础上,以资源应用为驱动的信息化教学正因为不断的实践和使用而显示出独特的价值。信息技术课堂为学生的个性化学习提供有力保障,突破以教为主的限制,转变为以学生为主体、教师为辅导者的形式。教育信息化不仅促进了教学方式和学习方式的改变,还提升了教研的效率和质量。案例 5 - 14 中香槟小学所在的哈尔滨市还组织了一次小学数学学科网络教研,涉及的两所学校一个在城区,一个在乡村,两校教师同时在网上备课、研讨,如同面对面教研一样。教育信息化

---

① 《人民日报》:《数字化教学:这样上课真好玩儿》,http://www.edu.cn/focus_1658/20131024/t20131024_1031504.shtml,检索日期 2017 - 9 - 22。

不是简单地配备一点设备,开发一点资源,而是要通过推进教育信息化来促进教育理念、教学模式、学习方式的深刻变革;并且为促进教育公平、提高教育质量提供有效保障,为构建学习型社会提供支撑条件,有效提高教育行政的管理和服务能力,正像案例5-14中老师的感受:教育信息化对于教育事业来说,犹如水和空气,渗透在教育的每一个角落。

四、技术的真正魅力：资源驱动信息技术融合的课堂

案例 5-15

"班班通"助力考试,提升复习效率

期末考试临近,厦门市翔安区锄山银鹰小学的课堂中,许老师正在利用扫描仪将考试复习的卷子展现在电子白板上。这位老师说:以前讲评试卷,都要在黑板上把题目一道一道抄下来,现在有了"班班通",内容直接展示在屏幕上,同时孩子们一眼就能看出错的地方在哪里,一目了然,并且节约了大量的备课时间。

"班班通"还可以利用网络资源来下载课件,许老师高兴地介绍道:自己有时候普通话发音不是很标准,下载标准的音视频资源播放给孩子们听,他们就能够听到标准的朗诵和发音,而且数据库里的课件有些能够做到与学生互动,很生动,让孩子们感觉像在玩游戏,并且在游戏中学习更多的知识。[①]

"班班通"带来的变化,不仅体现在教学模式和教学环境上的改变,正如案例5-15中许老师所说,网络资源正是"班班通"的优势所在。"班班通"系统从教学评价方面,为测评带来方便和快捷。许老师借助扫描仪组织复习考卷,一方面节省时间,高效组织课堂;另一方面,学生利用平台能够快速找到问题所在,课堂上教师能够得到学生的及时反馈。此外,"班班通"系统与课堂融合方面,许老师"因地制宜"、"因人制宜",根

[①]《中国教育报》:《厦门市翔安区所有班级都有多媒体教学设备——"班班通"给力村小课堂》,http://www.moe.gov.cn/jyb_xwfb/s5147/201401/t20140120_162793.html,检索日期2017-8-22。

据课程内容播放或者暂停屏幕演示,插入讲解和提供问题,充分利用资源,将其融合于课程内容之中。通过上述案例,我们深切地感受到技术融入教学过程的每一个角落,适时、适地地介入技术,就能为教学增添了光彩。

"班班通"教学系统中丰富的教学资源是其能够得到广泛应用的重要因素。作为一个融合了基础设施、软件资源以及教学内容的系统工程,"班班通"教学模式改变的不仅仅是理念,更是教师的教学方式和学生的学习方式。

第四节　在线教育产业涌现

在线教育是一种基于互联网的教育,用户可以通过互联网进行随时随地的学习。此外,随着移动智能设备的发展和普及,在线教育不仅可以通过 PC 端,还可以通过手机、平板等移动终端进行连接,碎片化和移动化成为在线教育的两大特性。在线教育不仅是教育技术的变革,更是对教育内容、教育形式、教育主体等全方位的改变。

从广义分类来看,在线教育是一种借助网络技术实现远程学习的新型教育方式。历经远程教育和网络教育,目前的在线教育可谓其第三个阶段。网络教育是互联网与教育相结合的前期产物,而随着互联网的发展,尤其是移动互联网的出现、智能硬件的发展以及围绕互联网大数据技术、交互技术的发展,互联网不仅仅以媒介的姿态作用于教育,而且更为深入地涉及教育的主体、教育的内容、教育的每一个环节,赋予网络教育新的面貌。这样的改变是从国外的大规模开放在线课程(Massive Open Online Courses,以下简称"MOOC")进入国内开始的,而 MOOC 开启了在线教育的新篇章。

一、在线教育产业的兴起

MOOC 的典型应用之一是美国的可汗学院。2010 年,可汗学院获得了比尔·盖茨慈善基金会以及谷歌公司的赞助,并将现有的教学视频翻译为多种语言,使其教育资源传播到全世界。可汗学院已经和美国 20 多所公立学校合作,在课堂上利用可汗学院的课程进行翻转课堂的教学。另外,MOOC 更大的市场在高等教育领域。针对高校的大规模开放课程运动自 2011 年开始兴起,被称为 MOOC 三驾马车的 Coursera、Udacity 和 edX 将全球顶尖高校的优质课程放到了开放的互联网平台之上,让更多人能够借助互联网进行学习,甚至获得相应的证书。嗅觉敏锐的国内互联网企业凭借技术和流量优势,于 2013 年开始大举进军在线教育领域,并逐渐成为当前整个行业发展的主力军。互联网在线教育的业务本质是为用户提供个性化的在线教育服务,按照功能可分为平台类产品、工具类产品,覆盖了泛教育类市场和 K12 教育、职业教育、IT 技能教育、艺体教育等垂直细分领域。以互联网公司为主导,目前业内涌现了猿题库、传课网、拓词等大批新型的在线教育公司,将个性化、定制化、交互性、数据化等新教育理念嵌入各自的产品。在这次浪潮的冲击下,传统的教育机构也开始谋求变革,比如新东方联手腾讯进军职业教育、好未来重金投资宝宝树等,在线教育产业的陆续兴起也为教育的新发展增添了一抹亮色。

(一)平台类产品

平台类产品的运营商通过搭建中间渠道,整合提供在线教育内容与服务的各方资源,进而实现学习者与从事教育培训的个人或机构间的有效对接。平台类产品具体可以分为:综合流量平台、课程学习平台、教育内容聚合平台。

1. 综合流量平台

垂直于在线教育领域的综合流量平台自我产生流量的能力并不强,因此需要较大的流量基础,其运营者一般是本身就具有流量优势的互联网巨头,它们切入在线教育的目的,是基于自己的核心业务进行教育领域的拓展。例如:淘宝同学提供课程交易平台,其本质是教育电商;百度教育整合百度旗下的搜索、文库、视频课堂、贴吧等资源提供在线教育服务,其依托的仍是百度的流量优势和搜索技术;360 教育也是针对教育垂直市场的搜索引擎。

2. 课程学习平台

课程学习平台是提供用户在线学习的课程产品平台,授课者一般以视频直播或录播的方式开展教学,用户则通过观看教学视频进行学习。课程学习平台的运营方式一般有两种:第一种方式的课程内容和教学实施一般由第三方专业教育机构或教师个人提供,平台运营方旨在提供课程学习所需的技术支持和运维服务,例如以网易云课堂、中国大学 MOOC、学堂在线、好大学在线为代表的 MOOC 平台,还有以百度传课、腾讯课堂、有道学堂、多贝网为代表的课程电商;另一种方式的平台产品和教学流程都由平台运营方自行设计运营,主要集中于垂直教育机构,其优势在于全新构建线上教学形态,例如以 100 教育网、智课网为代表的语言培训类课程学习平台,以邢帅教育、开课吧、计蒜客为代表的职业技能类课程学习平台。

3. 教育内容聚合平台

教育内容聚合平台通过筛选聚合互联网上的数字化学习资源为用户提供服务。学习资源来自平台入驻机构或个人注册用户的上传,以百度文库、道客巴巴、豆丁网为代表的文档分享社区和以网易公开课、新浪网公开课、搜狐公开课为代表的门户公开课平台为主。

教育内容聚合平台是互联网内容聚合业务在教育领域的延伸,其发展过程中还存在一些问题有待解决,例如平台同质化现象严重、资源冗杂重复、资源版权归属不清等。

(二)工具类产品

工具类产品是互联网企业切入在线教育领域的重要着力点,这些产品最初和在线教育的教学环节没有直接联系,但是互联网公司利用工具类产品积累了大规模且精准的用户,从而有机会成为流量入口,切入教育和教学的环节,通过运营课程平台建立从工具到学习的链条。

工具类产品通过深入研究在线教育授课、学习、测评、答疑、学习协作等各环节或者学习行为发生的各类场景下的用户需求,研发辅助在线学习的各种教育类工具和技术服务,并基于大数据分析为用户提供个性化的使用体验。它们主要分为语言学习类工具、授课工具、教辅类工具、题库类工具。语言学习类工具针对用户学习外语时的查词、发音、翻译的需求进行研发,代表产品为网易有道旗下的有道词典、有道翻译和有道口语大师。授课工具针对在线教学过程中师生即时沟通需要进行研发,一般以教学工具的形式进入在线教育领域的产品,本身多已拥有相当数量的用户,产品化过程只需要对其加以简单改造,即可移植到教育产品市场。代表性的产品如 YY 语音、腾讯QQ、阿里旺旺等。教辅类工具针对家校互动、学习笔记、答疑辅导以及作业批改等具体需求进行研发,代表性产品为阿里师生、有道云笔记、爱辅导、优答、一起作业网。题库类工具针对考试环节的备考、组卷及出具个性化的测试分析报告等功能进行研发,代表性产品有猿题库、快乐学等。

(三)社区类产品

社区类产品,即在线教育社区,它是社会性网络服务(Social Networking Services,

SNS)在教育领域的延伸,主要分为两类：一类是为用户提供课程讨论、分享笔记、交流感想的网络社交空间,例如果壳网的 MOOC 学院等;另一类则是旨在分享与传播知识的泛教育知识问答社区,例如百度知道、知乎等。

二、在线教育产业风起云涌

2013 年堪称中国在线教育元年,而在线教育在 2014 年更是取得了长足发展。这两年间,在线教育的市场投资、产品类型都有了快速的发展。从教育产品涉及的教育阶段来看,市场表现最显著的产品应该是职业类在线教育,因为其盈利模式比较清晰,成为投资者青睐的对象,如邢帅教育在线职业培训。从教育产品的类型来看,语言类在线教育应用成为最闪亮的爆发点,如 51Talk 和 91 外教、智课网、英语流利说等可作为此类的代表。英语在线教育的成绩应该与该领域多年的线下教育积累密切相关。从 2007 年到 2014 年 8 月 1 日,国内在线教育共有 126 个产品获得了融资,涉及的融资事件为 172 起。其中,学前教育 32 起,K12 教育 42 起,高等教育及留学 22 起,职业教育 32 起,语言培训 44 起。从总量上来看,语言培训和 K12 教育在吸引融资上具有明显的领先优势,高等教育以及留学获得融资的数量相对较少。

艾瑞咨询《2013—2014 年中国在线教育行业发展报告》统计数据显示,2013 年在线教育用户人数达 6 720 万人,同比增长 13.8％;同年中国在线教育市场规模达到839.7 亿元,同比增长 19.9％。其中,K12、职业教育、高等学历教育等细分领域成为市场规模增长的主力。高等学历教育在在线教育市场中占比达到 50％,份额最大,但是其市场占有率在逐年下降。职业教育和语言学习是用户的刚性需求,用户具有很强的付费能力,因此市场规模平稳增长,占比分别为 21.1％和 18.7％。另外,随着创业者的进入,中小学在线教育市场占比逐年提升,目前已占到 12.2％,而 2013 年投资案例最多的早教在线教育市场在规模上仍没有大的突破,占比在 0.2％左右。

从 K12 教育的在线教育发展情况和腾讯课堂发布的《2014 年 K12 教育市场分析报告》来看,2014 年初至 11 月,在线教育领域投融资金额超过 44 亿元,其中外语类独占 20 亿元,K12 教育以 4.69 亿元排在第二位。进入 2015 年以来,K12 在线教育领域的融资明显上升。答疑题库阿凡题、易题库先后获得了 1 800 万美元和数千万元的 A轮融资。2015 年 3 月底,K12 在线教育更是呈现高额融资集中爆发的局面。

在线教育市场规模快速增长,一方面是由于我国互联网及移动互联网的发展,网民数量不断增多,为在线教育市场的快速发展提供了稳定的用户规模基础。另一方面,互联网与教育的结合催生了大量在线教育产品,这些产品形式各异,满足了不同用户的不同需求,给用户提供了差异化体验,因此也吸引了更多用户参与其中。除此之外,资本市场也对在线教育的发展提供了资金的支持和保障,为在线教育业态的发展提供了助推剂。

案例 5 - 16

　　最火的在线课程之一是许岑的 Keynote 幻灯片制作教程,在网上的点击量超过 10 万次。

　　"在线学习确实便利化,但如果是直接将传统课堂的视频放在网上,那可谈不上在线教育。"许岑说。

　　大学时学习录音和电影制作的许岑,拥有很多其他网络教师没有的优势。他做的课程节奏感强、像讲故事一样娓娓道来。

　　"线上课程对呈现方式要求更高,往往内容优质、制作讲究、包装精良的课程才能受到欢迎。"许岑说,线上用户不像真实课堂中的学生,如果内容不吸引人,他们会随时中断学习。①

从 2014 年开始,对于中小学教育领域而言,虽然体制外的在线教育市场规模有限,主要为北京四中网校、101 网校、简单学习网等传统中小学网校,其市场增量也较为有限,然而在学校教育之中,对内容资源的大量需求,为一些资源提供者如中学学科网、梯子网、菁优网等提供了生存的空间。学校教育所产生的需求以及所形成的市场,也是这段时间资本青睐的重要细分领域。以技能类教育细分市场为例,教育部于 2014 年推出新政策,全国 600 多所地方本科院校将逐步转型做现代职业教育。同时 2014 年的《政府工作报告》提出,加快建构以就业为导向的现代职业教育体系,为办好

---

① 新华网:《以教育信息化全面推动教育现代化》,http://news. xinhuanet. com/politics/2015-11/19/c_1117201512. htm,检索日期 2017 - 8 - 22。

职业教育指明方向。具体到技能类的语言学习方面,受市场刚性需求影响,在线教育凭借方便快捷获取用户青睐。语言学习作为需要反复重复才能掌握的技能,特别适合能够反复观看的在线教育和移动学习。而另一方面,在高等学历教育领域,虽然MOOC在高校非常火爆,但是在当前中国教育还是以学历证书为主导的情况下,MOOC由于无法与学历证书挂钩,还未能成为受市场青睐的产品。

> **案例 5 - 17**
>
> 　　参加在线教育公司——"100 教育"网上免费班的上海高一女生徐雪婧,在 7 月刚刚结束的托福考试中取得了 109 分高分。为此,"100 教育"特别在网上上传了一段"神贴":"百分哥不生产内容,百分哥只是搬运工。没有质量的搬运工是不合格滴,也是得不到工钱滴。"徐雪婧曾在线下体验过一家传统教育机构的托福培训,但考试成绩平平,这次仅仅参加在线的免费课程,就使得成绩一飞冲天。徐雪婧的高分神话,印证了在线教育的强大优势。①

　　以案例 5 - 17 中徐雪婧体验的"100 教育"为例,可以归纳在线教育的 5 个特点。其一,随时随地学习。"100 教育"提供的托福培训,不像面授培训那样受时间和空间的限制,徐雪婧任何时间在线上打开课件后,就可以完成学习。其二,有教无类。在传统教育背景下,如果徐雪婧想学习北京大学的课程,没有考到北京大学是不可能的事情。然而在"100 教育"平台上,不论学习者的教育背景和社会地位如何,都能获得名校名师的课程和指点。其三,反复学习。徐雪婧在"100 教育"平台上可以反复听、反复学,直到熟练为止。而在传统教学环境下,这显然是无法实现的。其四,碎片化学习。徐雪婧可以在碎片化时间使用移动终端学习课程,充分利用自己的闲暇时间。其五,成本低廉。"100 教育"平台上既有免费的课程,也有收费的课程,和徐雪婧过去在线下付出的上万元费用相比,线上教育费用更加低廉。

　　网易教育与有道共同发布了《2013—2014 中国在线教育趋势报告》,其数据显示:86.1%的人曾通过互联网获取知识,而通过书籍获取知识的是 82.9%;在互联网上获

---

① 吕森林、沈伟民:《在线教育,最后的"互联网＋"盛宴》,《经理人》2012 年第 9 期,第 10 页。

取知识的途径中,排名前两位的是百科与搜索引擎,分别为 62.2％和 61.2％;42.6％的人曾利用教育网站获取知识,39％的人有过线上学习的经历。这些数据充分说明在线教育已经成为趋势。调查也显示,在职人员在线学习的意愿最为强烈,七成白领都有在线教育的需求,英语学习和工作技能学习成为在职人员学习的最主要需求。由于在职人员缺乏大量的统一时间进行学习,利用业余的碎片化时间获取知识成为最合适的选择。

在线教育移动化趋势明显。此外,与移动互联网应用相呼应,在线教育在形式上,也越来越体现出资讯化、游戏化、泛兴趣化等趋势。例如,有道词典在移动端的应用中,引入了精品内容的双语阅读模式,让用户在阅读内容中轻松获得知识。精品内容和高质量内容成为最迫切的需求。调查显示,超过一半的受访者愿为在线教育付费,而用户最关心的是教学内容的质量,并愿为高质量的教学内容买单。虽然在线教育提供的学习灵活性和自愿性较能得到用户的认可,而内容的质量和吸引力才是在线教育吸引用户的制胜法宝。因此,确保内容的精品化、差异化和稀缺性是未来在线教育发展的方向。

正如上述所言,2013—2014 年是我国在线教育迅猛发展的关键时期。在这段时间内,在线教育的规模激增。K12、职业教育和高等学历在线教育产业是主力,其中职业教育和语言学习类产品不断增长,高等学历在线教育虽然份额最大,但份额在逐年下降。此外,在线移动学习的趋势越来越明显,在线教育的产品向精细化、差异化发展。

第五节　教育信息化蓝图浮出水面

作为社会信息化的重要组成部分,教育信息化是实现教育现代化的重要途径,是构建现代国民教育体系和形成学习型社会的内在要求。随着多媒体和网络技术的普及,教育信息化的发展步伐日益加快,逐步深入到教育的各个领域,取得了令人瞩目的成绩。良好的政策法规能够引领教育信息化的发展。我国教育信息化成绩的取得与其政策法规的前瞻性有着密切的关系。

一、引领未来发展的教育信息化发展规划

2012 年 3 月 13 日，教育部发布《教育信息化十年发展规划（2011—2020 年）》（以下简称《十年规划》"），这是我国首个教育信息化长期战略规划，也是一个非常成熟的教育信息化战略规划，标志着我国教育信息化战略规划研制水平上了一个新台阶。《十年规划》中提出把教育信息化作为国家信息化的战略重点和优先领域，全面部署、加快实施，调动全社会力量积极支持和参与，用十年左右的时间初步建成具有中国特色的教育信息化体系，使我国教育信息化整体上接近国际先进水平，推进教育事业的科学发展。到 2020 年，形成与国家现代化发展目标相适应的教育信息化体系，基本建成人人可享有优质教育资源的信息化学习环境，基本形成学习型社会的信息化支撑服务体系，基本实现所有地区和各级各类学校宽带网络的全面覆盖，教育管理信息化水平显著提高，信息技术与教育融合发展的水平显著提升。《十年规划》从国家层面对今后十年教育信息化工作进行了整体设计和全面部署，对我国教育信息化总体发展提出了"三基本两显著"的新目标。随后，我国大中城市在教育信息化发展方面也纷纷推出相应的发展战略和地区规划，为《十年规划》的目标解读和实施路径因地制宜地作了丰富细化。如北京市出台了《2006—2020 年首都信息社会发展战略》，加大优质教育资源建设；上海市制定了《上海教育信息化重点工作（2013—2015 年）》等，重点推进基于"人人通"和数据共享平台的教育信息化顶层设计，以应用为导向促进教育信息化向"主战场、大规模、常态化"发展。

为了贯彻落实中央的决策，教育部、财政部、国家发展改革委、工业和信息化部、中国人民银行五部门于 2014 年 11 月 16 日联合推出《构建利用信息化手段扩大优质教育资源覆盖面有效机制的实施方案》。新世纪以来，党和国家高度重视信息化工作，特别是中共十八大提出"四化"同步发展，把信息化上升为国家战略。[①] 要通过构建利用信息化手段扩大教育资源覆盖面的有效机制，加快推进教育信息化"三道两平台"建设与应用，实现各级各类学校宽带网络的全覆盖、优质数字教育资源的共建共享、信息技术与教育教学的全面深度融合，逐步缩小区域、城乡、学校之间的差距，促进教育公平，提高教育质量。

---

① 任友群，卢蓓蓉：《规划之年看教育信息化的顶层设计》，《电化教育研究》2015 年第 6 期，第 5—14 页。

2015 年 9 月,教育部发布《关于"十三五"期间全面深入推进教育信息化工作的指导意见(征求意见稿)》。"十二五"以来,尤其是《十年规划》正式发布和首次全国教育信息化工作会议召开后,教育信息化工作坚持促进信息技术与教育教学深度融合的核心理念,坚持应用驱动、机制创新的基本方针,加强顶层设计、多方协同推进,以"三通两平台"为主要标志的各项工作取得突破性进展。2015 年,学校网络教学环境大幅改善,全国中小学校互联网接入率达 83%,多媒体教室普及率达 73%;优质数字教育资源日益丰富,信息化教学日渐普及,"课堂用、经常用、普遍用"的格局初步形成;全国数千万名师生已通过"网络学习空间"探索网络条件下的新型教学、学习与教研模式;"资源平台"成为最具规模的"数字教育资源超市";"管理平台"基本建成覆盖全国学生、教职工、中小学校舍等信息的基础数据库,并在应用中取得显著成效;实施全国中小学教师信息技术应用能力提升工程,全国教师、校长和教育行政管理者的信息化意识与能力显著增强。各级各类教育信息化都取得丰硕成果,基础教育、职业教育和高等教育领域结合各自的教育实践需求,在扩大资源覆盖面、探索教育教学改革和提高教育教学质量等方面,涌现出一批利用信息技术解决教育改革发展问题的应用典型,教育信息化对教育改革发展的支撑引领作用日益凸显。

当前,云计算、大数据、物联网、移动计算、3D 打印等新技术不断涌现,经济社会各行业信息化步伐不断加快,社会整体信息化程度不断加深,信息技术对教育的革命性影响日趋明显。中共十八大以来,特别是中央网络安全和信息化领导小组成立后,党中央、国务院对网络安全和信息化工作的重视程度前所未有,"互联网+"行动计划、促进大数据发展行动纲要等有关政策密集出台,信息化已成为国家战略,教育信息化正迎来重大历史发展机遇。习近平主席在致首届国际教育信息化大会的贺信中"积极推动信息技术与教育融合创新发展"、以教育信息化"构建网络化、数字化、个性化、终身化的教育体系,建设'人人皆学、处处能学、时时可学'的学习型社会,培养大批创新人才"、"坚持不懈推进教育信息化,努力以信息化为手段扩大优质教育资源覆盖面"、"通过教育信息化,逐步缩小区域、城乡数字差距,大力促进教育公平,让亿万孩子同在蓝天下共享优质教育、通过知识改变命运"的论述指明了教育信息化工作的目标、方向和途径。

二、资源建设方面的指导规划

在国家实施的一系列重大规划和重大工程的推动下，我国教育资源建设进入发展的高速路。为此，国家针对各个阶段的教育资源建设出台了具有针对性的政策、规划及指导意见。在继续教育的教育资源建设方面，《教育部 2012 年工作要点》提出要加快推进"探索开放大学建设"重大教育改革项目，推进高校和中等职业学校继续教育改革和资源开放，积极发展现代远程教育。在 K12 的教育资源建设方面，《教育部 2013 年工作要点》提出以教育信息化扩大优质教育资源共享，完成教学点数字教育资源全覆盖，启动实施"宽带网络校校通"，加快推进"优质资源班班通"、"网络学习空间人人通"，推进国家教育管理信息系统与公共服务平台建设，初步建成教育机构与学生基础数据库并提供服务。在职业教育的教育资源建设方面，《教育部 2013 年工作要点》为职业教育的资源建设作出了前瞻性规划，提出要加快推进职业教育信息化建设，提高职业院校数字校园建设水平。职业教育的信息化建设成为促进人才培养和教学资源建设的重要手段。

加快推进教育信息化还面临诸多困难，如数字教育资源共建共享的有效机制需要得到应有保障。因此《2014 年教育信息化工作要点》提出：充分发挥骨干企业和学校、教师的作用，探索建立系统推进基础性资源和个性化资源开发应用的新模式；提升教育资源公共服务平台服务能力与水平，初步形成教育资源云服务框架，国家平台具备为全国 3 300 万名师生提供服务的能力。

而随着数字教育资源不断丰富，信息化教学的应用也需要不断拓展和深入。《2015 年教育信息化工作要点》从回归以资源驱动教育信息化应用的角度，提出加强信息技术的融合与应用。具体实施包括推进"三通两平台"建设与应用，力争基本实现学校互联网全覆盖；加快教育管理公共服务平台建设、国家教育决策服务系统建设和教育统计基础数据库建设；完善国家教育资源云服务体系；继续加大优质数字教育资源开发和应用的力度，探索在线开放课程应用带动机制，推动高校优质实验教学资源开放共享系统建设。

三、数据库建设方面的发展规划

实现教育信息化的全面发展，推进国家教育资源应用共享和服务平台的试点实施,建立覆盖全国各级教育行政部门和各类学校的管理信息系统、服务平台,离不开基础数据库的规划和建设。《2014 年教育信息化工作要点》中提出了全面完成国家、省级教育数据中心建设。其中要求建设完善一批支持各级教育行政部门和各级各类学校日常管理、决策和公共服务的信息系统,实现学生、教师、办学条件等主要管理信息系统的应用与服务,制定出台教育基础数据管理办法。巩固深化"教学点数字教育资源全覆盖"项目成果,总结推广"一校带多点"、"一校带多校"的应用模式,使优质数字教育资源基本覆盖全国所有教学点和实现"宽带网络校校通"的中小学。联动社会各方力量支持数据库的建设,《教育部 2014 年工作要点》提到了充分发挥市场作用、调动社会各方面力量,提出了三个"加快",分别是:加快促进信息技术和教育教学的深度融合;加快全国学生、教师等重要业务信息系统的部署和应用;加快推进教育装备标准化建设,提高公共教育装备服务水平。

随着技术的发展和硬件设备的提升,云服务逐渐被应用到教育数据库的建设之中。《2015 年教育信息化工作要点》提出了完善教育资源云服务体系,提升国家教育资源公共服务平台技术水平和服务能力,建立健全国家平台运行、资源汇聚与服务的政策机制,实现与 20 个以上省级平台以及若干地区平台、企业平台的互联互通。

此外,针对在线教育的平台和数据建设,2015 年 3 月,国务院发布《政府工作报告》提出:随着"互联网+"概念上升为国家战略,在线教育正站在了起飞的风口上,市场潜力巨大。2015 年 4 月,中央全面深化改革领导小组会议通过《乡村教师支持计划(2015—2020 年)》,借力"互联网+"打造中国中小学智慧教育平台,以期实现教育公平。2015 年 4 月,教育部提出加强高校在线开放课程建设、应用与管理,支持中国特色"慕课"(MOOC)建设,2017 年前认定千门精品课程。

四、不同教育领域的教育信息化推动政策

在教育信息化作为一项国家战略被提出之后,教育信息化领域本身的外延也有所拓宽,涵盖了数字化资源建设、数字化校园建设、教师教育信息化发展等,使得整个教育系统逐步纳入教育信息化的作用范围。不仅如此,在此阶段颁布的各类教育信息化相关政策更加细致地从各级各类教育和需求角度,提出有针对性的推动政策,促进教育教学和管理的创新,助力破解教育改革和发展的难题,为实现教育信息化发展目标,

统筹规划、整体部署教育信息化发展任务。

（一）基础教育领域

基础教育信息化是提高国民信息素养的基石，是教育信息化的重中之重。在此阶段，基础教育领域的信息化建设注重建立、应用和共享优质的教育数字资源，促进义务教育的均衡发展；建设数字化校园和教育服务管理平台，帮助适龄儿童和青少年提升信息素养和自主学习能力，以促进义务教育均衡发展为重点，促进学校共享资源、提升教学质量是《十年规划》中提出的首要发展任务。具体措施包括继续深入推进"一师一优课、一课一名师"活动，进一步动员广大教师参与，促成 2015—2016 学年新增参与教师 200 万名、"优课" 3 万堂，使参与教师达到 400 万名、"优课"达到 5 万堂；开展信息技术在教育教学中的应用效果评价；建立基础教育教学信息化专家库；完善资源评估准入机制，鼓励企业系统开发与教材配套的基础性数字教育资源和满足广大师生需求的个性化数字教育资源，形成数字教育资源持续开发应用的新机制；推动各地形成具有本地特色和校本特色的教学资源，逐步实现基础性资源全覆盖、个性化资源日益丰富。

我国教育管理信息化主要着眼于教育行政部门和学校管理层面。早在 2002 年，教育部就印发了相关教育管理标准。在 2012 年，教育部发布《教育管理信息教育管理基础信息》、《教育管理信息教育行政管理信息》、《教育管理信息普通中小学校管理信息》、《教育管理信息中职学校管理信息》等 7 个教育信息化相关标准，促进了教育管理信息的标准化，旨在实现教育系统的办公自动化与无纸化，提高管理决策科学化，促进公共服务电子化，推动我国教育管理在各个环节的信息化、网络化。

2013 年 11 月，《中共中央关于全面深化改革若干重大问题的决定》明确提出，构建利用信息化手段扩大优质教育资源覆盖面的有效机制，逐步缩小区域、城乡、校际差距。为落实这一战略部署，2014 年 11 月，教育部、财政部、国家发展改革委、工业和信息化部、中国人民银行印发《构建利用信息化手段扩大优质教育资源覆盖面有效机制的实施方案》，明确细化了以"三通两平台"为核心的重点任务，并提出了推进机制、政策环境、经费投入、管理体系、环境氛围等五个方面的保障措施。

（二）高等教育领域

高等教育是培养创新性人才的重要阶段，运用教育信息化手段能够丰富其学习的资源和提升其教学效率。针对高等教育的信息化教学融合方面，《十年规划》中提出，高等教育信息化是促进高等教育改革创新和提高质量的有效途径,是教育信息化发展的创新前沿。通过进一步加强基础设施和信息资源建设,重点推进信息技术与高等教育的深度融合,促进教育内容、教学手段和方法现代化,创新人才培养、科研组织和社会服务模式,推动文化传承创新,促进高等教育质量全面提高。另一方面,针对促进高校科研水平提升方面,《十年规划》提出了建设知识开放共享环境,促进高校与科研院所、企业共享科技教育资源,推动高校知识创新。通过构建数字化科研协作支撑平台,推进研究实验基地、大型科学仪器设备、自然科技资源、科学数据、科学文献共享,支持跨学科、跨领域、跨地区的协同创新;不断提高教师、科研人员利用信息技术开展科研的能力。

高校资源的开放和管理,是促进高等教育优质数字资源在线教育实现的重要途径之一。2014 年,教育部《2014 年教育信息化工作要点》提出深入研究 MOOC 对高等教育的深刻影响,支持重点高校的优势学科开设开放在线课程,组织部分地区实现高校公共基础课、专业课的网络共享。2015 年,教育部印发《教育部关于加强高等学校在线开放课程建设应用与管理的意见》,进一步加强在线开放课程建设应用与管理。除此之外,推进信息化管理系统和数据库的建设是保障教育信息化应用的基础保障。《2015 年教育信息化工作要点》中提到,推动各级教育行政部门和各级各类学校深入普通应用,形成贯穿学前教育至高等教育的学生、教师、教育机构等基础数据库,提高管理效率和水平。

(三) 职业教育领域

职业教育信息化是培养高素质劳动者和技能型人才的重要基础,同时也是更加需要战略推进和加强的薄弱环节。《十年规划》提出的建设重点包括加快职业教育信息化发展环境,有效提高职业教育实践教学水平,利用信息化支撑高素质技能型人才的培养。对职业教育的资源平台和学习系统方面,也提出了更高的要求,同时继续开展职业教育专业教学资源库建设;推进高校继续教育数字化资源平台应用;启动面向部分行业的资源开放行动计划。《十年规划》进一步提出了以信息化促进人才培养模式改革,改造传统教育教学,支撑高素质技能型人才培养,发挥信息技术在职业教育巩固规模、提高质量、办出特色、校企合作和服务社会中的支撑作用。

针对职业教育的数字化学习资源建设,2012 年 1 月,教育部职业教育与成人教育司发布"全国职业教育数字化资源共建共享联盟"专业协作组名单，明确了职业教育领域的数字化资源共建共享机制，推进了职业教育数字校园的建设。之后，关于资源标准也相继推出了技术规范。2012年2月，中国职业技术教育学会信息化工作委员会发布《国家示范性职业学校数字化资源共建共享计划资源开发技术规范》，要求国家示范性职业学校建立和形成数字化资源共建共享相关规范。

2012年12月，全国职业教育信息化建设工作会议召开，按照《十年规划》和《教育部关于加快推进职业教育信息化发展的意见》的要求，进一步明确了运用现代信息技术助推现代职业教育加快发展的目标任务和政策措施。之后，国家教育资源公共服务平台（一期）开通，极大地促进了职业教育资源共享和教学服务系统的试点应用，加快了我国职业教育信息化的推进。

（四）继续教育领域

继续教育信息化是建设终身学习体系的重要支撑。2012年，《十年规划》启动国家开放大学第三批100门网络核心课程建设，探索形成网上教学规范和教学团队建设运行机制；启动20门在线通识课程和2万门微课程建设，构建基于网络自主学习和社群互动学习的新型教学模式，探索建立学习成果认证、积累与转换制度。构建继续教育公共服务平台，推进开放大学建设，面向全社会提供服务，为学习者提供方便、灵活、个性化的信息化学习环境，促进终身学习系统和学习型社会建设。

在推进继续教育数字资源建设与共享，建立继续教育数字资源建设规范和网络教育课程认证体系方面，相应地出台了《2014年教育信息化工作要点》、《2015年教育信息化工作要点》，其中都明确指出支持精品在线课程的制作和共享，启动国家开放大学网络核心课程建设等。通过这些规范的建立，探索国家继续教育优质数字资源公共服务平台的建设模式和运营机制，鼓励建设各类继续教育优质的数字资源库；充分利用包括有线电视网在内的公共通信网络，积极推动教育资源进家庭；进一步推进我国职业教育信息化发展，建立优质数字教育资源的共建共享机制，为全社会各类学习者提供优质的数字学习资源。

为了丰富继续教育的资源建设和共享需求，2012年5月教育部制定《精品资源共享课建设工作实施办法》，北京大学、清华大学等高校的优质教育资源以"中国大学视频公开课"的形式在网络平台上向社会开放。

　　2012 年到 2015 年,是我国教育信息化飞速发展的几年,不仅是在国内的各教育阶段,也在国际舞台上显现了教育信息化的"中国速度"。2015 年是"十二五"的收官之年,也是"十三五"规划的开启之年,教育信息化建设是促进教育改革和教育发展的过程,更是推进教育现代化的过程,甚至承担着扩大教育机会、提高教育质量的使命(任友群、卢蓓蓉,2015)。"班班通"在这一时期的发展,不仅给试点学校带来了明显的效益,而且从课程资源开发、传输使用和课堂融合等内容方面深入推进了教育信息化建设,承载着对教育产生"革命性影响"的厚望,为后续"网络学习空间人人通"的建设与发展奠定了资源和平台应用的基础,其数据库和信息系统的建设也为后续的教育数据革命"埋下伏笔"。

第六章

『人人通』：技术与教育走向深度融合

　　信息化时代,利用信息技术提高教育质量、实现教育变革成为各国教育信息化发展的重中之重。2012 年至 2016 年的五年内,我国以"网络学习空间人人通"(以下简称"人人通")建设为核心任务,进入了技术与教育深度融合的阶段。"人人通"既是教育信息化"十二五"期间所提出的"三通两平台"建设的最后"一公里",也是 2016 年教育信息化"十三五"规划发展目标的开启,是我国教育信息化发展历程中的里程碑事件。

　　从纵向上来看,以"人人通"为标志的网络学习空间建设,意味着对教与学方式的进一步变革,这是对此前的"宽带网络校校通"、"优质资源班班通"的进一步深化。根据联合国教科文组织 2005 年描述的"起步、应用、融合、创新"技术与教育融合路线图,我国在 2012—2016 年已经开启了融合的阶段。信息技术支持的学与教的变革是教育信息化系统改革中的关键,这一阶段教育信息化发展的技术环境、经济环境、社会环境都日趋成熟。大数据、人工智能等技术出现了前所未有的爆发式发展;移动互联网的出现带来了足够的便利和好处,使得整个社会对技术形成了高认可度;平板教学、翻转课堂、在线教育等教学模式,从试探走向了深化。国际方面,两次国际教育信息化会议在青岛召开,标志着我国教育信息化事业国际化进程的加速推进;国内方面,教育信息化的战略性地位逐步稳固,如中共十八届五中全会公报提出要实施"国家大数据战略",这是大数据第一次写入党的全会决议;2016 年《教育信息化"十三五"规划》更是提出"形成与教育现代化发展目标相适应的教育信息化体系,充分发挥信息技术对教育的革命性影响作用"。

　　从横向上来看,"人人通"带动了我国教育信息化在资源、网络、应用、产业、人才、标准等方面的全面发展,比如"人人通"强调融合创新教学模式、学习模式和教育资源的共建共享模式等;再比如依托网络学习空间逐步实现对学生日常学习情况的大数据采集和分析,信息技术的应用开始从单一的"技术辅助"走向"学习环境"的创设。慕课等新型课程形态的发展从初见曙光到如日中天仅五年时间,相应的教育思潮和理念席卷各教育领域;国家"三通两平台"中的"网络学习空间人人通",集成网络教学、资源推送、学籍管理、学习生涯记录等功能,为变革学与教方式提供了切入点;2015 年教育大数据和互联网元年,体制内外的信息化发展联动,服务于教育信息化的公司、产品的涌现频率日趋加大,一大批国内优秀品牌迅速崛起,成为社会化学习行业中的翘楚;众创空间、STEAM 教育、创客教育等新型教育模式持续升温;多项教育信息化标准出台,规范信息技术产业发展。

本章目的是刻画我国以"人人通"为标志的技术与教育走向深度融合阶段的全貌。第一节关注资源建设,解读最具代表性的慕课(MOOC,Massive Open Online Course,即大规模开放式在线课程)、微课(Micro-lecture 或 Micro Courses)与私播课(SPOC,Small Private Online Course,即小规模限制性在线课程)三大课,包括其在国内的生发过程,对中央与地方层面实施与部署情况的梳理和反思,并展望三大课今后一个时期可持续发展的新思想、新路径。第二节关注网络化学习空间建设,包括阐述空间在学与教方式变革上的抓手作用,探讨空间的模型构建与应用研究,并解析相应的典型案例。第三节关注教育大数据驱动的信息技术应用,分析大数据作为信息技术深度应用的源头活水作用,解析一线学校及教师对大数据的认同与需求,梳理以大数据为驱动的教、学、管、评四类应用模式,并辅以案例进行说明。第四节关注"互联网＋教育"产业链,包括互联网对教育行业的颠覆性创新,我国"互联网＋教育"的产业发展现状,并试图对我国"互联网＋教育"领域的学习者进行画像。第五节关注创新型人才的培养,包括创新型人才培养的理论基础,各地区结合当地特色开展的一系列课程改革、模式创新的项目活动,以及创新型人才培养的方法。第六节关注多项教育信息化标准,包括基础教育、职业教育、高等教育、继续教育、教师培训等领域特定的教育信息化有关标准,以及这些领域通用的共性基础标准。

第一节　如火如荼的互联网教育资源新态势

2016 年是"十三五"开局之年,回顾过去五年来教育信息化建设突飞猛进的发展,技术与教育深度融合大背景下,MOOC、微课与 SPOC 发展战略从初见曙光到如日中天仅用了五年的时间。通过这三类新型教育现象观察教育信息化本质是教育专家、学者研究的热点,也是奋战在一线教师开拓事业的桥头堡。

本节重点解读三个具有时代特色的网络教育应用,即 MOOC、微课与 SPOC。首先从这三类课程形态的发源回顾其在国内的启蒙过程,即它们的教育思潮和理念;然后对三类课程形态在我国教育行业发展的现状,及其在国家和各地的实施与部署情况进行梳理和反思,即统筹在高等教育状态下和分散在初等教育中,三类课程形态各自领域现有的生态体系环境;最后,以教育研究者与教师双重视角展望这三类课程形态今后可持续发展的新思想、新路径,即未来应对 MOOC、微课与 SPOC 可能碰到或触及的一些教育自身变革时,能更好地在中国实现做大做强的期许和设想。

一、MOOC 与"数字海啸"共舞

MOOC 打破了多种课程资源壁垒,把更高品质的教学内容更有效地传播给所需者。美国高校率先推出 Coursera、edX 和 Udicity 三大 MOOC 平台,随后引领了全球的 MOOC 浪潮,世界众多知名大学纷纷加盟,向全球学习者开放优质在线教育资源与服务。

(一) 近五年中国 MOOC 行业准入与开拓

MOOC 从 2012 年起在全球"互联网＋"浪潮中自由搏击已近五载。国内更是对 MOOC 寄以"颠覆传统教育"的厚望。EduSoho 于 2013 年上线,标志着 MOOC 品牌中国化的里程碑。国内各领域业内人士与专家共同的探索,逐渐形成了对 MOOC 产品较为清晰的认识,不单单将 MOOC 视作技术层面的系统,更将其归结为一套完整的在线教学与学习体系。MOOC 一般具有如下特征:首先,作为一门课程,MOOC 符合课程标准的设计要求,课程要素完整而且系统化,能从学生学习角度出发解决以往远程授课的课堂形式松散问题,通常有针对某个主题的完整视频;其次,MOOC 具有完善的在线测验与课后练习,测验不仅是检验学生成绩的标准,而且是检验教师教学效果的主要依据,只有完善的测验平台才能佐证学生的学习效果;第三,相当一部分 MOOC 是面对所有人免费的,因此 MOOC 是互联网资源开放的产物,是教育公平的体现,是学习终身化的良好机会;第四,MOOC 支持学习者之间的互动交流,创建网络论坛是课堂互动网络化的必要形式,MOOC 论坛一般会针对每节课的内容,进行针对性的问题讨论。

在开拓 MOOC 中国教育之路的过程中,MOOC 的课程数量、在线人数始终稳步增长。而这个稳步增长的态势也说明 MOOC 得到了广泛的认可。同时,人们也注意到 MOOC 并没有出现原先所预测的"元年"、"浪潮"、"革命"、"造成失业"、"海啸"、"风暴"、"颠覆"、"大学关门"等激进的变革,这恰恰印证 MOOC 不是互联网的快速消费品,而是回归了教育的本质。在 MOOC 稳步增长的前提下,如何使用好 MOOC,是未来探索各种 MOOC 场景、机制与模式的重中之重。

回顾以往互联网教育应用走过的曲折路程,我们也曾追求过网络课程的各类应用开发与建构,树立了较为成熟的网络学习价值观,但总体上都受制于这样或者那样的局限,如资源的匮乏、在线活动的缺乏。而 MOOC 带来了世界顶尖大学的课程资源,为互联网学习注入了海量充沛的资源与氛围友好的课堂环境,开放的 MOOC 课程人人可学之,这便是 MOOC 的价值所在。

(二) 国内 MOOC 资源分布现状

五年来,MOOC 在国内政策中得到了充分重视。教育部出台的《教育部关于加强高等学校在线开放课程建设应用与管理的意见》、《教育部 2015 年工作重点》与《教育部 2016 年工作重点》,相继指出未来要推动和促进高等学校参与 MOOC 制作、搭建服务平台,加大相关领域的服务创新,以求充分运用市场机制实现诸如 MOOC 的各种类型互联网开放课程的发展及应用。

第 40 次《中国互联网络发展状况统计报告》显示,截至 2017 年 6 月,中国在线教育用户规模达 1.44 亿,在线教育用户使用率为 19.2%。互联网教育规模增加的同时,《2016 年中国慕课行业白皮书》显示,MOOC 预计到 2016 年底注册用户数将达到 1 150 万。MOOC 的教育规模逐渐变大之时,更应该考虑如何做强。[①] 从国内情况来看,MOOC 由高等教育领衔,信息技术企业和在线教育服务供应商搭建平台,携手国外较为成熟的 MOOC 运营机构落地生根。在这个过程中,国家、地方两级教育部门又起到了双重鼓励与政策支持的作用。

自 2013 年 5 月北京大学与清华大学率先加入 edX,其后上海交通大学与复旦大

---

① 教育部:《教育部在线教育研究中心发布 2016 中国慕课行业研究白皮书》,http://www.moe.edu.cn/jyb_xwfb/s5147/201610/t20161011_284285.html,检索日期 2017 - 8 - 22。

学参加 Coursera,这是国内学校通过国际合作迈出中国 MOOC 的第一步。同年 10 月,清华大学牵头与其他 C9 联盟学校合作建立第一个中文 MOOC 平台"学堂在线"。2014 年期间,上海交通大学研发"好大学在线",实现跨区域性第二专业高校 MOOC 学分互认机制。紧接着,爱课程与网易云课堂联合创设"中国大学 MOOC 平台",使 MOOC 资源能够全面覆盖国内高校。至此,国内 MOOC 资源从点、线、面达到了投放教育市场标准的要求。从其课程形式上来说,以上这些 MOOC 课程资源由视频、幻灯片讲义演示与扩展阅读和文献构成。课堂组织形式兼有自主学习、随堂测试、作业和翻转课堂形式的专题讨论,最终通过颁发学业证书来确认学生是否达到了课程标准。

(三) 对 MOOC 海量资源的展望

回眸五年来的 MOOC 发展,MOOC 处于稳步前进的态势。如何判断 MOOC 在中国未来的发展? 五年后 MOOC 又将何去何从? 当前 MOOC 中国化在不断摸索中前进,特别是在自主性与多样性设计、教学教改支持等方面展现了自身的优势和魅力。中国的 MOOC 沿着中国国家战略发展的轨道,实现满足用户个性化需求的私人定制;以体制和机制的创新为先导,必将重构教育生态系统。然而,我国 MOOC 的发展仍存在很多瓶颈问题,如已有平台基本都以视频为核心教学资源,以讲授为主要教学模式,交互工具的使用效果不佳。未来,我国的 MOOC 平台还需要朝向提高运营服务效率、完善交互手段、丰富教学支持、加强质量保证几方面努力。

二、碎片化资源聚焦于微课

微课主题鲜明、指向清晰、结构紧密,已经成为我国开展教与学创新的重要资源形式。可以说,微课是一种针对性较强的学习资源,区域性微课资源已经成为各地课堂教育的重要辅助形式。

(一) 触摸中国微课教育的真实质感

国内教育工作者基于已有教育信息资源利用率低的状况,推出以视频为载体的教学资源新模式——微课,包含了"微课程"、"微教学"、"讲座"等形式。微课在中国落地过程中,着重提出"半结构化、动态生成"的教学资源的灵活性配置,以求提高微课程资源的利用率。众多学者探讨了微课的界定。微课可以定位为传统课堂学习的一种补充与拓展资源,需要契合移动学习、泛在学习等理念;并且是基于建构主义方法、以利于在线学习或移动学习为主要方式呈现的教学内容。

国内的微课设计思路多坚持双主体的理论，强调个性化学习与体验，重视教学的应用效果。微课开发过程中特别强调课堂翻转的效果，重视学生课前预习。微课资源围绕某一单一的教学环节或知识点铺设，课程内容精准到位，而在资源的构成类型上突出视频资源的核心作用，但不拘泥于单一形式；微课资源体系结构扁平化，集成度与关联度双高；资源粒度密度低，教学安排紧密符合学习者的心理诉求，即自控步调有助于个性化辅导教学；资源的状态设定为半结构化，有利于制作、编辑、更新和扩充。

微课分布式资源建设采取自上而下和自下而上双向结合的模式，使优质课程资源无层级、无差别分享，体现教育民主化与多元化的价值。伟大教育家陶行知曾经说过：创造力最能发挥的条件是民主。微课的去中心化资源分布方式，形式上高度自由、开放，过程上去层级化的推送与去差别化的分享，实践了教育民主化和多元化的理想。

（二）国内微课优质资源的配置

微课——微言大义，教学过程简洁明了，重点突出，主题鲜明。授课中处处彰显出微课的特点：教师语言逻辑性强，表达方式生动到位。微课的蓬勃发展与当前教育领域以学生为主体的改革主张不谋而合，这也对教育者和学习者提出了三大挑战：学习时间的合理分配、学习环境的优化与课堂主导权的转移。

微课的应用呈现出小环境大流域的特点，每个地区、每个教育单位或个人都有可能突破技术藩篱，涌现出本土化的优秀作品。在本书写作团队前往山东沂蒙老区开展教育信息化调研期间，许多学校提到临沂市教育部门创设的"沂蒙学堂"微课对于当地实施翻转课堂的重要作用。山东向来是我国的基础教育大省，"沂蒙学堂"面向当地小学教育，完整覆盖各个学段各门类学科教学，微课资源符合当地所使用的教材版本。此外，"沂蒙学堂"筹划了中考专题资源服务于当地需求，中考专题中语文、数学、外语、物理、化学各个板块完整，内容上以单个知识点为切入口，视频时间均控制在 10 分钟左右，将教学内容精准投放，最大限度上发挥微课的作用，十分值得国内外同行借鉴。

"沂蒙学堂"在当地几所中学中逐渐铺开，也是近两年当地教育部门会同学校、学生和学生家庭一同努力的结果。学生兴趣浓厚地从电子设备踏入了不一样的课堂世界，学校通过招标方式引进软件平台，教师录制自己拿手的课程资源，最后由教育部门统一协调，一套极富地方特色的微课跃然网络之上。

三、SPOC 量身打造，走得更远

SPOC 更加注重私人化、资源个性化，是一种通过整合线上课程资源、结合线下辅导来巩固教学效果的混合学习模式。相比于 MOOC，SPOC 针对的学习者规模更小，并且会对学习者设置准入条件，只有达到要求的申请者才会被纳入。

（一）笃行不凡的 SPOC

SPOC 教学资源已经成为 MOOC 的子集形式。MOOC 授课的同时针对部分学生启动 SPOC，这部分学生一面参加 MOOC 学习，一面通过独立渠道（如：在线平台讨论与线下的翻转课堂等）形式完成 SPOC 学习活动。SPOC 实验进一步显示，相比传统课堂，SPOC 使用 MOOC 视频比指定的阅读材料更能吸引学生认真准备，激发其参与度，对那些学习动机不足的学生而言尤其如此。[①]

SPOC 改善了 MOOC 的资源利用率，改善了学生在 MOOC 平台学习中弃课率高而约束力低下的现状。由于 MOOC 众多的学习者为非主动参与者，因此教师与学生的互动不紧密，师生间交流答疑不及时，教学资源过度平均分配。而 SPOC 实现了教学资源的私人定制，为教学品质稳定提供了机制保证。个人因智力水平与文化背景等差异，自我学习水平皆有不同。SPOC 的一种形式是高校教师对自己的教学班级开设 MOOC，以翻转课堂的形式进行教学；另一种形式是从庞大的学生基数中甄选出部分学生，入选者须保证学习时间和进度，参与在线讨论，完成规定的作业和考试等。SPOC 建立了更加直接的师生关系，教师可以更有精力把握学生的学习状态。

周期或间歇的 SPOC 离线交流模式，统一了学生的学习进度，降低了成绩的差异分布，做到学习问题从"广谱型"迈入"特效型"时代，求得对症下药的成果。在课程资源配置、经济效益与成绩认定层面上，SPOC 范围内的网络视频是经过教师甄选后的结果，为学生节省了更多的学习时间和精力。SPOC 课程资源当前更集中在一些专业领域，学习者通过它能及时掌握新技术、新领域，补充与完善知识体系。

---

① Oremus，W. ，"Forget MOOCs：Free online classes shouldn`t replace teachers and classrooms. They should make them better"，http://www. slate. com/articles/technology/technology/2013/09/spocs_small_private_online_classes_may_be_better_than_moocs. html，检索日期 2017 - 7 - 22。

从可持续发展的视角来看 SPOC 的合理经济支出,此类应用虽没有惠及全体学习者,却更强调学习者的责任,这并非背离网络开放形式下教育的初衷。特别是,SPOC 量身打造保证了学生本人的听课质量,也兼顾到线下作业和考试。SPOC 可打造出更高的课程证书含金量,提高社会认可度。微观视角下 SPOC 的面目越来越清晰,生态环境也越来越稳定。这进一步显示了 SPOC 在国内研究推广的必要性。

(二) SPOC 在中国应有一席之地

2013 年下半年清华大学开国内 SPOC 之先河,以 SPOC 形式开设专业必修课"电路原理"、"C＋＋程序设计"和国际课程试点"云计算与软件工程"实验课程,将这几门课程提升为必修课,作为学习者进一步学习其他课程的准入门槛。清华大学"学堂在线"数据结论显示,2013 年春季采用传统教学形式与秋季采用 SPOC 形式课堂测试成绩对比为:优秀率由 30％提升至 58％;不及格率由 9％下降至 5％;平均分则由 77 分提高至 85 分。

由人民网主办的人民慕课(mooc. people. com. cn)倾力打造了为企业人才发展战略服务的专属 SPOC 云课堂学习系统。该系统突出 SPOC"小规模、限制性"的优势,集学习、监管、反馈为一站式管理。SPOC 云课堂为服务企业而研发定制版培训课程,再由大数据分析,实时反馈企业员工的培训详情。

SPOC 云课堂融入了在线培训、培训课程设置、学习跟踪、在线培训考试系统等几大功能模块,实现线上与线下培训管理、监控、考核的完备课堂教学活动。SPOC 云课堂帮助企业构建学习管理平台、学习资源平台与企业知识管理平台,让企业高效且自主灵活地与员工进行双向互动,完成岗位技能再学习。SPOC 云课堂可全程掌握企业员工的学习情况,使学习效果反馈有据,并以报表形式推送至企业管理层,通过数据分析调整考核与培训内容。

SPOC 云课堂的优势在于专注企业专属私有空间,其相对封闭式的私有学习平台,确保商业涉密课程安全及雇员信息不外泄。此外,根据企业运营特点,SPOC 云课堂配合网页与人民网公众号实现全开放式学习,摆脱了时空限制,使培训、学习灵活快捷,符合当前较为普遍的碎片化学习习惯。

(三) 关于 SPOC 的探索与发现

SPOC 对 MOOC 教学理念的再次延伸,将使我国的教育资源建设走得更远、更精彩。名校,是一页历史的积淀,是一股前行的动力,更是一笔丰富的资源。相对于名校不遗余力的品牌推销,SPOC 恰好迎合教育拥趸对名校优质资源的需求。精英教育不能被锁定在精英校园内,优质的教学资源也不应局限在中国,为迎合"走出去"战略,国内教育势必需要得到世界范围内的检验。哈佛大学罗伯特·卢(Robert A. Lue)教授认为,SPOC 的重要性在于在线学习已经跳出了复制课堂课程的阶段,正在努力创造一些更加灵活和有效的方式,如果大学意识不到这一改革信号,认为 MOOC 只是传统课程的视频集,设计出的在线课程与传统课堂没有本质的区别,那么毫无疑问,大学将处于危险之中。①

SPOC 环境中教师回归了课堂,继续担当课程的主角。在课前、课上、课下三个教学环节为学生整合、优化教学资源,组织互动与单独解惑答疑,改变以往网络课堂单调、间接的交流过程,使教与学的热情复活。增大课堂教学转化率,形成看得见的教学质量提升,需要依靠教师在课堂上解放课堂教学活动,灵活选择教学资源配置。

SPOC 强化学习动机,增强学习体验的成效明显。SPOC 做到量体裁衣,区别对待学生课程,强化专业支持力度,自始至终都贯彻课程的完整体验,使学生达成学习目标。

第二节 酝酿中的"空间革命"

2012 年以来,各区域、学校在前期统一化、规范化的基础设施建设基础上,进入了网络学习空间的深化建设阶段,学习空间变革成为这一时期教育信息化建设的重点工作和核心目标。特别是"网络学习空间人人通"的建设,标志着我国从政策层面已经开始注重个人学习空间的建设,既为教育大数据分析奠定了基础,也与互联网的开放、共享思维相互契合。

本节首先阐述网络学习空间的内涵与范畴,特别是强调网络学习空间促进学与教方式变革的抓手作用;其次分析目前对于网络学习空间的建构模型与相关应用研究;

---

① BBC NEWS, "Havard plans to boldly go with 'SPOC'", http://www. bbc. co. uk/news/business-24166247,检索日期 2017 - 7 - 22。

最后通过案例,具体分析网络学习空间在实际中的作用方式。

一、"人人通":空间革命的沿袭与深化

(一)网络学习空间的内涵:学与教方式变革的抓手

"网络学习空间人人通"之所以在政策中被提到了相当的高度,主要由于它是实现学与教方式变革的基础。教育部等九个部门在 2012 年联合印发《关于加快推进教育信息化当前几项重点工作的通知》中,将"网络学习空间人人通"部署为今后一个时期推动信息技术与教育教学深度融合的重要手段。推动"网络学习空间人人通",有助于促进教学方式与学习方式变革,实现教与学的有效互动。可见,"网络学习空间人人通"的意义并非仅仅是指师生开通网络个人账号,而是其所蕴含的学与教方式变革的意识与理念。

首先,网络学习空间代表了个体学习方式的变革,它是面向个性化学习的服务层,是与学习型社会建设需求相适应的信息化教学支撑体系。学习环境伴随着学与教活动的发生而出现,而技术正在为学习者开辟新的学习环境即虚拟空间,现实与虚拟空间的彼此联通,极大地拓展了学习者的学习视野,数字化世界成为人们学习不可或缺的部分。这样一个时代,人类的学习方式发生了深刻变化,学习的时间、地点、方式、内容越来越具有自主性。网络学习空间可突破时空限制,为学习者创设新的学习机会;网络学习空间中信息资源的多源性、可选性、易得性、及时可达性,将从本质上改变信息资源的分布形态和人们对它的拥有方式,实现教育关系的重构。[①] 网络学习空间可以创造无所不在的学习环境,提供丰富多样的教育资源和灵活的学习支持,使学习者能随时、随地、随需开展学习。

第二,网络学习空间注重成员之间的联通,学习的社会化过程受到了关注。"网络学习空间人人通",通的是实名制的网络教与学环境,教师、家长、学生在空间中可以进行不同维度的交互与沟通,每个人都可以成为网络上的节点,实现各类角色的全方位协调。在基于社交网络模型的学习环境平台中,每个人都可以成为互联互通的节点,学习者可以根据自己的需求"以不同的方式进行联通、重组和再造"。基于社交网络模

---

① 祝智庭,管珏琪:《"网络学习空间人人通"建设框架》,《中国电化教育》2013 年第 10 期,第 1—7 页。

型的网络学习空间设计思路，能够契合社会建构主义、联通主义等学习理论，更加符合网络时代学习的社会性、关联性、分布性等特征。

第三，网络学习空间表明了学与教的方式从课堂学习拓展为网络化的泛在学习。空间集成了网络教学、资源推送、学籍管理、学习生涯记录等功能，学生可以开展预习、测验、拓展阅读等，学生个体的课前、课中、课后学习得以打通，将产生新的学习可能性。网络学习空间还实现了不同学段学生的数据纵向衔接，促进对整个学习生涯的关注。

（二）网络学习空间的范畴

尽管网络学习空间的范畴界定仍存在一定的差异，但基于已有研究对其内涵的探讨，可以从以下两方面来理解：

第一，需要辨别网络学习空间与相关网络空间之间的区别。从使用目的的角度来看，网络学习空间具有网络空间的一般特性，也有着以学习为主要交流目的的特殊属性。一般性指相仿年龄段的成员间基于共同的兴趣、学习内容进行交流互动，特殊性指交流的核心是某个专业领域或某门学科，而非博客、维基等社交网站上一般意义的信息与知识。祝智庭、管珏琪和刘俊从数字学习环境研究趋势的视角分析了网络学习空间与虚拟学习环境（VLE）和个人学习环境（PLE）的不同，指出以 Web CT、Blackboard、Moodle、Sakai 为代表的 VLE 强调以正式课程为导向，自上而下地设计和管理学习；以 Blog、Wiki、RSS 为代表的 PLE 则面向非正式学习，强调以学习者为中心，自下而上地设计和管理连接，学习内容来自网络、共同体、同伴等；而我国要构建的网络学习空间则属于一种个人学习空间（PLS），作用域包含正式与非正式学习情境。①

第二，对网络学习空间的理解，还要依据技术的发展脉络进行符合时代发展阶段与技术特点的解读。近 20 年来，网络学习空间相关技术的发展经历了四个阶段，即计算机网络技术驱动的技术融合阶段、移动互联技术驱动的技术融合阶段、大数据分析技术驱动的技术融合阶段、人工智能驱动的技术融合阶段，值得强调的是，网络学习空间的概念是随着这些阶段在不断演变与发展的，需要结合不同技术时期的关键驱动技

---

① 祝智庭，管珏琪，刘俊：《个人学习空间：数字学习环境设计新焦点》，《中国电化教育》2013 年第 3 期，第 1—6 页。

术,厘清网络学习空间的功能和作用。可以说,学习空间的概念是逐步发展的,从早期正式的、实体的、物理的环境进化到非正式的、虚拟的数字化学习环境,进而过渡到现今的网络学习空间。

二、网络学习空间的模型构建及应用研究

(一)模型构建

国内有关网络学习空间的建设模型,多是从网络学习空间所应包含的基本元素视角出发并提出相应的框架,个别研究兼具技术分析,代表性研究如下:

从网络学习空间模型的元素角度来讲,祝智庭与管珏琪从空间结构、接入环境、支持服务和用户能力四个维度建构"人人通"建设一般框架,这里的框架是一个基本概念上的结构,用于解决或处理复杂问题。[①] 其中空间结构包括角色空间、资源空间、工具空间、过程信息空间以及协调机制等;接入环境包括校内定点上网、校园随处上网、校外联通上网;支持服务包括校本自我维护、区域专业维护、电信专业维护;用户能力指"人人通"的建设应注重学习者信息沟通能力、资源利用能力、知识建构能力等的培养。可以看出,该建设框架并非单纯的技术方案或描述,而是涉及了"人人通"推动中的各方利益相关者。总体而言,这一框架可以为如何开展网络学习空间推广提供参考借鉴。还有研究通过联通主义学习理论对个人学习空间的启示,结合个人学习空间的概念和特征,构建了网络学习空间的概念模型。这个模型以学习活动为核心要素,以个人资源网络、个人社交网络、个性化工具集、个性化服务流为基本要素,强调让学习者将外在空间中的资源、人、工具、服务等转化为内在知识网络。可以看出,这一框架梳理了网络学习空间所应包含的各类元素,为"人人通"的实际建设提供理论层面的指导。

(二)应用研究

一些学者基于社会认知理论,研究了网络学习空间中的知识共享行为及其机制。目前学习者获取资源的行为较多,而主动提问、发帖等行为较少;学习者担心自己的行为会受到他人不好的评价,如怕别人不喜欢自己分享的内容、怕被别人认为自己"爱出风头,爱表现"等。还有一些学者同样通过问卷调查的方式,研究了网络学习空间中激

---

① 祝智庭,管珏琪:《"网络学习空间人人通"建设框架》,《中国电化教育》2013年第10期,第1—7页。

励机制、自我效能、结果预期之间的影响路径，以及这三个因素对于知识共享行为的影响，比如依据数据分析的结果，可以从学习者内部与网络学习空间外部环境两方面加以引导，以优化学习者的知识共享活动与体验。

网络学习空间在实际教学过程中的应用模式也得到了重视。泛在学习的个性化、情境化、智慧化特征与网络学习空间的功能十分契合，可以提出泛在学习理念指导下的网络学习空间的五种主流应用模式，即基于网络空间的翻转课堂模式、个性化学习模式、创客教育模式、家校协同模式和专业发展模式，对每种模型的特点、流程以及使用场景进行说明。但是目前我国网络学习空间的应用还存在一些问题，比如教学活动没有围绕网络学习空间，或者完全围绕空间而忽视其他教学工具，在学习空间深度、教学活动组织、学习空间时间分配等方面还存在不足。这些都是我国在应用网络学习空间时存在的一些共同缺点。

互联网思维对于网络学习空间的研究有着较大的启发。基于"互联网＋"的教育内涵，可以从基于学习生态圈的全局视角、基于学习操控台的设计隐喻两方面构建面向未来教育的个人学习空间新理解。网络学习空间的深化应用与融合创新已然成为"互联网＋"时代的新诉求，并基于泛在学习的视角阐述了对网络学习空间的理解。互联网为未来学习新形态提供了无限可能，微学习形态符合互联网时代碎片化、海量化的特点，并形成了能够融合物化形态的互联网与观念形态的微学习理念的微学习空间建构模式。

三、典型案例

案例6-1来自本书作者团队依托国家社会科学基金"十三五"规划2016年度教育学重点课题"我国与发达国家的教育信息化比较和推进战略研究"，在青岛教育信息化调研期间整理的访谈资料，案例6-1中有关学校和教师信息已做模糊处理。

案例6-1

网络学习空间支持下的学生能力培养

青岛某中学的校长和教师希望通过小组合作学习的形式，提升学生的探究能力和合作能力。从2012年开始，校长带领两个班围绕国家课题开展"少教多学"教学实践,六人一组开展合作学习探究,进行教学实践探究。通过调查分析,经过一段时间的教学实践,发现尽管是分组合作形式,但学生提不出学习问题,真正的话语权还是掌握在某个学生手中。经过调研发现,教学效果没有明显提升,关键在于学生在课前没有预习,没有落实"先预习后听课,先复习后做作业"的学习程序。

面对这样的情况,校长在全国范围内进行考察,最终选择一家企业的产品,吸引校长的主要是由于每个学生都可以在网络上学习课程、做习题与测验,每个学生都有自己的网络学习空间,学生的成长数据记录在空间中。教师根据预计会出现的预习难点,事先录制视频或从网上筛选好的微课,类似助人行走的小拐棍、小竹排,保证学生自主学习得以进行。学生前一天晚上在网络学习空间中提前学习,教师在第二天上课时重点讲解高错误率的习题,然后再以小组合作学习的形式,学生彼此讲解还不懂的问题。

数学课的魏老师利用一些软件对学生进行课外辅导,晚上开通网络互助学习社区,具体流程是:每晚20:30分开始,其中一个学生作为主持人,同学们拍照上传不理解的问题,会的同学给大家讲。刚开始用线上自习室时,是老师自己在讲,但对老师来说增加了工作压力,因此后来让同学们讲。学生在这个过程中,语言表达能力、逻辑思维能力、深度思考能力都得到了一定的提升。

案例6-1体现了教师如何利用网络学习空间培养学生的自学习惯与合作学习意识。可以看出,对于教学方式变革,师生都需要有一个适应的过程,教师和学生要改变教与学的习惯和模式,如果没弄清楚,只是模仿,效果反而不好。借助网络学习空间的形式,学生逐渐改变了方法,自学能力提高了,效果就显现出来了。

从魏老师的经历来看,他不满足于提高效率这一现状,而是钻研教学策略,通过晚间网络研讨、课堂点评等方式,教会学生如何互动、如何提高自主学习能力。教师走在实践一线,如果对教学有深刻的看法和洞察力,将会使得信息技术的应用更加人性化、有效化。

第三节　大数据驱动的信息技术应用

2015 年我国开启了大数据时代。大数据是信息化社会和数据化趋势下的必然产物，它对于教育教学改革的价值已经受到广泛的关注。人人生产数据、人人共享数据、人人热爱数据的社会氛围已经形成，对于教育质量的追求，不再是依靠经验，而是要用数据说话。不论是 MOOC 等在线资源的汇聚，还是"网络学习空间人人通"的建设，都为大数据的收集提供了良好的前期基础。大数据成为一种重要的证据来源，从中发现的学生学习规律、教育教学规律，可以转化为令多方满意的、精准科学的教育改进方案。

本节重点解析大数据驱动的信息技术应用。首先分析大数据作为信息技术深度应用的源头活水作用，即大数据作为"生产要素"的性质，我国教育大数据的研究历程，以及教育大数据在国务院、教育部政策中的战略性地位；然后基于本书作者团队对学校信息化调研的访谈，呈现一线学校领域及教师对于大数据的认同与需求，梳理以大数据为驱动的教、学、管、评四类应用模式，即差异化教学模式、个性化学习模式、证据型管理模式和全面化评价模式；最后，对两个典型案例进行解读，分析学校层面的大数据利用、区域层面的大数据建设。

一、大数据：信息技术深度应用的源头活水

（一）大数据成为新的生产要素

大数据在未来社会竞争中的作用，已经在一些重要的研究报告中有所预测与证实。作为世界著名的管理咨询机构，麦肯锡公司（McKinsey & Company）在 2011 年 5 月发表了一份著名的研究报告，题为《大数据：下一个创新、竞争和生产力的前沿》（*Big Data：The Next Frontier for Innovation，Competition，and Productivity*），宣告了大数据时代的到来。这份报告深入分析了大数据在不同行业的应用，囊括大数据对国民经济部门生产效率的推动、大数据的快速增长及 IT 技术对产能的贡献率等，它还预测只要给予适当的政策支持，大数据将促进生产力增长并推动创新。五年后，即 2016 年 12 月，麦肯锡公司又发表了一份名为《分析的时代：在大数据的世界竞争》

（*The Age of Analytics：Competing in a Data-driven World*）的报告，提供的事实充分表明大数据分析正在改变竞争的基础，比如苹果、谷歌、亚马逊、Facebook、微软、通用以及阿里巴巴集团利用自己的数字化平台优势，积累大数据作为公司的一项资产，建立了全新的商业模式。

工业 4.0 时代，大数据的竞争优势体现在其已经能够成为一种新的生产要素，改变产业发展格局。数字化、网络化、智能化技术的应用是工业 4.0 时代的标志，生产模式从规模化流水线转向定制化规模生产，产业形态从生产型制造转向服务型制造。通过先进的传感网络、大数据分析、软件建立具备自我改善功能的智能工业网络，数据、硬件、软件彼此流动和交互。数据的重要地位使得越来越多的人将数据看作是继土地、资本和劳动力之后的第四种生产要素，它需要像其他生产要素一样得到合理的配置，从而对生产发挥最大的效用。大数据所代表的是当今社会所独有的新型能力：以一种前所未有的方式，通过对海量数据进行分析，获得有巨大价值的产品和服务，或深刻的洞见。

（二）教育大数据的战略性地位日渐凸显

随着云计算、物联网、人工智能、数据挖掘和机器学习等信息技术的发展，教育领域中大数据的应用也逐渐走向深入。大数据被认为是继云计算、物联网之后 IT 产业的一次重大变革，具有规模大（volume）、数据种类多（variety）、数据要求处理速度快（velocity）、易变性（variability）、真实性（veracity）和数据价值密度低（value）六大特征，它在教育运用中的发展历程大致可以分为起步、探索和发展三个阶段。

早在 20 世纪 70 年代，教育领域就开始尝试以信息技术助力改善教学实践和教育，其中最具有代表性的即是源于人工智能技术的自适应学习系统。早期的自适应学习系统由专家模型、学生模型、指导模型和指导环境等子系统构成，通过对学习者的学习方法、习惯和过程进行数据采集和分析，从而改善学习者的学习方法，提高学习效率，但是囿于技术水平，自适应学习系统对改善学习的促进作用并没有得到明显的体现。发展至 20 世纪 80 年代，数据仓库开始出现，由于其具有面向主题、集成性、时变性和非易失性等特点，数据仓库成为数据分析与联机分析的重要平台。数据挖掘技术真正开始广受关注缘于第 11 届国际人工智能联合会议（International Joint Conference on Artificial Intelligence, IJCAI）上提出的"知识发现"的概念，意指从数据集当中识别新颖的、潜在的、有价值的知识，在此阶段计算机被引入教育领域，但是由于设备的普及率不高，且数据处理技术尚未成熟，因此未得到长足发展。

发展至 20 世纪末，"大数据"一词正式被提出，首次出现于 1998 年《科学》期刊上的《大数据的管理者》(*A Handler for Big Data*)一文中，随后大数据这一术语被广泛提及，引起社会的广泛关注。2002 年，美国通过了《教育科学改革法案》(*Education Sciences Reform Act of 2002*)，随后 2004 年智能导师系统 (Intelligent Tutoring System，ITS)和人工智能系统(Artificial Intelligence System，AIS)在高等教育中的应用，引起学术界对教育数据挖掘(Educational Data Mining)的研究热潮，关注学习者行为的学习分析技术也由此问世。至 2012 年，美国奥巴马政府公布了《大数据研发计划》(*Big Data Research and Development Initiative*)，投入大量资金用于提高采集、存储、保留、管理、分析和共享海量数据所需的核心技术。同年，美国教育部发布《通过教育数据挖掘和学习分析促进教与学》，该报告包含个性化学习、教育数据挖掘和学习分析解读、自适应学习系统等方面的内容。在发展阶段，数据总量和种类随着信息技术的发展而迅猛增长，政府部门和社会公众建立起大数据意识，数据所蕴藏的价值开始被关注。教育数据挖掘和学习分析技术也得到发展并应用到实践之中，而且逐渐形成规模效应。

我国教育大数据近年来发展迅速，2015 年成为中国教育大数据元年。2015 年 8 月，国务院发布了《促进大数据发展行动纲要》，将大数据定位于推动经济转型发展的新动力，重塑国家竞争优势的新机遇以及提升政府治理能力的新途径。2015 年 11 月，中共十八届五中全会公报提出要实施"国家大数据战略"，这是大数据第一次写入党的全会决议，标志着大数据战略正式上升为国家战略。2016 年 6 月，教育部印发《教育信息化"十三五"规划》，指出要依托网络学习空间逐步实现对学生日常学习情况的大数据采集和分析，优化教学模式，以"人人通"的广泛、深度应用进一步体现"校校通"、"班班通"的综合效能。《中国基础教育大数据发展蓝皮书》于 2015 年发布，针对大数据在教育领域的运用进行了提纲挈领的归纳总结，并提出教育大数据能够破解传统教育面临的六大难题，包括发展不均衡难题、方式单调化难题、信息隐形化难题、决策粗放化难题、择校感性化难题、就业盲目化难题。这份蓝皮书还指出，大数据是重要的国家战略资产、教育领域综合改革的科学力量以及发展智慧教育的基石。

二、大数据带来大影响：四类应用模式

（一）来自一线的声音：认同并需求

本书项目团队通过大量的学校调研，发现区域及学校领域、学校教师对大数据的教学应用有着强烈迫切的需求。2016年，本书作者所带领的团队获批国家社会科学基金"十三五"规划2016年度教育学重点课题"我国与发达国家的教育信息化比较和推进战略研究"，项目的主要研究内容是：借鉴发达国家或者经济体的教育信息化的成效和经验；重点聚焦我国教育信息化面临的难点和瓶颈问题，系统勾勒教育信息化发展的生态地图；开拓符合中国国情和社会文化的教育信息化发展之路，综合形成中国教育信息化的统领式战略方案。从2016年4月至2017年7月，项目组通过实地听课、现场教师访谈、案例收集等多种形式，对北京、上海、浙江、山东的区域信息化主管部门以及学校进行了深入调研，覆盖了不同信息技术应用水平、不同办学质量的学校，项目组对每个学校进行了不少于3个小时的面对面访谈，参与访谈的学校领导和教师共200余人。顾小清等做了信息技术在过去二十年教育改革与发展中的历史使命及其角色的研究，通过对访谈数据进行质性分析，发现技术带来的破坏性创新在教育领域有所显现，其中非常重要的一个方面就是（大）数据所带来的影响，比如许多学校采用了"教师建设微课和习题"的模式，授课教师表示"之前学生端和教师端是封闭的，但现在学生课下自主学习，教师提前了解到学生的知识掌握情况，平台在课上主要用于练习检测，教师能够快速了解学生的答题情况，节约了宝贵的课堂时间"。以下案例虽然未涵盖学校对大数据应用的所有需求，但最典型的需求特点已得到了体现。①

案例6-2

迫切需求：学生成长历程及学业表现

DTZX是位于上海市黄浦区的一所百年名校，非常注重学生创新能力的培养，近年来对记录学生创新活动参与情况的意识与需求越来越强。学校对创新能

---

① 顾小清，王春丽，王飞：《回望二十年：信息技术在教育改革与发展中的历史使命及其角色》，《电化教育研究》2017年第6期，第9—19页。

力的重视,缘于 2008 年上海市统一开展的"中小学生创新素养"方面的课题,虽然市里的项目结束了,但 DTZX 一直在坚持做,主要是以拓展课的形式来培养学生的创新能力,并把它命名为"CIE"(Creative,Innovation,Entrepreneurship)。项目流程是：在学生高一入学时,每个课题老师会在学校报告厅进行宣讲,通过"创新因子"的问卷测试以及课题组老师面试,按照学生的特点把他们分配到不同的CIE 项目(3D 打印、计算机编程等)。尽管目前部分老师会保留学生在 CIE 项目中的数据,但这些数据大多是手写,并且只保存易于记录的分数等量化数据,而学生在参与过程中的数据未能得到有效记录。学校王校长还举了一个例子,前几年有个学生是音乐发烧友,在 CIE 项目中主要进行后期配音的训练,凭借自己制作的曲子被国外大学录取,类似的例子还有很多。王校长指出,"CIE 目前保存的数据主要是老师手工登记的文档,各个老师的数据格式也不统一。如果有一套系统能把这些数据收集起来,我们可能会探索出一些未来教学方向的规律。"

与此同时,在教学方面,"课前预习答题,教师通过学生答题情况调整课堂教学重点"的翻转课堂模式已经实现,大幅提升了教学效率。高二数学学科刘老师说道："学校已经有班级运用平板教学,学生在平板上答题,客观题的答题情况可以由平台自动判断,教师可以将每次考试的分数登记在系统中,并且细化到每个小题的得分。学生对自己的成绩很关注,考试后会主动查看自己的分数,系统保存了学生三年中的各科考试成绩,还提供可视化功能,通过折线图、柱状图、饼状图等可视化方式,呈现学生的成绩变化与波动趋势。"负责信息化规划的李老师期待能有更好的学习分析平台,将过程性的数据和高考自主招生进行对接,为招考大学提供更加客观全面的学生成长数据。同时李老师还强调,尽管这所学校是一所高中,升学压力确实存在,但是如果有好的数据分析平台,老师和学生们都愿意去用。

诸如案例 6-2 所陈述的需求,在走访的学校中都有所提及。几乎所有学校都认同(大)数据对于目前教学流程的优化作用,并提出了更加强烈的、清晰的大数据应用需求。学校表现出对学习分析的强烈需求,希望对学生过程性数据进行采集、整理、分析、预测;学校的教育理念已经逐渐从单纯的分数评价向过程性评价转变,希望能够培养出更加全面的人才。在学科层面,教师对于学生成绩的数据分析是比较迫切的,希望跟踪学生在校期间的学科成绩,跟踪各类竞赛成绩,使大数据成为教师的"智能助手",帮助教师了解每个学生。在学校层面,学生要想实现全面发展,需要学习生涯导航,学校应倡导有个性化的课程建设。学校的课程建设是学校进一步发展的生命力,通过大数据分析,更科学地定位学生的未来发展,促进课程与学生特点间的匹配。

(二) 大数据满足需求:四类应用模式

如何利用大数据来满足现实需求,是大数据实际应用中面临的首要问题。大数据技术是 21 世纪最具时代标志的技术之一,大数据促进的学情诊断、个性化学习分析和智能决策,对于教育品质的提升、教育公平的促进、教育质量的提高、教育治理的优化都具有重要作用。教育大数据的突出作用可以概括为以下四个方面:促进个性化学习、实现差异化教学、实施精细化管理、提供智能化服务。[1] 大数据可以支持三种有效教学模式,分别是大数据支持下基于资源的数字化教学模式、大数据支持下基于交流的数字化教学模式,以及大数据支持下基于评价的数字化教学模式。同时,教育领域的大数据兼具"显微镜"和"望远镜"的功用,前者作用于个体特征画像,后者则作用于发展趋势预测,大数据支持对教育效益的追问,对教育决策的研究、对学习经历数据的挖掘以及在线学习行为的分析建模等。[2] 综合来讲,上述观点体现了大数据驱动信息技术在教、学、管、评四个维度上的应用,具体阐述如下:

在教的方面,大数据驱动了由经验到精准的差异化教学模式。教师利用学习分析技术和相关分析工具,能够获得有关学生的学习绩效、学习过程以及学习环境的信息,这些信息为教师教学的改进提供证据。[3] 在 K12 教育中,已经有多种 APP 可以展示学生答题准确率排行榜,并对学生自主学习过程数据进行收集,比如学生探索的知识板块、探索的时间和知识广度,学生进入错题板块的次数,这些数据实时反馈给任课教

---

① 杨宗凯:《大数据驱动教育变革与创新》,http://epaper.gmw.cn/gmrb/html/2017-04/18/nw.D110000gmrb_20170418_3-13.htm,检索日期 2017 - 8 - 12。

② 顾小清,郑隆威,简菁:《获取教育大数据:基于 xAPI 规范对学习经历数据的获取与共享》,《现代远程教育研究》2014 年第 5 期,第 13—23 页。

③ 顾小清,张进良,蔡慧英:《学习分析:正在浮现中的数据技术》,《远程教育杂志》2012 年第 1 期,第 18—25 页。

师,以便任课教师基于数据做教学反思。在高等教育及社会化学习领域,MOOC 等学习平台可依托大数据构建学习者模型,对其线上课程进行评估,调整学习顺序,优化学习策略,从而实现在线情境下的多样化和个性化教学。总之,建立基于大数据和学习分析等现代信息技术支持下的精准教学,可以解决"教学从哪里开始","采取哪种教学策略","教学干预的最佳时机"几个问题。

在学的方面,大数据驱动了由统一到定制的个性化学习模式的转变。在"素质教育"、"课堂转型"、"创客教育"、"高效课堂"等呼声渐高的形势下,学生学习的自主性与针对性越来越成为这些教育状态所追求的目标。目前的学习分析技术已经可以通过对学习者学习背景和过程的数据进行测量、收集和分析,从海量数据中归纳不同的学习风格和学习行为,精细刻画学生特点,进而提供个性化的学习支持。运用学习分析的方法,可以让学生进行自我评估、自我需求分析、自我导向学习、学习危机预警。"网络学习空间人人通"、未来智慧教育的建设以及移动互联网所带来的各类在线教育,为分析学生行为提供了数据来源。学习分析仪表盘实现了知识生成与教育数据挖掘结果可视化,能够支持学生自我认知、自我评价、自我激励和培养学生社会意识。

在管的方面,大数据驱动了由粗放到科学的证据型管理模式。在教育技术领域的研究与实践中,技术对于数据管理的潜能一直是重要的领域之一,即利用技术来挖掘教育数据以达到对教育教学系统改进的目的,基于数据的决策是大数据驱动的一种重要教育管理形式。2015 年《中国基础教育大数据发展蓝皮书》指出,大数据既可以全面透视宏观领域,又可以深度剖析微观层面,基础统计数据透视教育进展、管理大数据提高教育决策水平、大数据检验教育政策实效是教育大数据服务于教育政策的三种方式。随着学习分析技术的不断发展,其教育分析能力也需要从基础性分析、推测性分析发展到更加成熟的预测性分析,集成分散式服务、嵌入式共享服务以及独立式共享服务三种运营模型,实现对教育干预的决策洞察和预测水平。

在评的方面,大数据驱动了由单一到多元的全面化评价模式。数字化教学模式中的评价,通常包括学习方式评价、学习过程评价和学业水平评价等多个方面。[1] 大数据的介入使得教育评价的内涵与功能得到深化,为每一个学生的终身发展提供了可能

---

[1] 何克抗:《大数据面面观》,《电化教育研究》2014 年第 10 期,第 8—16 页。

性。以往教学中基于提问、测验、考试的评价方式,往往效率不高且缺乏整合,而在大数据环境下,学生的学习进度、学习过程、学习兴趣与知识能力水平等多种数据和信息能够被及时、有效地收集,从而满足不同教育参与者的需求。大数据重在对多维、大量数据的深度挖掘与科学分析,以寻求数据背后的隐含关系与价值,这有助于将教育评价从基于小样本数据或片段化信息的推测转向基于全方位、全程化数据的证据性决策。

三、案例分析

案例6-3来自本书作者依托国家社会科学基金"十三五"规划2016年度教育学重点课题"我国与发达国家的教育信息化比较和推进战略研究",在上海教育信息化调研期间所整理的访谈资料,案例中的学校名称已做模糊处理。

案例6-3

借力大数据定制课程

FBXX是位于上海市郊区的一所小学,目前生源构成基本上50%是就近入学的本地孩子,50%是农民工随迁子女。FBXX在2016年11月开展了两项重要的信息化项目:第一,开展基本素养的评测,这项评测是跟LS公司合作进行的,希望对学生的四大关键素养进行评测,而且这项评测安排在小学一年级。学校校长介绍:"我们之所以从一年级开始评测,就是希望从入学就开始关注学生的一些关键素养培养,在一定程度上为学生未来的发展定位,并对培养学生的真实兴趣有所帮助。在未来,我们还会继续对这一批孩子进行定期的测试,以此长期追踪孩子们的个性化成长。"整个领导层面对于信息化的价值还是充分认可的,意识到数据分析对于孩子未来发展的重要意义,所以校长表示希望能从一年级开始落实信息化的内容和建设,为孩子未来的发展提供一个更为精确的判断。这位校长表示,现在学校都倡导个性化的课程建设,学校的课程建设体现了学校发展的生命力。通过大数据分析,课程才会更加适合学生。特别是很多农民工随迁子女

在小学毕业后就要回到老家读书,这部分孩子的教育需求与别的学生是不一样的,需要结合学生的实际情况定制课程。

第二个项目是引进运动手环设备,对学生的体能训练进行检测、评价。从直接效应上来讲,运动手环监测孩子们在体育课上的一些身体机能,或者运动量的数据变化,对孩子们的体育课效率提升非常有帮助。据FBXX的副校长介绍,引进运动手环背后还有一个重要原因,就是为了能够让孩子们从小养成一个健康生活、健康学习的习惯,让他们从小就产生这样的理念。该副校长说:"小孩子能够判断自己需要往哪方面再加强一点,或者我的特长在哪里,我在哪方面发展可能会更好。持续下去,孩子这种自主发展的能力和习惯会得到恰当的引导。当然提高孩子身体基本机能的素养也是最根本的。所以我觉得这个运动手环在引导我们学校的个性化定位和学校未来发展是非常有帮助的。"

这两位校长提出了未来的远景目标,就是希望能够通过技术引领健康生活,通过技术改变学生人生。技术不仅仅可以改变课堂,而且可以改变人的思维、生活、学习、人生。

案例6-3中,大数据为引导学生个性化成长提供了绝佳的机会。该校开展"素养测评"、"运动手环"等项目,恰当地运用了大数据的相关手段,在推进学生的学习与生活表现方面,强化了相应的评价方式,并表现出了对于大数据分析的需求和重视。通过获取学习者数据,可以实现学生综合素质评价管理、学生渐进式选课咨询等,不论是对于学生的学习,还是对于校本课程设计,都因为大数据的介入而得以改进。

另外,从21世纪学习者必备技能的视角来看,教育的功能不仅在于知识传递,学生的创造力、批判性思维、问题解决能力、元认知能力在未来社会中更加重要。以PISA测试为例,对比中国上海地区学生与同为儒家文化圈的韩国和新加坡学生的PISA2012测试结果,发现中国上海地区学生虽然在数学、阅读与科学素养等基础能力方面高于其他两国学生,但是未来职业生涯规划方面的能力却低于韩国和新加坡。从案例6-3来看,FBXX目前已经具备了素养培养的强烈意识,并将评价的广度扩展到学生素养与能力评价,大数据在这种转变中功不可没。随着大数据在我国战略规划中的地位逐步稳固,学校可以顺势利用大数据的优势,为实现人才培养方式转变提供充分的支持。

案例 6-4 来自华东师范大学教育学部教育信息技术学系、上海数字化教育装备工程技术研究中心与闵行中心合作的"闵行区基础教育现状分析"项目,部分细节描述参考了教育部的报道。[①]

案例 6-4

闵行区教育大数据"导航"学生成长

"以前评价一个学生的表现,通常要看老师的学期评语和期末考试分数,这并不客观和科学。"闵行区教育局信息中心张主任意识到,学生们在校园学习和生活,班级和学校的整体数据是有记录的,可是对每个孩子而言,他们的成长数据却是一天天地流失了。

突破点就在大数据! 两年前,闵行区开始依托云平台系统,为每个学生建立电子成长档案。成长档案的内容包括身心健康、学业进步、成长体验、个性技能 4 个维度,下设 14 个一级、38 个二级、53 个三级数据采集指标。学生的电子学生证,是收集数据的媒介:学生证既是学生入校离校的通行证,又是学生的健康卡,甚至参加了什么兴趣课程、社团活动,只要刷卡就能将信息存储到数据库。

学生家长兴奋地说道:"我的孩子有没有参加课间锻炼,有没有去阅览室,中午吃了什么,午休了多长时间,我都能从数字电视里面看到。"不仅如此,如果要查看学生的成长信息,家长只需要登录学生电子档案门户网站,孩子的成长数据全部都可以看到。

学校也从区里的数据库获益颇大。某学校学生的成绩排在区里中上等,但在 BMI 指标的考核方面却不尽如人意,因为有些学生的体形偏胖,超过了区里平均水平。得到这一信息后,学校有意识地关注了学生的身体健康成长,通过与家长

[①] 刘博智,宋伟清:《大数据"导航"学生成长——上海闵行区的教育管理信息化变革》,http://old. moe. gov. cn//publicfiles/business/htmlfiles/moe/s7822/201403/166331. html,检索日期 2017-8-13。

联动,共同采取干预措施。比如向学生家长推送文章,提供健康饮食指导;学校食堂提供每周食谱以及食物营养成分和热量指标;体育老师为肥胖学生设计个性化的体育"长作业",根据身体特点引导学生循序渐进地开展体育锻炼。经过一学期努力,学生的肥胖率下降,很多家长反映孩子的精神状态也比以前好多了。

该学校还在学生成长数据的分析中发现了课程方面的"漏洞",比如目前艺术类课程和综合类课程比重较大,而自然类、语言类、体育类课程相对薄弱。于是学校重新完善了课程计划,增加自然类、语言类、体育类课程,还从校外引入"身边的大自然"、"机器人进课堂"、"不一样的通话不一样的梦"等系列课程,让学生在多元课程中得到成长。

经过一年的"倒逼",学校的管理水平得到了提高,家长的满意度也不断提升。学校校长感慨地说道:"学生成长数据真是一座取之不竭的富矿!"

在案例6-4中,电子成长档案就是每个学生全面的综合素质动态发展图,呈现学生的身体素质、课外阅读、社会实践、学业成绩等数据,并以统计图表的可视化形式展示给教师和家长。在大数据的支撑下,学生的隐性状态和需求显性化,学生的成长不再是单调的分数,而是可以让多方共同感知的全面成长轨迹。基于数据分析的结果,学生的点滴进步都可以得到引导,而潜在的问题则可以得到破解。

在案例6-4中,区域层面大数据的收集是一个亮点。尽管全社会层面都在重视大数据对于教育教学改革的作用,但对于如何构建大数据平台还有很多实践层面的困惑。闵行区的大数据平台建设提供了很好的参考。第一,我国大部分中小学校云计算基础还不够高,维护一个数据"存储池"需要投入一定的人力、物力和财力,而区域层面在教育信息化管理方面的能力相对较强,区级统一规划与配置可以有效缓解学校"势单力薄"的难题;第二,闵行区数据库建立了相应的评价指标体系,这对于收集哪些数据、从数据中得到什么结论具有"纲领性"的指导作用,提高了数据的利用价值和意义,从而避免了盲目的数据堆集;第三,区域性的数据收集,还有助于各个学校间的对比,比如案例6-4中提到的学校通过和区里对比BMI指标,调整了体育课程的设置,这些都是传统的教育管理方式不能做到的,或很难快速实现的学校改进实践。

大数据平台的建立,还可以让教育研究者和教育管理者建立更加密切的互动,形成教育改革共同体。2016年,顾小清教授领导的团队承担了"闵行区基础教育现状分析"研究项目,在已有描述性数据分析的基础上,又开展了大量深入的数据探索,试图发现学生的学习规律、生活规律,各变量之间的关联、因果关系等。例如是否不同类别的学校在管理方式和小学资源上的差异导致了兴趣课、学校活动和学业成绩等诸方面的差异;而作为学校实施学生教育主要载体的兴趣课、学校活动是否导致了学校成绩的差异。为了回应这些问题,研究团队在国内外文献梳理的基础上,建立了初步假设并形成假设模型,通过数据挖掘得出结论,如结合数据分析结果推荐五年级第一学期学生兴趣课的数量在5门比较适中,社会实践数量在5次较为适宜,主题活动数量在20次左右为宜,从而对学校教育的发展方向起到了较好的指导作用。

第四节 "互联网+教育"产业链

与"人人通"这种政府层面主导的、以学习方式变革为导向的理念及实践相比,"互联网+教育"则属于一种社会化力量,对教育这一生态稳定的系统进行了颠覆式的改变。长久以来,我国运用互联网开展教育的步伐从未停息。1996年101网校(又称101远程教育网)成立,为小三到高三年级学生提供名师课程和优质教育资源,标志着中小学远程教育的开端。21世纪初在线教育进入徘徊期,主要形式在于线上化,即教学内容、录播视频的线上化,典型案例如2003年的中国教育在线(PC端网络)、2005年的新东方在线(录播视频)。尽管有着良好的愿望与憧憬,但网校内容对用户吸引力不高,盈利模式不清晰,市场泡沫化不断,这一产业并未很好地发展下来。2012年至今,我国在线教育迎来了新一轮的浪潮,"互联网+教育"已经被写入教育信息化的相关政策文件中。不论是外部政策环境,还是互联网行业本身的技术发展,都为基于互联网的教育产业提供了良好的发展基础。

本节重点分析我国"互联网+教育"的产业链特征,首先从颠覆性创新的角度,分析移动互联网何以变革传统教育,即互联网思维使能的小众教育需求、个体智慧挖掘以及知识传播方式转变;然后分析我国"互联网+教育"产业的发展现状,包括传统的实体培训机构不约而同在转型、互联网巨头纷纷布局互联网教育,致力于新兴互联网模式的创新发展；最后，也是非常重要的，通过整合社会、互联网产业以及科研部门报告，试图对我国"互联网＋教育"领域的学习者进行画像，包括用户概览、行为画像，并特别呈现 K12 领域的学习者网络学习现状。

一、互联网对教育的颠覆性创新

21 世纪以来信息技术迅猛发展，教育似乎被远远甩在后面，各个行业都已经对信息技术产生了高度依赖，但是纵观当前的信息技术课堂，即便没有信息技术的支撑，也依然可以运转持续。直到最近几年"互联网＋教育"出现，它成为一股强烈的外部力量，推动围墙内的学校教育发生颠覆性变革。国务院副总理刘延东在 2015 年第二次全国教育信息化工作电视电话会议中指出，要把握"互联网＋"潮流，通过开放共享教育、科技资源，为创客、众创等创新活动提供有力支持，为全民学习、终身学习提供教育共同服务。

随着移动互联技术的普及，在需求量大、个性化需求特别凸显的今天，孕育了经济、社会、文化等诸多领域的新型业态，对传统产业带来了颠覆性创新和爆发式变革。颠覆性创新又称破坏性创新，用于描述通过推出一种新型产品、服务来占有原有市场或创造新市场。在教育领域，互联网高效、快捷、方便传播的特点，在学习和生活中发挥着不可替代的重要作用，颠覆性变革已然开始发生。互联网对教育的颠覆性创新主要体现在以下方面：

首先，技术的发展使得再小众的教育需求都能够快速而便捷地得到满足，教育迎来从"批量化生产"到"个性化发展"转变的契机。基于网络时代兴起的一种新理论——长尾理论，解释了互联网何以造就这种破坏性创新的生态：如果用正态曲线描述整个人群市场，传统行业通常只关注获益部分最大的人群（即曲线的"头部"），而忽略那部分需要耗费更多精力和成本的客户，互联网时代的到来则使得人们可以较低成本关注曲线的"尾部"，众多"尾部"非主流市场的汇聚，非常有可能形成比传统市场收益还大的市场。简而言之，长尾所包含的冷门产品涵盖了几乎所有人的需求，即便是再小众或非主流的服务需求，也会有服务商搭载互联网的快车，高效地进行产品或服务开发。在人人都拥有智能终端的今天，技术使能的扁平化管理模式，最大限度地缩减了供应商和受众的信息沟通层级，供应商得以更好地了解用户的个性化需求,更高效地提供差异化服务。互联网的这一特性,能够弥补传统教育领域"统一化教育"的缺陷,使得学生有更多课外自主学习的机会,为人才培养提供个性化的服务方式。

其次,技术进步充分挖掘了个体智慧与资源,教育迎来从"封闭"到"开放"的契机。互联网开放、共享与协作的特点,使得全世界的人、事件、服务、产品被相互连接,众包或共享经济模式开始迅速崛起。每个人都拥有对别人有价值的知识或才华,众包构架了一种全新的劳动力组织方式:企业利用互联网便捷、低廉的沟通方式,挖掘出隐藏于多个个体中的智慧,将闲散的创意或资源为己所用,提升自我的核心竞争力;个体具备完成任务的技能,以自由自愿的形式参加工作,满足于小额报酬或暂无报酬,兼顾自我价值实现。如果说众包使得企业对公众的智力资产储备得以挖掘,那么共享经济则是对个体手中分散资源的整合。信息通信技术在过去几年中已经引发了协作消费(Collaborative Consumption,CC),可持续性、活动的趣味性以及赚取经济利益是激发协作消费的主要因素。艾媒咨询对 2016 年中国互联网共享经济的研究报告结果显示,2016 年 73.3% 的网民愿意参与共享互动,用户对互联网共享经济活动具有较高的参与性,2018 年中国移动互联网共享经济的行业规模将达到 7 万亿元,更多的共享商业模式将会出现。具体到教育,则表现为现有的班级被延伸,不同地方的学习者可以进行资源、知识的共享。

最后,技术促进知识创造和传播方式由单向变为扩散。互联网改变了知识的创造和传播方式,影响了人们的话语方式和行动逻辑。谷歌社区作为知识创造的新模式,它面向所有人开放,以用户创造内容为代表的知识创造模式已然成为一种趋势,"草根"也成为知识创造的一股不可忽视的力量。知识传播从一开始的口耳传播,逐渐演变为龟甲竹简上的文字,再到后来发明了纸张,今天移动社交和自媒体使得新形态的知识产品与服务涌现出来,基于社交网络、在线问答社区的知识交流模式,个体的传播能量被激活,人人都可以进行知识的社会化表达与分享,传统的信息权威模式正在逐步瓦解,用户对内容、消息的需求在互联网社群得到满足。互联网经济领域的社群经济也正是基于技术的知识传播方式变革:利用互联网用户关系凝聚的诸多分散的群体,更多是因共同的价值取向、行为方式、兴趣爱好而凝聚;互联网成为当今时代的重要生产力技术,也的的确确是因为这一技术造就了广泛的知识流通。

二、"互联网+教育"的产业发展现状

《中华人民共和国 2015 年国民经济和社会发展统计公报》显示,互联网教育的市场增长率位列第三(32％),与前两位的信息传输服务业(34.5％)以及电子商务行业(33.3％)相比,三者的增长率相差不大。在全球范围,2015 年中国教育科技企业的行业投资总额已超过美国成为全球第一,特别是从 2014 年到 2015 年增幅达到了72.9％,是近年来增幅最大的一年。搜狐教育发布的《2016 年中国教育行业白皮书》指出,传统教育机构、互联网巨头以及创业者是互联网教育行业的三股力量,呈现出同台竞技的局面。

(一)传统的实体培训机构不约而同在转型

以好未来、新东方等为代表的线下机构,均加大了对在线教育的项目投资。这类机构采取的主要模式是依靠直播抢占 K12 教育市场,如好未来旗下的学而思网校从录播课程转向"直播+辅导"模式,网络学员数量在 40 万名左右(占总学员的 23％);新东方于 2016 年成立北京东方优播网络科技有限公司,以在线直播课为核心,辅以在线一对一课程、私播优选录播课等方式。针对线下教学中心尚未触及的四五线城市,这种模式为覆盖更多用户提供了途径。

(二)互联网巨头均纷纷布局互联网教育

在全球及国内在线教育热潮的带动下,互联网巨头如百度、阿里、腾讯等,竞相投资在线教育行业,如腾讯独投家教 O2O"疯狂老师";百度 1 亿美元投资沪江网;58 同城则投资了"老师好";阿里师生、淘宝同学、网易公开课、百度"作业帮"等应用呈现井喷式增长。腾讯自己拥有的"腾讯课堂"在 2014 年上线的一年内,就吸引了超过 3 000家教育机构入驻,其支持的音视频直播、PPT 演示、屏幕分享等模式,为师生提供了一个低技术门槛的在线学习环境。

(三)新兴互联网致力于互联网模式创新

新兴互联网创业者是指以互联网教育起家的机构。有些通过直播课程抢占直播市场,如猿题库更名为"猿辅导",发力在线直播课,以及学霸君推出"不二课堂"等。而"跟谁学"、"请他教"、"轻轻家教"则通过找老师的模式,对传统教育机构模式形成一定冲击。定位并瞄准特定需求的市场,也是新兴网络教育的特点,如以英语教学为主的"盒子鱼",其特点是个性化推荐、分层教学,充分满足用户的个性化需求。

三、"互联网+教育"领域的学习者画像

当下,教育行业在诸多政策、经济、人文因素的影响下正在发生巨变,随着互联网在我国的高度普及,越来越多的人习惯于使用互联网进行学习,特别是移动互联网技术的迅猛进步,互联网教育行业最美好的时代即将到来。以下内容综合了教育部与百度(2016)发布的《2016 年中国互联网行业趋势报告》,以及腾讯(2014)发布的《K12 教育市场分析报告》。之所以选择这两份报告,主要是为了保证调研结果的互补性:百度的数据样本来自网络发放的问卷,虽然覆盖了各类人群,但成人的比重较大;而腾讯的报告主要针对中小学领域,能够进一步说明 K12 领域"互联网 + 教育"的现状。

(一)用户概览

1. 互联网学习用户分布

我国网民使用互联网学习的比重方面,67％使用互联网教育产品进行学习;互联网学习用户的年龄分布方面,18—35 岁占比最大(56％),7—17 岁占比第二(32％)。可以看出,我国大部分网民都有利用互联网学习的习惯,第一代互联网民"80、90 后"是核心用户。

从用户的职业分布上来看,互联网学习用户的职业分布前三位的分别是教师(29％)、学生(23％)、企业管理者(13％);而用户所关注的内容领域,前三位分别是语言培训(48％)、职业技能培训(22％)、K12 教育(13％)。可以看出,职场人士是互联网学习的第一大人群,语言培训、职业技能培训用户热度极高。

2. 互联网教育平台使用优先级

互联网教育产品可以分为三类:以猿题库、疯狂老师、学霸君为代表的学习工具类,以 MOOC 中国、网易公开课为代表的视频课程类,以百度文库、豆丁为代表的文字资源类。调查发现,视频课程类是用户首选的教育产品(42％),学习工具其次(39％),而文字资料类占比最少(19％)。

3. 互联网学习内容分布及付费情况

在学习内容分布上,针对等级考试、IT/互联网、中小学的互联网学习内容占到了前三位,分别为 28.12％、20.11％和 15.93％。在付费内容上,办公室软件教学、C 语言教学、专业技术考级相关的课程资源付费用户最多。

4. 互联网学习与社会人才需求的拟合程度

我国人力资源和社会保障部数据显示，2016 年企业人才需求最大的五类岗位分别是 IT 技术类、工商管理类、土建类、机械类以及经济学类。百度文库/百度传课使用量最大的 8 类学习内容是外语、Java 编程、工商管理、建造师考试、美食/乐器乐理、C/C++、理财以及营销类。通过这两组数据的对比，我们可以发现互联网教育能够大幅度填补我国专业技术人才缺口，年轻人可通过互联网教育获得更好的发展机会。

（二）学习者行为画像

1. 学习目的与载体

互联网学习目的占前三位的分别是满足当前工作需求（35.6%）、兴趣爱好提升（30.74%）以及考试考证（20.52%），这表明当前近 7 成的用户通过互联网学习满足工作需要和个人兴趣爱好，可以简练概括为"前途、兴趣两不误"。通过移动端进行学习的用户比例达到 45.6%，移动学习方式已经成为主流。

2. 互联网学习用户的消费习惯

在互联网学习者可承受的资金支出情况方面，54% 的用户习惯免费，37% 的用户习惯 100 元以内，而消费 100 元以上的比例只有 9%。在影响互联网学习消费的因素中，内容的质量占比最高，其次是内容的覆盖面以及访问的灵活便捷性。总体而言，互联网学习者的消费习惯较弱，但对付费学习者而言，内容的质量是其"买单"的第一要素。

3. 互联网学习发生的地点和时段

在地点方面，家里/宿舍占比最高，其次为办公室/教室等公共场所，而公交、地铁、咖啡厅等地点的占比非常低，表明用户在互联网学习时倾向于固定的地点，正式或安静的环境氛围对于学习非常重要。在时段方面，占首位的是晚上（27.25%），表明夜晚是互联网学习发生频率最高的时段。

4. 互联网学习用户的地域分布

在地域分布上，北上广深只占到 15.59%，而省会城市、非省会城市、县级市/县城占比分别为 24.78%、24.37% 以及 21.94%。在"每天使用"互联网学习的比重方面，尽管非省会城市占比最高（38%），但其他地域也均达到 30% 以上。数据表明，近 6 成互联网学习者位于三四线城市及农村地区，偏远地区用户对优质互联网学习资源的渴求程度高于发达地区。

5. 不同地域互联网用户的学习习惯

互联网学习用户前五位的省份分别是广东、江苏、浙江、河南、山东。上传教育资源的多为东部经济发达地区的用户,下载教育资源的多为西部经济欠发达地区的用户。由此可以看出,互联网教育为教育资源匮乏地区输入了海量优质教育资源,中西部地区教育资源需求度高,相关机构在产出内容时应向中西部倾斜。

(三)K12领域学习者画像

在K12领域,2014年腾讯的调查显示,辅导机构的市场份额占21%(920亿元),在线教育占18%(478亿元)。

1. 市场认可度

在线教育相比传统教育,在自主性和内容丰富性方面有明显优势,比如67%的用户认为K12在线教育具有自主性,64%的用户认为K12在线教育的内容具有丰富性。市场对在线教育的认知度达到78%,未使用者的尝试意愿达到82%,在线教育用户付费率已经达到46%。与其他城市相比,一线城市和省会城市在K12在线教育上的用户比例更高,达到了81%。

2. 上网时间与载体

目前,我国中小学生每周上网时间达到4.02天,工作日上网达到1.54小时,周末上网达到3.17小时。与成人学习不同,使用PC端学习的学生占到57%,而使用手机学习与同时使用手机和PC的分别只有33%和22%。

3. 学习者程度分布

84%的在线学习学生学习主动性高,表明目前的在线教育更适合学习主动性更高的学生,从小学一年级到高三乃至复读阶段,都在用在线教育。普通水平以上的学生使用在线教育的意愿更强,现有用户满意率为92%,评价有效果的为96%。目标用户占K12学生总体的56%,约1.58亿人。

总体而言,互联网平等、公平、强化小众市场、削弱信息不对称的特征,已然对"互联网+教育"市场提供了利好环境。通过满足基于大数据的个性化学习、优质教育资源的获取、覆盖各类教育需求,互联网必将为教育带来颠覆性变革。

第五节 创新型人才目标

我国的人才目标在不同时代下各有其不同的内涵与解读。经济合作与发展组织（OECD）提出的"关键能力"、联合国教科文组织提出的"四个学会"，以及我国提出的"核心素养"，都旨在培养 21 世纪核心技能，包括迅速应对技术变化的学习迁移能力、分析与创新能力，以及其他不易被机器所取代的能力。目前我们正在经历技术变革迅速取代机械性工作的时代，这就要求学校在培养人才时需要注重复杂问题和复杂情境的分析能力。① 我们需要思考什么才是未来学习者需要具备的技能，思考应该培养学生的哪些核心能力，才能拥有 21 世纪具有竞争力的人力资本。

近年来，我国信息技术支持的学与教变革思路也逐渐从技术导向向学习导向转变，即从技术的角度去考虑学与教变革的问题，转变为从信息时代学习者的能力结构来创新培养方式，人才培养目标正在被重塑。我国《教育信息化"十三五"规划》明确提出要着力提升学生的信息素养、创新意识和创新能力，养成数字化学习习惯，促进学生的全面发展，发挥信息化面向未来培养高素质人才的支撑引领作用。

有鉴于此，本节将探讨创新型人才培养目标，及其发展演变的历程。信息时代下多元智能理论的提出，为创新型人才培养提供了理论基础；国家牵头，各部门配合，或各地区结合当地特色开展的一系列包括课程改革、模式创新的项目活动，大大促进了创新型思维的产出和碰撞，如创客教育与 STEAM 教育的融合加大了对创新型人才的市场需求。然后分析数字时代带来的人才培养目标转变，以及创新型人才的素质结构。最后归纳创新型人才培养的方法，包括夯实创新知识素养，构建多元课程体系；瞄准最新技术成果，积极进行课堂应用；完善创新型成果评价体系。

一、信息时代下的教育变革

当今信息时代，新科技革命和知识经济迅速崛起。当信息技术影响到教育领域，

---

① 顾小清，王春丽，王飞：《回望二十年：信息技术在教育改革与发展中的历史使命及其角色》，《电化教育研究》2017 年第 6 期，第 9—19 页。

它所带来的不仅仅是技术与工具的革新,更带来了教育观念与学习方式上的变革。信息技术为多元智能的发展提供了富有实效的活动平台,而高密度的信息资源要求学习者有更强的信息处理、应用和创新能力。在此时代背景下,多元智能理论和创新性学习方式应运而生,它们的出现与普及对于创新性人才的培养有着重大意义。

(一) 走向多元智能理论与素质结构的人才观

信息时代下的教育观念发生了显而易见的变化,在这其中,片面单一的人才观也逐渐演变成多元智能理论下的多元标准人才观,旨在倡导更为平等、开放的评价观和积极开发、因势利导的教学态度。它所提倡的不是单一素质的批量生产,而是多元素质结构的综合培养,这为创新型人才培养目标的确立提供了重要的理论环境。

美国当代著名心理学家和教育学家加德纳(Havard Gardner)首先提出了这一概念。他认为,智力不是一种能力而是一组能力,智力不是以整合的方式存在而是以相互独立的方式存在。人类的认识和思维方式是多元的,因此成长的标准也应当是多元的。教育应当竭尽全力地为每个独立的个体提供发挥优势智能创设条件,从而使每个人都走向成功。与传统智力观不同,多元智能理论倡导更为平等的学生观,认为每个学生都有其优势智能,关键是如何进行引导和发挥,即更强调后天的环境和教育对个人成材的影响。

所谓素质教育,是指根据时代社会的发展和人的发展需要,以全面提高全体学生的基本素质为根本目的,以弘扬学生的主体性为主要运作精神,注重潜能开发和健全个性发展,注重培养以创新和实践能力为根本特征的教育。类似地,多元智能理论强调以学生为中心,对学生的内在潜力进行培养与挖掘。这样个性化的因材施教、开放性的教学评价,更有利于创新型思维和创新型人才的培养。

(二) 信息时代呼唤创新性学习方式

随着以计算机和网络技术为代表的信息技术飞速发展,人们在享受更广泛的知识视域的同时,也不可避免地迎来了新的挑战:信息传播、信息增长的速度都在以几何级数的方式增长。这也意味着信息处理、信息应用的速度也需有相等倍数的提高。教学环境、教学工具的更新换代,同样也要求我们的学习模式、学习方式进行相应的调整与革新。

罗马俱乐部在《回答未来的挑战》中指出:学习总结起来有两种类型,即维持性学习和创新性学习。前者强调教师的主体作用,教师在课堂上直接将知识及解题方法教给学生,重视知识传授的系统性和方向的单一性;后者强调调动学生的学习主动性,教师仅作为知识意义建构的促进者,学生须在给出的教学情境中自行寻找解决问题的方法,从而真正地掌握新知识、锻炼新能力。若是过分强调维持性学习方式,将不可避免地使得学生以一种较为消极、怠惰的态度"接受"学习,这对于当今信息爆炸的新时代来说,不利于学生灵活处理复杂多变的新问题、新情境。因此,信息时代的学习要求从传统的维持性学习向创新性学习转变。创新性学习和研究的核心是训练思维能力和创新能力,培养高素质创新型人才。在此背景下,当务之急是确立创新型人才培养目标,从而在学习过程中有目标依据、有实践侧重,这能更好地指导创新性学习的开展实施。

二、明确创新型人才的培养目标

随着创客教育的流行,教育界更加意识到创新思维与创新能力的重要性,创新型人才逐渐取代了项目型人才成为新一代的人才培养目标。在此之后,国内外也兴起了对创新型人才素质结构的研究、分析浪潮,希望能从中归纳得出创新型人才的共性特征和必备要素,从而在今后的教育工作中更有针对性地对学生进行启发培养。

(一) 数字时代带来的人才培养目标转变

"互联网＋"时代的到来,催生了一系列学科间的重组融合以及新教育体制的试行。从 STEM 教育到 STEAM 教育再到创客教育,教育方式的转变实现了从简单学科素养到综合素养的提升,实现了从注重培养项目学习能力到创新学习能力的目标转变。

STEM 课程本身是为美国学生对理工科知识逐渐失去兴趣而设立的课程,包含四个学科：Science(科学)、Technology(技术)、Engineering(工程)、Mathematics(数学)。随后又加入了 Art(艺术),多学科融合形成了 STEAM 教育。该综合课程的开展主要基于特定项目或问题,让学生在产品制作、测试的过程中锻炼其综合运用知识的动手能力,重点培养的是具备 STEAM 学科素养,并能灵活运用多学科知识完成项目或实际难题的实干型人才。创客,顾名思义,是将创新理论付诸现实的人。在 STEAM 教育的推进过程中,工程教育是一个弱项,而创客的作品常常是非常好的工程教育案例。

因此,教育研究人员开始寻找创客理念与项目学习的共通点,将注意力转向以STEAM为基础的创客教育上来。

创客教育是指为解决中小学教育体制中创新能力培养不足等问题,而将创客理念引入中小学教育体系中,实施一系列关于创新动手技能训练的综合课程。一部分教师希望通过亲手创造东西来启迪学生,以求得学生在思维和实践上有新想法、新突破。创客教育与 STEAM 教育的融合,也使得教学评价的内容和方式更为多元化:教师通过新奇多样的学生作品对学生的科学、技术、工程、数学、艺术等多方面素养进行评价,而不是单纯的应试体制。教育研究人员逐渐开始了从重视问题解决型人才的培养到创新型人才的培养的转变。

(二) 创新型人才的素质结构

从国内外研究结果来看,创新型人才的基本素质可以从智力和非智力因素两大维度加以解释。智力因素是包括认知智力、情绪智力、社会智力等在内的直接参与认知过程的心理因素。而非智力因素是智力因素以外的一切心理因素,主要包括动机、意志、性格等因素。

这里的智力因素并不是指狭义的认知能力,而是包括其在内的多重智力。认知智力即包括记忆力、注意力、观察力、想象力、思维力等在内的传统意义上的智力。情绪智力主要是指监控自我及他人情绪从而有意识地进行良性调整的能力。社会智力是指处理和协调复杂社会关系的能力。后两种智力的提出较晚,且明显含有社会性因素。人们开始渐渐意识到智力不仅仅局限于对自身能力的挖掘与发挥,更表现在与他人的交互与沟通中。上文说到人们对智力的认识开始从单一走向多元,那么创新型人才就不应只具备单一的创造性智力,而应该在多重智力中都有良好的素质:不仅具备良好的认知智力(集中表现为创造力),还应具备卓越的情绪调控能力和社会互动能力。

仲永五岁"指物作诗立就",而后缺乏恰当的教育,也最终"泯然众人矣",才华尽失,退为常人。高智力因素虽在学习初期能够展现过人的天赋和优势,但并不能直接决定能否成材。因此,不能仅仅靠智力因素的高低来评判人才的优劣,非智力因素也应当作为一个必不可少的衡量指标。总结来说,创新型人才所需具备的素质结构为创新思维、创新意识、创新性格、创新成果。

　　创新思维，是进行创新活动的基础与可能，即学生具备发散、直觉、形象、逻辑、辩证等思维。创新思维主要与认知智力有关，但也可通过后天的创造情境、虚拟现实、发散训练等方式进行培养和提高。

　　创新意识，主要指创新的动机因素，即想要进行创新活动的强烈愿望。只有在强烈的创新意识的驱动下，学生才会自发地树立创新目标，并有源源不断的好奇心作为进行创新活动的原始驱动力。

　　创新性格，主要包括态度、意志、情绪等因素。在态度上，坚持严谨扎实的科研精神，不因盲目追求创新而忽视基本理论逻辑和现实条件；在意志上，具备坚韧顽强的意志力，通过坚持不断的努力和行动，从而达到最终的创新目标；在情绪上，能体察、考虑自己及他人的情绪，既能理智准确地进行自我情绪表达，又能妥善安抚他人的情绪。这种特质的重要性在协作性创新工作中体现得尤为明显。

　　创新成果，即将创新性认知付诸实践的产物，是创新思维、创新意识、创新性格的集大成者，是检验创新型人才行动力的现实标准。

三、创新型人才培养办法

　　为了持续培养和造就创新型人才，为经济社会源源不断地输送优秀建设者，在国家"十三五"规划政策的号召下，各地区也积极探索新的课程体系以满足创新型人才培养的需求，以及尝试进行新技术与课程整合，以期构建更为开放创新的教学模式；在保证学生全面发展的同时，着力提高学生的创新意识和创新能力。除此之外，完善创新性成果评价体系也相当重要，应作为衡量、提高培养成效的科学标杆。

（一）夯实创新知识素养，构建多元课程体系

　　创新是对已有知识的发展，这就要求创新型人才的知识结构不仅要有广度，还要有深度。只有广博精深的知识储备，深刻通透的知识理解，才足以支撑他们在必要时迸发出创新的想法并付诸现实，也就是常说的抓住"灵感"。因此，搭建多元完善的教育课程体系，对于创新型人才的培养是重中之重。

　　本书作者团队在对山东教育信息化进行调研的过程中，发现青岛二中的"构建多元课程体系，实施创新人才培养"就是多元化课程体系促进人才培养的典型案例；并且该案例入选教育部基础教育课程教材发展中心 2016 年课程改革典型案例。围绕学生十项素质的培养目标,结合创新人才培养要求,青岛二中在学校六个大类近100门校本课程的基础上,进一步挖掘与优化现有课程资源,形成了以人文素养类课程、科学研究类课程、工程类课程、技术类课程四大类课程为基础的创新人才培养校本课程体系。该举措真正把创新课程纳入到标准的教学体系之中,使创新不再需要寻正规课程的缝隙求得微小的生存,而是与一般课程处于平等的地位,充分、真实、有效地进行课堂教学和课外实践。

除此之外,2016年青岛二中还实施了"MT(Magnet Team)计划"。学校根据学生兴趣设计了人文、经济、外语、数学、自然科学、工程技术6个MT。学生入校不再被动地分班,而是根据自己的兴趣选择相应团队,也就是MT。MT根据自身发展需求与特色面向校内外自主聘请专业导师,在MT内部开展主题式、项目式学习。这使得创新人才的培养不拘泥于一般课堂教学,而是延伸至学生感兴趣的项目与活动之中;把主导权交给学生,从"要学生学"到"学生要学",使学生充分发挥特长,在相对宽松的学习氛围中进行创造性思维的产出和碰撞。

(二)瞄准最新技术成果,积极进行课堂应用

北京师范大学教授黄荣怀在2014年英特尔举行的未来教育项目邯郸现场会上,向在座的教师介绍了国际教育信息化涌现出来的十大新技术应用,包括智能机器人、3D打印、开源硬件、体感技术、教育游戏等。教育工作者需要充分利用新技术的优势,进行技术与课堂的整合与应用,为创新型人才的培养构建新环境、提供新工具、创造新模式。

成立于2013年11月的南京市秦淮区校园3D研究社团是一个以工作、教学、研究为中心,以走进课堂为宗旨的新型研究社团。社团教师利用日常的信息技术课给四、五、六年级的学生培训,并让学生在其他学科上予以应用。譬如,在美术课上利用3D打印制作想象力丰富的版画;在数学课上打印圆柱体等几何模型,根据需要进行实际切割;在化学课上按比例放大并打印微观结构,使学生的观察更为直观具体等。3D打印技术在课堂上的应用改变了学生的学习方式,从传统的书本学习转变成"做中学",充分发挥了学生的想象力,并帮助学生进行想象力的实现和验证过程。学生的创新能力、动手能力、问题发现和解决能力都在这一过程中得到了提高。

(三)完善创新型成果评价体系

创新型人才的培养是一项持久的教育过程,因此在该过程中,需要时刻关注学生的阶段性成果和最终产品，对学生的创作热情给予一定的肯定和激励，正确及时地做出评价和调整。在不断的反馈过程中，帮助学生不断完善创新产品，督促学校的创新教育，不断提高教学水平。

传统教育中知识的编排讲究完整性、顺序性和系统性，相比实际情境中的应用，更注重知识概念的记忆。因此，大部分学校的学习评价还是采取书面考查的方式。但是创新型教学成果的优劣，显然不能单纯以学生能否记住实验步骤来评判，而要将学生的创新产品作为评价的主要内容，从复杂度、创新性、可操作性、经济性等多个指标进行评价。并且创新产品的最终实现往往是经过多人协作完成的，学生的最终成绩还应当参考学生参与活动的积极性和贡献度。改变以单纯的书面知识来衡量学生成绩高低的态度，也能在某种程度上使学生摒弃学习的"功利性"，更有利于激发、提高学生对创新活动的参与热情。

第六节　多项信息化标准出台

随着越来越多的标准项目申办和逐日推进，全国信息技术标准化技术委员会教育技术分技术委员会(简称"标委会"，CELTSC)，开始对一些新领域、新问题展开研究，与时俱进，不断扩大标准项目的覆盖范围。例如，为了解决多种应用系统的数据不能充分共享并造成"信息孤岛"问题的异构系统数据整合技术；相比一般资源库，重用性和智能服务能力更强的语义化资源库；另外还有数字学习生态系统架构、多级计算系统架构、基于数据的松耦合方案、智能化学科工具、数据湖—数据仓库串联等，都被陆续提上日程。

鉴于本阶段的信息技术应用呈现爆发式发展状态，我国标委会在多个领域进行了规划与标准研制。本节首先对标委会进行介绍，整理了标委会目前发布的标准信息统计；然后分析基础教育、职业教育、高等教育、继续教育、教师培训等领域特定的教育信息化有关标准，并整理这些领域通用的共性基础标准。

一、标委会介绍

标委会是为了进行全国教育技术相关标准的研制、认证和应用推广工作而成立的。与一些其他教育机构的成立类似,标委会的设立与发展也不是一蹴而就的。2000年10月,教育部指示科技司组织力量研制现代远程教育技术标准,并于2001年初成立了现代远程教育技术标准化委员会,2002年初更名为教育部教育信息化技术标准委员会,2002年底经国家标准化管理委员会批准成为全国信息技术标准化技术委员会教育技术分技术委员会。秘书处设于清华大学,负责组织全国教育领域信息技术的标准化及远程教育应用技术的标准化(不包括教学设备和仪器)相关标准的研制、标准符合性测试认证和应用推广工作。与此同时,标委会对口负责国际标准化组织ISO与IEC联合成立的第1技术委员会第36分技术委员会(ISO/IEC JTC1/SC36)的工作。

为了不断优化标准项目出台方案,标委会建立各种新的工作模式,以求达到更理想的应用效果。例如,鼓励专家与企业合作,通过产教结合的模式使专家的理论构想能及时产品化、市场化,同时也能让企业和市场作为专家进行标准修订的数据来源;加强与行业协会/联盟的合作,就标准项目的具体细则进行必要的讨论与协商,提高标准的普适性;设立测试、培训、推广中心,建立一套完整的标准项目出台机制,使得标准可用、会用、都用;鼓励优势成员单位申办,总体提高各单位学术研究水平;建议试行标准应用示范企业评选,充分考虑企业的类型、规模以及接受度,在试点过程中就出现的问题进行有针对性的改进等。

截至2017年6月,标委会已发布国家标准19项,教育行业标准7项;在研35项国家标准,39项教育信息化行业标准,4项工业信息化行业标准。在与国际标准的对口方面,标委会已发布4项中国主导的国际标准,完成12项国际标准向国内标准的转化。

二、领域覆盖

(一)基础教育系列

目前我国基础教育信息化标准的研究主要包括:教育指导类标准、学习资源类标准、学习环境类标准、学习者信息类标准、教育管理类标准以及其他与教育信息化相关的标准。其中,教育指导类标准指教育信息化标准的指导规范,是基础性的标准;学习资源类标准旨在消除"资源孤岛",促进资源的共享与利用;学习环境类标准则是通过统一规范构建学习环境的项目技术,达到环境的共享与通用;学习者信息类标准则是将学习者的个人信息以电子化形式进行存档，有利于达到个性化和终身化学习；教育管理类标准则是针对教育信息化的管理方面的标准。

在教育部自 2012 年以来发布的工作要点文件中，反复强调需要扩大公共教育资源和中央财政对学前教育的倾斜程度，从而完善学前教育管理信息系统的建设，促进学前教育重大项目的开展与落实。通过学区制、学校联盟等方式投入优质教育资源，推动各地开展校舍改良、教辅资料管理、学校布局优化工作。2010 年 10 月，由华东师范大学牵头向标委会申报成立的电子课本与电子书包标准专题，其总体框架、信息模型、终端规范的相关标准也有了新的提案。除此之外，文件还强调通过加强领导与教师交流、落实后期督导评估工作来切实提高义务教育工作水平，大力推进义务教育标准化建设。标委会 2012 年的标准项目 JY/T 1004 - 2012《普通中小学校管理信息》已发布为教育行业标准，保证教育部门与学校共有一套科学统一的工作依据。

（二）职业教育系列

完整系统的职业教育体系是培养各领域专业技术人员的支撑与保障。然而，职业教育信息化资源开发不足、流动不畅、利润不够、效率不高，体制机制不清楚，标准化不够完善。2012 年 6 月颁发的《国家教育事业发展第十二个五年规划》对职业教育的发展调控给出了指导意见。

首先，通过完善各项体制标准、优化产业结构等提高职业教育体系内部的运作效率和质量。标委会 2012 年的标准项目 JY/T 1005 - 2012《中职学校管理信息》已发布为教育行业标准，成为中职学校进行教育管理的精确标杆和依据。其次，鼓励校企合作、产教结合。让不断变化的市场需求作为教学内容的重要依据和来源，实现职业教育与经济社会的各项产业和公共服务平台的融合交接。最后，加强职业教育与普通教育、继续教育等教育模式的沟通，探索同一层次下不同学校之间的互转、互认机制。同时，将目光投向更为小众的教育市场，例如社区学习、农村地区的办学等，优化整合已有教育资源，因地制宜，满足受众多层次的教育需求。

（三）高等教育系列

高等教育作为培养科技第一生产力人才资源的主力，它的内部体系建设和外部与经济社会及人才市场的对接始终是教育工作的重点。要想使高等教育有特色、高水平地持续发展，必须从合理规划定位、加大地方高等教育投入、促进学硕和专硕均衡发展、重视创新中心的建设与发展,以及积极汲取中外优秀文化营养等方面入手。

为了使各类学校都能充分利用本校特色与优势,最大限度地发挥办学效用,教育部门需要研究制定普通高等学校的规模规定,以此引导各学校清晰定位,从而在一个相对公平的竞争环境中各学校努力提升自身质量内涵。加大对地方高等院校的资源、设备投入,制定一系列帮促政策和标准,促进学校自身进行标准化管理,同时加强与企业、科研中心的互通互联。标委会 2012 年的标准项目 JY/T 1006 - 2012《高等学校管理信息》以及项目 GB/T 29808 - 2013《信息技术学习、教育和培训高等学校管理信息》发布为国家标准,对高等学校的管理细则进行了明确的指导。

为了高效提升各学校硕士点的产业结构优化,取消了对硕士生院设置的行政审批。为了提高对培养专业硕士的重视程度,探索适宜的培养模式,促进学硕和专硕的均衡发展。与此同时,大力发挥高等院校文化氛围好、学术热情高的优势,建设高等院校文化创新平台,鼓励师生深入挖掘古今中外优秀文化,开展对传统文化的创新传承工作。

(四)继续教育系列

为了大力宣扬全民学习、终身学习,共同构建学习型社会的先进理念,持续发展继续教育是一项重要的战略举措。不仅要在各级各类学校内部开展教育教学改革,还需要着眼更广领域的教育市场——西部、农村、社区等。在此过程中,应当充分利用先进现代信息技术,制定、完善继续教育有关政策,大力建设多样化的继续教育机构。

充分利用卫星电视、互联网作为新时代大众传媒,能够不限时间、空间地将教育资源传播到广泛的教育受众中的优势,发挥其继续教育功能。关于微课设计参考规范、网络课程可用性评价等在线课程的标准项目已处于在研状态,这些标准的发布能很好地将纷繁复杂的网络教育资源规范化,进而构建一个富有教育性、科学性的绿色安全的继续教育资源平台。

同时,制定、完善继续教育政策,规划不同地区继续教育的教育目标,推动各级政府加大对继续教育领域的投入,促进继续教育与其他教育类型之间的沟通与衔接。在完善学校继续教育机构的基础上,探索发现建设多样化继续教育机构的可能性,提高对社区教育中心、老年教育机构、乡村继续教育平台等继续教育机构的重视程度,以期构建一个宽领域、多层次的继续教育网络。

（五）教师培训与服务系列

作为教育工作中身居一线的主力军，教师自身的知识水平、专业素养以及师德风范是学生接受文化知识的重要影响因素。因此，必须完善教师管理制度，实行教师全员培训制度。中央和地方设置教师培训专项经费，规定并落实学校公用经费预算总额的 5％用于教师培训。教师全员培训的周期为五年，各级各类学校分岗培训。加强对幼儿教师、特教教师、农村教师、班主任，以及音、体、美等学科教师的培训。培训过程中，教师的学习分析能力是一项重要课程，即教师对学生的课堂行为、情境等进行数据收集并有针对性地进行优化改进教学。在教育信息化技术标准研讨会暨 2016 年下半年工作会议上，关于学习分析系统架构规范标准有了新的提案。它的研究与实践将引导教师以一种更加科学的工作方式进行教学、反思和再教学。

随着教育信息化理念深入人心，它所影响的不再仅仅是学生的学习方式和思维习惯，而且对教师的职业技能提出了更高的要求。教师能力是培养高素质人才的关键，而在教育信息化大时代的背景下，信息化教学能力应当被纳入教师能力的考评体系之中。信息技术应用能力应当作为教师培训的必修课程。2014 年 5 月 27 日，教育部颁布了《中小学教师信息技术应用能力标准（试行）》，提出能力标准的基本要求是"优化课堂教学"，发展性要求是"转变学习方式"。该标准对中小学教师信息化专项能力的提升、教育信息化的有效推进具有重要意义，①有助于使信息化环境下的教学成为今后教育教学中的常态。

三、共性基础标准

（一）教育资源系列

教学资源具体可分为教学内容资源、教学环境资源、学习者信息资源三类。而教育信息化背景下的教学资源，凭借互联网、信息通信技术等先进技术，已经在形态、数量、内容、传播方式和速度上有了革命性的变化。在此情况下，在海量教育资源中筛选、分类出优质的教育资源，就成为新时代教育资源的重要命题。

---

① 祝智庭，闫寒冰：《〈中小学教师信息技术应用能力标准（试行）〉解读》，《电化教育研究》2015 年第 9 期，第 5—10 页。

教育部印发的《2014年教育信息化工作要点》指出,相关部门应当加大投入,为学校购置信息化基础条件设施,协助开放信息化教学环境,为教育资源的传播共享做好基本硬件和软件准备。教育资源类项目尚未出台正式标准,但多媒体教学环境规范标准和智慧校园总体框架标准已处于在研状态,其发布将大大提高学校教育资源开发与使用的效率与水平。[①] 同时,鼓励企业开发标准教材以及配套的数字教育资源,作为持续利用的教育新机制;鼓励教师充分发挥教学主体作用,开发个性化数字教育资源,尝试多样化教学模式和学习方式,培养创新型人才。重视 MOOC 等在线课程在高等教育和继续教育中的应用,搭建高校视频公开课和精品资源的共享教育平台,进而初步形成国家数字教育资源云服务体系。

"优质资源班班通"的网络空间服务模式在之后几年迅速深入发展为"网络学习空间人人通",除此之外,网络学习通用规范、学习空间结构、功能、数据治理规范、网络学习空间建设(评价)指标体系等标准项目也即将开展具体的标准研制工作,这都标志着数字教育资源在国家、地方、区域上的互联互通技术越来越成熟。

(二)教育管理系列

教育管理具体包括跨越应用领域的基础数据,以及建设、管理、服务、评价等教学流程。为了切实推动教育管理现代化的实现,教育管理信息系统的建设是一项必不可少的基础工程。它作为各级教育部门与广泛教育公众的沟通桥梁,一方面为教育部门提供教育管理数据与平台,另一方面为公众提供海量的教育信息与公共教育服务。

在2012年3月颁发的《教育信息化十年发展规划(2011—2020年)》政策文件中,教育部针对国家教育管理信息的建设,对国家、地方政府、学校这三个教育层级提出了相应的指导意见:开展建设国家级、省级、校级教育管理数据库和信息系统;加强对招生考试、学生流动、电子学籍、资源配置和毕业生就业等教学管理系统的运行与维护,完善师生的教学评价系统;通过对信息与编码的标准进行统一规范,促进各级各类教学部门在数据库和信息系统上的衔接工作,使得教学管理工作在纵向与横向上互联互通,共同构建一个较为完整的教育管理信息化体系。

[①] 标委会:《CELTSC 标准清单》,http://www.celtsc.org/content/bzlist/26ef87d956c61ece01581f99fb140b35.html,检索日期2017 - 8 - 20。

我国在教育管理类标准的研制上已取得重大进展，例如标委会 2012 年的标准项目 JY/T 1003 - 2012《教育行政管理信息》、JY/T 1007 - 2012《教育统计信息》、JY/T 1001 - 2012《教育管理基础代码》、JY/T 1002 - 2012《教育管理基础信息》都已发布为教育行业标准。后两个项目申请国标已立项，形成报批稿并审查通过。同时，还有若干标准处于送审或标准草案的研制阶段。这些标准的出台大大加速了教育工作的交接与融合速度，进而提高了各教育部门的教育管理水平。

（三）共性技术系列

共性技术主要包括标准化共性关键技术类和系统架构及接口类。它是实现教育信息化一切互联互通、交流共享的基本保证。做好技术服务，是教育信息化顺利开展并持续发展的重要保障措施之一。

为了保证数字教育资源、软硬件资源以及教育管理信息资源等的规范化，必须加快各项技术标准的研究、发布、实施的步伐。截至 2016 年，教育管理信息服务接口以及学习资源访问服务接口都处于在研状态。[①] 同时，还需加大对新技术研究基地的投入，使之成为能够源源不断产出富有中国特色的教育信息化技术的自主创新平台。除此之外，还需重视各教育机构的信息化维护和技术支持服务体系与信息安全体系，构建一个持续、安全的教育信息化技术服务平台。

（四）公共支撑环境系列

公共支撑环境包括教育信息网络、国家教育云服务平台、优质数字教育资源与共建共享环境、教育信息化标准体系、教育信息化公共安全保障体系等，作为各级各类教育部门开展信息化教学工作的支撑环境，它为学生提供了健康完善的信息化学习环境和科研氛围，为以学习者为中心的学习模式构建了情境，为学习型社会的形成奠定了重要的基础。

加快信息网络更新换代的步伐，提高全国教育机构接入网络的普及率，是优化教育信息网络建设的重要步骤。各级政府和学校应当积极响应国家互联网发展战略的号召，将目光聚焦于下一代互联网的开发与应用上，从而维持教育网络的可持续发展。

---

① 标委会：《CELTSC 标准清单》，http://www.celtsc.org/content/bzlist/26ef87d956c61ece01581f99fb140b 35.html，检索日期 2017 - 8 - 20。

与此同时,推动省级教育行政部门、基础教育和中等职业教育学校建设云教育管理服务平台。基于云服务模式,前者为本地区相关教育机构和各级各类学校提供管理信息系统等业务应用服务,后者建立高校管理信息系统开源软件库,显著提高教学管理信息化的整体水平。两者共同构建稳定可靠、低成本的国家教育云服务模式。截至2014 年 9 月,我国已发布了《YDB 144 - 2014 云计算服务协议参考框架》、《GB/T 31168 - 2014 信息安全技术云计算服务安全能力要求》、《GB/T 31167 - 2014 信息安全技术云计算服务安全指南》三项云计算标准。统一的云计算标准的出台,促进了各地区、企业的教育云平台互联互通、交流分享,防止新一轮"信息孤岛"的出现。

为了满足不断更新的各级各类教育需求,优质数字教育资源的开发显得尤其重要。因此,各层级教育部门需要集中力量共建共享优质的数字资源环境,以提供优质的数字教学服务。由政府牵头,多方进行投入建设,共同努力优化数字教育资源的发布、共享与管理流程,促进科研与教学的互动与对接。通过教学资源的大范围共享最大限度地促进教育公平,通过教学方法与模式的灵活变动推动培养创新型人才。

除此之外,教育信息化的标准化建设和公共安全体系建设都是确保教育信息化以正常轨迹稳定持续发展的必要支撑。因此,我国制定了相关政策措施以完善教育信息化国家标准和行业标准,探索建立安全绿色的信息化环境防护、应急、保障、管理体系。我国的教育信息化支持服务标准也处于研制阶段,这是一项划定教育信息化服务所涉及的教育产品、从业人员、学校及区域信息化水平的标杆,将对教育信息化服务质量的提升起到重大作用。

第七章

面对不确定的未来，信息技术如何重塑教育形态

　　科学技术的发展史就是人类认识世界、改造世界的能力的拓展史。人类走过了农耕社会、工业社会、信息社会，已经进入到用"智能"作为当今社会时代记忆的新阶段——智能社会。由此可见，信息技术在过往的几十年中所带来的变化，已使得我们的经济发展、服务形态、传播模式等社会生态的架构发生了巨大改变。教育作为社会的子系统，技术的发展同样在促进与驱动教育生态重建上扮演了重要的角色。2016年6月7日，教育部正式颁布的《教育信息化"十三五"规划》（以下简称"《'十三五'规划》"），①是继2012年3月颁布《教育信息化十年发展规划（2011—2020年）》后，教育部再次对教育信息化工作进行的5年规划部署，展现了未来以教育信息化全面推动教育现代化的宏大图景。从规划中可以看到，我国的教育信息化发展出现定位转变的显著特征。任友群教授将其总结为四个方面：（1）教育信息化战略地位确立的转变；（2）教育信息化从基本整合应用到深度融合应用的转变，其中又以"三通两平台"建设为典型案例；（3）教育信息化从服务于教育领域拓展到服务于社会经济发展的高度转变；（4）教育信息化的发展与应用模式具备国际影响力的转变。② 这些转变为重塑教育形态提供了基石，标志着我国开始进入信息技术深化应用与融合创新的时代。

　　我们正身处智能化驱动下的数字化制造、新能源新材料应用、计算机网络交互融合的信息化新时代。这个阶段的意义在于"它展望着一个信息社会，发展共同的人性或文化"。当代学者更是清晰地指出教育现代化的新模式，他们认为："第二次教育现代化是从工业社会的教育向知识社会的教育、从初级现代教育向高级现代教育、从学位教育向终身学习的转型过程及其深刻变化，它包括从工业化教育向信息化教育、学校教育向终身教育、课堂教育向开放教育、刚性教育向柔性教育、被动学习向主动学

---

① 教育部：《教育信息化"十三五"规划》，http://www.moe.gov.cn/srcsite/A16/s3342/201606/t20160622_269367.html，检索日期2017 - 8 - 25。
② 任友群，郑旭东，吴旻瑜：《深度推进信息技术与教育的融合创新——〈教育信息化"十三五"规划〉解读》，《现代远程教育研究》2016年第5期，第3—9页。

习、标准化教育向个性化教育的转变等。"新经济模式下对教育的挑战包含了从形式到实质的转变,从硬件、技术到制度、思维、精神的全面转变。科学技术的发展已经从认识客观世界、改造客观世界拓展到认识人类自身、认识人脑认知的新阶段,而人类也已经进入在动力工具基础上发展智能工具的新阶段。智能,成为提升创新驱动发展源头供给能力的时代需求。

本章将在回顾我国教育信息化建设四十年的基础上,从多重视角展开对技术与教育的关系的探讨,回应信息技术是否促进了教育变革与发展这一时代命题。本章分别从技术在学校的存在形态和方式、技术是否变革学校功能、教育相关者对技术的期待的改变、技术与教育之间不停歇地寻求平衡这四个部分进行分析,为当下的教育信息化决策提供参考。同时,对不确定的未来教育形态进行展望,针对后工业时代的新式人力资本储备的需求,进行教育新形态的系统性设计;对培养具有哪些核心能力的人力资本、如何变革学校、如何创新学习历程、如何吸收信息化社会的创新学习资源、如何释放人的创造力等要素加以设计。

第一节　回望 40 年：技术的使命与角色重定位

从改革开放算起,我国的信息化建设步伐已然迈过了 40 年。从历史的角度来看,40 年只是弹指间而已;而以信息技术发展的速率来衡量,40 年已完全是另一个全新的技术世界。在这 40 年间,教育改革与发展步伐从未停歇,信息技术在教育改革与发展中的地位也得到了充分的认可,并涌现出多样的信息技术支持的教育应用与创新实践方式。承载着对教育产生"革命性影响"的厚望,"教育信息化"成为重要的教育政策;[①]带着对信息技术促进教学的期许,教育实践领域将技术引进课堂,开展着各种尝试;认识到教师是发挥信息技术变革教学的"魔法师",对教师开展信息技术应用的培训成为 40 年来教育信息化应用中的持续性项目;为教育提供各种资源、应用和服务的企业也风生水起,产品形式从 40 多年前的媒体资源到今天的各种"解决方案",成为信

---

① 教育部:《教育信息化"十三五"规划》,http://www.moe.gov.cn/srcsite/A16/s3342/201606/t20160622_269367.html,检索日期 2017 - 8 - 25。

息技术应用于教育的一支不容忽视的力量；对此开展的研究也从未间断，研究者试图在教学实践与技术应用之间作桥接，试图找到技术用于解决教育问题的良方，试图找到技术促进教育改革与发展的方案，试图预测技术将带来哪些新的教育形态。

40多年间，信息技术应用于教育的成效以及对教育所产生的实质性影响，也是一个争论不断的话题。从早年的媒体是否有用的争论，到近期经合组织发布的认为"计算机并未提高学习成绩"的研究报告，①都在一定程度上体现了学术界针对社会质疑信息技术能否带来教育变革的一种回应。大部分的时间里，研究者被裹挟在信息技术推动的这场教育变革涌动中，对信息技术是否、如何以及能够在多大程度上带来教育变革提供部分的证据或解释。区别于技术变革的迅猛形态，正在发生中的教育变革呈缓步进行的状态，其变革成果是需要假以大时间尺度才能被感知并体现的。

那么，回看过去的40年，信息技术的作用在教育改革与发展中的历史使命是否完成？技术促进教育变革的"革命性影响"的厚望是否已经实现？40年或许难以构成"历史"，但通过对这40年来信息技术应用于教育改革与发展的回顾，或可在飞速发展的技术迭代与缓慢发生的教育变革之间发现期待的"革命性影响"，以便推进信息技术应用于教育变革与发展。为此，我们要回望我国教育信息化的40年发展历程，从历史的脉络中梳理、回顾和审视信息技术在教育改革与发展的不同阶段所处的地位和角色，通过对比分析40年前后的信息技术教学应用典型案例，试图从多重视角探究信息技术与教育改革和发展的关系，回应信息技术是否促进教育教学改革与发展的质疑，并从国家政策和教育变革的视角，为我国教育信息化顶层设计、教育改革和发展推进战略提供有益的启示与借鉴。

一、技术本身的存在

信息技术在学校的存在，经历了从媒体到环境的发展变迁历程。20世纪90年代后期开始的以基础设施为中心的教育信息化建设，使我国多媒体教学设施得到了迅速的发展与普及。多媒体教室、多媒体网络教室成为信息技术在学校的典型存在方式。

---

① OECD, "Students, computers and learning: making the connection", http://dx.doi.org/10.1787/9789264239555-en，检索日期2017-8-25。

其中,计算机、投影机、屏幕、网络设备等教学媒体,成为黑板加粉笔的传统教室之外,学校信息技术存在的基本形态,也成为多媒体教学的主要阵地。在这一时期,信息技术被看作是教学中各种媒体和工具的使用,只是作为一种辅助工具协助教师进行课堂教学。

进入 21 世纪,技术的更新迭代使得学校中技术的发展步伐加快。面向基础设施建设的"校校通"工程于 2001 年正式启动,推动学校以多种形式实现与互联网的连通;《教育信息化"十五"发展规划(纲要)》也提出"加强教育信息化平台环境和资源体系建设"。① 截至 2002 年底,全国中小学约有计算机 584 万台,平均 35 个学生一台,全国中小学建立校园网和局域网约 26 000 个,我国中小学信息基础设施初具规模,信息技术已成为中小学校运行和发展的基础。② 在此期间,交互式电子白板以其强大的交互功能也进入教室。

从 2005 年开始,教育信息化建设强调要利用信息技术营造信息化的学习环境或教学环境,具备"数字化校园"特征的信息化学习环境逐渐成为基础教育信息化建设的主流。③ 移动和互联网技术的迅猛发展,使得各种形态的数字化学习环境构建成为可能。智能手机、平板电脑等移动设备已经走进校园,网络教学平台也在不断升级迭代以满足实际教学需求。新兴的云计算、大数据、物联网及社交网络等技术,又促使学习环境从数字化走向智能化。过去 40 年间学校中技术存在的发展历史如图 7-1 所示,数字革命时代技术的迭代更新为教育变革和发展提供了强有力的支撑,学校中的技术存在已经从单一的媒体转变为更加丰富和有意义的数字化、智能化学习环境。

学校中的技术被裹挟着不断迭代更新。从纵向上看,截至 2001 年底,建有校园网的中小学校有 10 687 所,占全国中小学校有网数的 1.8%。④ 而到了 2016 年,技术在学校的存在完全是另一番景象。学校网络教学环境大幅改善,全国中小学校互联网接入率已达 87%,多媒体教室普及率达 80%。⑤ 通过对比这两组数据,我们可以看出学

① 教育部:《〈教育信息化"十五"发展规划(纲要)〉摘要》,《继续教育》2002 年第 5 期,第 15—18 页。
② 教育部:《基础教育课程改革纲要(试行)》,《西藏教育》2003 年第 1 期,第 17—19 页。
③ 何克抗:《迎接教育信息化发展新阶段的挑战》,《中国电化教育》2006 年第 8 期,第 5—11 页。
④ 教育部:《〈教育信息化"十五"发展规划(纲要)〉摘要》,《继续教育》2002 年第 5 期,第 15—18 页。
⑤ 教育部:《教育信息化"十三五"规划》,http://www.moe.gov.cn/srcsite/A16/s3342/201606/t20160622_269367.html,检索日期 2017-8-25。

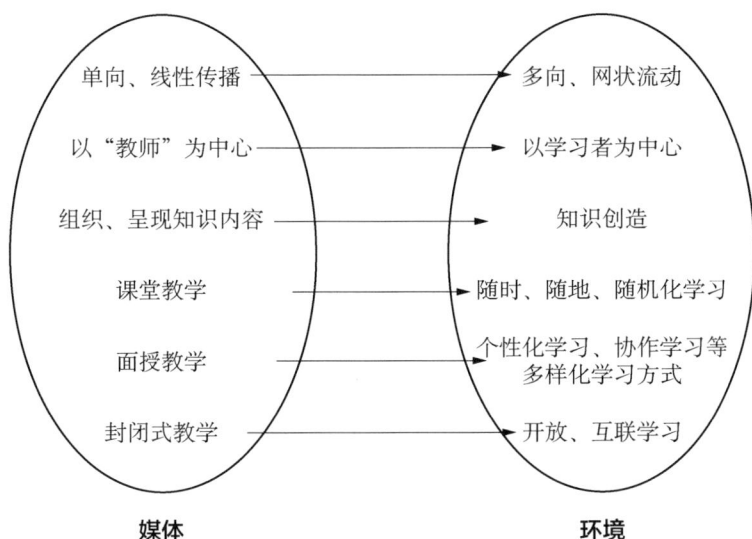

图 7 - 1　技术本身的存在：从媒体到环境

校中的基础设施建设得到了飞速发展。过去 15 年间，多媒体教室从无到有，且数量和覆盖率稳定提高，个别受访学校（FBXX）（后文中所有的代号编码规则均以"学校名称首字母缩写"与"教师编码"来标记，如 JXXXT1 代表编号为 JXXX 学校的教师 1）多媒体教室覆盖率已达到 100％。技术的飞速发展也使得多媒体教室中的课堂交互显示设备不断更新迭代。受访学校的教室里都已经安装了电子白板或触摸屏电视等课堂交互显示设备，取代了原有多媒体教室的投影系统。"学校早在 12 年前就已经安装了电子白板，每间教室、会议室都有，现在总共有 44 块电子白板。"（FBXXT1）也有受访学校安装了触摸屏电视——"各个教室拥有 65 寸的触摸屏，用于日常的课堂教学"（LWGZT1）。在学习终端方面，学校为学生提供的各种学习终端数量呈明显增长趋势，一些学校还为学生提供了智能手机、iPad 等移动终端，满足学生的个性化学习需求。"学校拥有 20 余台平板电脑，支持 iPad 应用定点班级实践。"（LWGZT1）在互联网接入方面，受访学校的校园网络状况有明显改善，网络的覆盖范围明显扩大，逐步实现了有线和无线网络的校园全覆盖，这也为学校创设数字化学习环境提供了有力的技术支持和保障。

　　为满足学校的实际教学需求，在技术的不断推动下，学校不断更新迭代学习平台，完善教学功能,推动学校构建数字化、智能化学习环境。"之前在课堂上一直使用PPT、电子白板和一些相关的教学软件辅助课堂教学,后来学校在 2004 年就自行研发了校园网管理平台。2006 年,系统升级改造,实现了 Moodle 平台与校园网的整合。2012 年研发了网络互动教学平台,2014 年学校又开始建设移动学习平台,实现了微信平台和校园网的整合,通过微信号可以在不同终端设备上访问系统应用。"(CNZXT1)受访学校陈述的学习平台的不断升级过程,也从侧面刻画出学校追随技术的发展步伐,对学校的技术进行不断迭代更新的发展历程。从受访结果可以看到,大部分学校都在技术推动下打造新一代的学习环境,当前新的技术工具,包括移动终端、网络学习平台和各种教育 APP 都或多或少地被包含在新一轮的数字化、智能化学习环境中。"学校在 2012 年将 iPad 投入教学中,2014 年又与公司合作使用 Y 平台,并投入全学科的使用。"(SYXXT1)"搭建绿橄榄智慧校园平台,开办学校智能一卡通,校园实现无线覆盖。目前平台已经使用一年,正进入对全校教师进行普及应用阶段。"(YYZXT1)

学校中技术存在的发展历程表明:学校中的技术存在本身经历了在技术发展推动下不断迭代更新的历程;其形态经历了从媒体走向数字化、智能化学习环境的历程。

二、技术是否变革了学校

技术的创新为人类社会带来福祉,为社会、经济带来颠覆性变革。技术在学校存在的几十年中,是否也为学校教育带来了预期的改变? 在这一部分,我们主要从工业时代就确定的学校功能的角度,分析其在数字时代是否开始发生改变。

(一) 教学目标的转变

探究能力的培养借由技术得以落地。我们目前正在经历的技术变革将迅速取代机械性工作,这就要求学校在培养人才时需要注重对复杂问题和复杂情境分析能力的培养。互联网造就的知识普遍易得,为探究学习提供了基础。"落实的场所是开放式的,同一个房间分成几个区域,一部分学生看书,一部分学生有问题马上查电脑,每个班级 38—40 个学生。"(MLZXT1)教师在数学课上实践了如此的探究路线。高中阶段信息技术渗透在学科整合教学中,围绕专业实践的探究促使学生将当下所学与真实情境相联系,"各类创新学生素养的项目,学生做研究性课题,比如机器人编程,信息技术起到了极为突出的作用"(LWGZT1)。将中央电化教育馆的案例分析结果和教师的口述相互对照,从纵向上来看,技术在 2016 年的案例中均起到了比 2001 年的案例更高的师生支持比例,在建构性的活动如"解释数据"、"呈现结果"方面有了很大提升,并且对于传统性学习活动,如"练习"和"评估自己或他人成果"方面有了非常显著的提升效果。

技术的支持促进了学校和社会关注每个学生的个性发展。需求的多元化意味着用同样的教学策略有效教授所有学生变得更加困难,对学生未来走向的分析借助教育大数据会越来越科学,越来越精细,"从目前改革的趋势来看,要求学生各方面发展,在数据分析的基础上,对学生的学习生涯开展导航。学生社团活动、电子作业以及身体数据,每年都要进行测试"(CNZXT1)。课程建设是学校发展的生命力,学校倡导个性化的课程建设,"我们学校的生源比较特殊,50%是就近入学的本地孩子,50%是农民工随迁子女,所以孩子对课程是否满足自己个性化的发展需求、是否符合其对未来的发展需求还是要求挺高的。通过大数据分析,我们的课程才会更加适合学生"(MLZXT2)。学生的学习生涯导航,课程的设置适切,这一走向在大数据技术的支持下变得清晰起来。

学习兴趣的提升是技术带来的最直接效应。以社会生活中的投票系统为例,原本只是查看大众的选择趋势,但应用在教学中却满足了教学生态系统的多向互动,提升了每个个体的投入感,"以往只能找两个学生回答,现在通过投票系统,马上就可以知道投票结果,互动方式(师生互动、生生互动)发生转变,让每个人都能亲自参与进来"(MLZXT2)。技术提供了让学生更感兴趣的学习方式,"这里的学生(原来)都是不阅读的,家里面(也)没有这种意识,但是语文又特别需要阅读,从语文课来讲,在线阅读提供一些便利,对于提升(学生)学习兴趣帮助很大"(CNZXT2)。

(二)教师教学设计方式的转变

教师借助技术致力于知识点讲解以及习题演练。微课、慕课等在不同时间段出现的新的技术应用方式,确实对中小学教师的教学设计起到了一定程度的革新作用,知识点以及习题设计是教师运用技术进行设计的重要方面。"事先有规划,参照可汗学院的知识网络构建微课"(JDSXT1)、"一节课中涵盖多个知识点,以知识点为中心进行微课设计"(JDSXT2),成为许多教师常用的教学设计方式。在以面对面教学为主的课堂上,"信息化最大的优势是检测"(JDSXT2),通过对课后习题答案的预设,平台的统计功能提供给教师有关学生知识点掌握情况的结果。

不可否认的是,技术的应用对教师提出了更大的挑战和更高的要求。首先体现在资源的设计上,"针对知识点相应的资源设计方式存在较大缺口"(JDSXT3),不同学科的资源呈现了较大程度的差异,"英语资源提供得比较少,如绘本等资源很难找到,网上的资源、原版资源对学生而言难度比较大"(JDSXT1)。"自制微课需要教师在课下花费更多的时间。"(CNZXT2)受访教师提到,具有基础资源库的平台更容易受到教师的青睐,"A平台需要教师自己添加题目,B平台有基础题库,教师可以勾选题库进行二次加工"(JDSXT2)。题库作为学校的重要资源,其建设不是一蹴而就的,也不是单个教师的力量可以完成的,学科组教师的团队合作是题库建设的基础,"B平台在北京已经使用,但是在上海没有市场,学校通过三四个月的资源收集建设了沪教版的数学课题库,现在所有的学生都在这个平台上学习"(JDSXT1)。

第三方服务的介入是推动教师开展信息化教学设计的重要力量。平台、产品之外的服务对教学的变革发挥了作用,"学习平台与服务提供商合作,配合一线教师提出的需求完善系统,例如:我们和X公司在2014年开始合作,共同设计平台的实时评价功能"(JDSXT1)。在学校配备技术服务人员是学校可以接受的方式,"学校搭建平台,课题组主要是分享探索的过程,不断寻找好的方法和技术使用手段"(JDSXT3)。但也有学校指出,更愿意和区域教育主管部门合作开展本校的信息化实践,"在沟通方面,可能我觉得跟区里信息中心一说,他们马上就会理解你要用什么技术来解决哪些问题,还会帮你出点子,公司则不太懂教育"(FBXXT1)。可见,专业化以及快速理解教学需求仍然是学校在与服务提供商合作时首要考量的因素。

案例分析的结果进一步为教师教学方式的转变提供了支持。在走访过程中所收集的学校案例显示:2005年前后,互联网接入在学校和家庭刚刚起步,教师应用信息技术主要集中在个人应用,较少涉及收发邮件、准备学校资料、资源搜索等。而在2016年,教师在学校使用信息技术方面,YPXX有98.3%的教师进行文字处理,70.7%的教师进行学生成绩跟踪记录,77.6%的教师使用电子邮件,79.3%的教师进行互联网搜索,其他应用仅占6.9%;CZZX有84.4%的教师进行文字处理,78.1%的教师进行学生成绩跟踪记录,78.1%的教师使用电子邮件,87.5%的教师进行互联网搜索,其他应用仅占6.3%。教师在家庭使用信息技术方面,YPXX有77.6%的教师进行个人应用,81%的教师用于准备学校资料,56.9%的教师使用电子邮件,51.7%的教师进行互联网搜索,31%的教师用于准备测试,51.7%的教师用于准备教学设计,其他应用占3.4%;CZZX则有62.5%的教师进行个人应用,75%的教师用于准备学校资料,68.8%的教师使用电子邮件,65.6%的教师进行互联网搜索,40.6%的教师用于准备测试,56.3%教师用于准备教学设计。

(三) 教学过程的改变

第一,教学效能在技术支持下得以增强。受访的多数学校从2000年左右开始信息化建设,从投影到电子白板,再到智能手机与平板电脑,是对绝大多数学校信息化历程的写照。"我们学校最早是用PPT,但它影响师生交流。电子白板在2007年开始投入,互动性上更好,学生能够上台操作,教学过程灵活。2012年开始将iPad投入使用,教师更加注重观察学生是怎么学习的。"(JDSXT2)许多学校采用了"教师建设微课和习题"的模式,"之前学生端和教师端是封闭的,但现在学生课下自主学习,教师提前了解到学生的知识掌握情况,平台在课上主要用于练习检测,教师能够快速了解学生的答题情况,节约了宝贵的课堂时间"(JDSXT3)。教育大数据相应的技术能够搜集学生学习的证据,判断学生下一步的学习,帮助教师提升教学效率。研究者对中央电化教育馆2005年和2016年教学案例的分析显示:2005年20个课堂教学案例中,小学教师和中学教师都没有使用技术来调整其教学计划;但在2016年的案例中,46.6%的小学教师和50%的中学教师能够使用技术来调整其教学计划,这和教师的口述情况相吻合。在访谈中教师普遍认可了微课的作用,"试了几次,学生回去会关注,还会反复去看,订正自己的错误。看了之后,有些问题不用再来办公室问老师。(这种方式)开展了一年的实验,有的学生成绩确实有提升"(CNZXT4)。还有教师指出:"微课给愿意学的学生提供了更多学的机会,这些学生就得益了。数学做过实验,有一定效果。"(CNZXT5)但也有教师对技术的使用提出了自己的原则,"要控制在一定的时间内,过度使用会使知识点碎片化,使课程失去流畅性"(CNZXT3)。

第二,课堂知识是预设还是生成,是受访教师认为技术所能赋予的课堂变革,"有些课是很随性的,电子白板的最大优势就是你直接可以将上面的东西展现给孩子们看,教孩子们怎么去理解,而不需要像PPT那样一定要事先准备好,而且要预设很多种情况"(FBXXT2)。经过多年的摸索,电子白板保留教学痕迹的优势得到许多教师的认可与使用,受访学校普遍认同电子白板在课堂上的使用频率较高,"基本上每一节课都在用,以往擦黑板还需要一定时间,电子白板直接一点就会出现新的页面,还有就是直观清楚,你想放大就放大,想修改也很方便"(FBXXT1)。电子白板有一些内置的功能如圆规、直尺等,在美术课、数学课上得到了较多应用,"对于一些知识点的讲解也是相当直观的"(FBXXT2)。

第三,提升学生的课程参与。多媒体设备构建了学生展示的空间,课堂中心由讲台迁移到学生,给学生更多展示的空间。新的投影技术使学生的成果可以在课堂上展示,"用手机拍作品,投影到大屏幕给学生观看,课件内容得到了延伸"(LWGZT2)。不仅教师可以做微课,学生也可以利用录屏功能自己"创作课程","基础差的同学,在家里看过微课后变得更加自信,基础好的同学会把自己的理解做成微课,分享到学习平台上"(JDSXT4)。JDSX 学校平台上的统计数据显示:学生的自创微课数量很大,讨论频数、链接数也都呈现乐观状态。研究者对中央电化教育馆案例进行分析的结果显示:2005 年 20 个课堂教学案例中,50%的小学教师和 41.7%的中学教师能够使用技术来组织教学活动;没有小学和中学教师使用技术来管理课程以及与学生沟通交流。而在 2016 年的案例中,74.1%的小学教师和 68.75%的中学教师能够使用技术来组织教学活动;96.6%的小学教师和 87.5%的中学教师能够使用技术来管理课程;74.1%的小学教师和 75%的中学教师能够使用技术与学生进行沟通交流,这也表明教师越来越注重使用技术增强课堂的吸引力。

三、对技术的期待

(一) 对技术的期待

自 20 世纪 90 年代以来,信息技术以其迅猛发展的势头冲击着教育领域。早期的多媒体和网络技术引发了新媒体技术的研究浪潮,虚拟现实技术激发了人们创设虚拟仿真学习环境的热情,爱尔兰远程教育专家德斯蒙德·基更(Desmond Keegan)教授提出"移动学习是下一代的学习",比尔·盖茨在美国 TED 大会上声称"可汗模式"预见了教育的未来,"翻转课堂"被加拿大《环球邮报》评为当年影响课堂教学的重大技术变革,2012 年被美国《纽约时报》称为"慕课元年",这些无一不流露出人们对新技术的美好憧憬,期望利用新技术的优势改进教学或解决教学中实际存在的问题。每次新技术的到来都会引起人们极大的研究兴趣,在政府、学者、学校、企业、教师等相关利益者群体中引起不同反响。

第一,政府方面。各级政府纷纷制定相关政策支持,推动技术应用到教学实践当中。《国家中长期教育改革和发展规划纲要(2010—2020年)》中明确指出"信息技术对教育发展具有革命性影响",①《教育信息化十年发展规划(2010—2020年)》要求"推进信息技术与教学融合"。② 一些学校的校领导表示,上级教委提供了专门的信息技术项目,大力支持新技术在学校中的应用,"学校成功申报了多项市级教育信息技术应用项目和数字化课程环境与学习方式转变项目,以课题引领的方式,逐步推进学校的教育信息化发展,构建学校数字化课程环境"(CNZXT1)。

第二,研究者方面。专家学者满怀热情投入相关研究之中,为将新的前沿技术应用于教学提供方案。以翻转课堂为例,在中国知网查询主题为"翻转课堂"的论文,2012年仅有3篇,2013年有112篇,2014年有771篇,2015年有2 621篇,2016年有4 573篇。论文数量呈爆发式增长,反映出我国学者对翻转课堂的研究热度。

第三,学校方面。新技术的兴起推动着学校更新技术设备、培训教师信息素养、组织教师进行教学试点改革。例如:从重庆聚奎中学和山东潍坊昌乐一中率先进行翻转课堂探究,到2013年组建"C20慕课联盟",国内已有上千所学校进行了翻转课堂的教学尝试。分管信息技术的DTZX副校长表示:"电子白板进入每个课堂,学校也在不断地对教师进行各种技术的培训,目的就是希望教师将自己的教学从平面变为互动,增加与学生的交流,能够带来一些教学上的变革。以前的工具不具备互动性,但是现在的技术工具可以做到。"

第四,第三方服务企业方面。一批教育服务企业看到了技术迭代更新带来的教育市场机遇和需求,持续对技术应用加强推广。从投影、交互式电子白板、校园网到数字化校园,从多媒体课件、网络课程到各种在线教育资源,从网络学习平台到各种教育APP,都能看到教育服务企业的身影。"学校正在使用的平台主要有两个,其中一个是

① 教育部:《教育部关于印发〈国家教育事业发展第十二个五年规划〉的通知》,http://old. moe. gov. cn//publicfiles/business/htmlfiles/moe/moe_630/201207/139702. html,检索日期2017-8-25。
② 教育部:《教育信息化十年发展规划(2011—2020年)》,《中国教育信息化》2012年第8期,第3—12页。

2014 年与一家公司合作的,并且已投入到全学科使用;另一个是今年与另一家公司合作的,学校作为平台在上海市的试点单位,在建立沪教版数学题库的过程中,也为该公司提供了强有力的支持。"(SYXXT1)

第五,教师方面。正在应用技术的教师往往认为技术可以更好地促进教学,期望在未来的教学中更多地使用技术。在课堂显示设备方面,教师更倾向于使用电子白板,"教师像使用黑板一样,可以在(电子白板)上面书写,相比黑板,这些笔记可以自动保存,教师和学生课下都可以根据需要将笔记拷走,如化学方程式的书写等"(DTZXT1)。部分学校的教师认为网络学习平台或 APP 有助于优化教学过程,YYZX 的英语教师自己申请了微信公众号,构建英语学习平台,"学生不但能获取原创的微视频,还可以参加英语学科素养活动,结合英语拼音大赛,促进学生之间的交流协作。另外,优秀学生的精彩表现片段在可微信平台上播放,(教师组织学生进行)线上投票"。该平台给中小学英语教师信息化教学带来了辐射效应。

(二) 对技术的态度变迁

尽管人们总是怀揣美好的愿景,期待技术能解决实际教学问题,然而现实中,技术在学校中的应用却远远达不到人们的预期。人们发现技术并不像"想象中那么好",总会存在这样或那样的局限,对教学实践产生的积极影响远远不如人们期望的那么高,于是开始对技术的教学作用产生失望情绪,甚至放弃了使用技术的尝试。面对教学实践中遇到的种种困难,人们对待新技术的态度正如图 7 - 2 中的曲线所示,从狂热的追捧,到幻灭的低谷,之后进入一个相对平稳和成熟的时期,人们对新技术发展的认识逐渐趋向于理性,并对新技术在教学中的应用情况进行反思和新的探索。

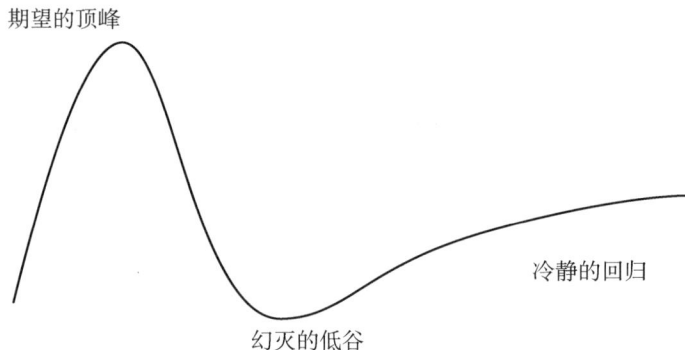

图 7 - 2 对技术期待的理性回归

　　从文献中也可以折射出学者和一线教师面对新技术的态度变迁。以翻转课堂为例，在翻转课堂发展早期，研究者重点关注翻转课堂的教学模式、教学策略及应用实践方面。然而，随着翻转课堂教学实践的深入，人们对翻转课堂的态度也发生巨大改变。有学者指出，在翻转课堂实践过程中存在种种限制条件和挑战因素，[①]微课在翻转课堂中的应用情况、课前学生的"先学"质量、课内学生高阶思维能力的培养以及教师的专业素养储备等都是教学实践中面临的难题，[②]这在很大程度上都会影响教师对翻转课堂的探究热情。当人们意识到新技术的实践效果并不如预期的那样美好，就会对新技术重新审视、重新定位，不断调整教学实践理念和方法，以期提高教学效果。

　　对学校的访谈数据也能在一定程度上反映出学校在推进技术过程中遇到的种种问题以及对待技术的理性认识。有部分学校表示，在选择系统平台时要谨慎，"在对平台一次性投资后，后续还要投入资金用于维护，由于学校无法把控，因此导致平台资源无法更新，很多新功能无法拓展，无法放开手脚与企业合作"（LWGZT1）。学校会把教师对技术的接受度考虑在内，"如果一个平台的功能繁琐、教师需要很多时间来摸索，就无法得到较快推广"（DTZXT1）。有些学校会从实用的角度考虑采用的技术手段，"新技术确实很先进，但如果技术不太成熟，而且新技术价格比较高，则性价比相对较低"（CNZXT1）。学校在引入新技术时也会考虑家长的意向，"班级分类是基于学生和家长的自由意志选择的，不同家长其意向不同，表示支持的父母会非常支持使用BYOD，不支持信息化教学的家长就坚决不希望教师在课堂使用设备"（SYXXT1）。同时，教师会把学生在学习中面临的实际问题考虑在内，"对于翻转课堂，加入语文、数学、化学等，每门课程都需要学生回去看视频，学生回家后的时间被完全占用，也是一个问题"（CZZXT1）。

四、技术与教育的新一轮赛跑

　　日常生活的信息化与课堂信息化的赛跑趋势明显。生活中普及的技术为教学带

[①] 何克抗：《从"翻转课堂"的本质，看"翻转课堂"在我国的未来发展》，《电化教育研究》2014 年第 7 期，第 5—16 页。

[②] 祝智庭，管珏琪，邱慧娴：《翻转课堂国内应用实践与反思》，《电化教育研究》2015 年第 6 期，第 66—72 页。

来新的变革,它们经过设计或改编已经开始渗透到学校的常规教育中。社会化交流软件、网购软件、交易软件降低了技术的使用门槛,在改变生活方式的同时,也对教育产生了影响。以 QQ、微信为代表的日常交流平台,已然成为许多教师开展校内外交流的重要渠道,甚至有教师依托这些平台开发了在线学习课程。"通过微信策划数学教学活动,后台录入题目并自动评分,教师可以检查学生的答题情况;通过关键词检索,微信自动出现相应知识点,帮助学生巩固弱点环节",YYZXT2 教师基于微信公众号开发了数学学习平台,由于这种方式大大降低了教育信息化的开销,因此在没有更好选择的情况下,社会化交流工具不失为一种可替代的选择。"微信、外卖点餐……我们的教师和学生现在都会用这些软件,技术接受程度也提高了。"(YYZXT3)社交化技术不仅扮演了一些"替代角色",还为教育教学创新提供了可能。社交化网络直播平台的应用,为大众共享生活、知识、技能提供了平台,也为"草根"教师提供了成为"明星"教师的机会,让更多优秀的教育资源覆盖到更多学生,"我们本来计划构建直播平台,一位教师上课,其他老师辅导,但由于经费没有到位,我们就申请了一个社交化直播软件的主页,整个年级今后都可以看到我上的课;目前我还计划每个周末进行一次直播,学生在家里都能看,孩子们非常期待"(MLZXT3)。目前技术的发展达到了一定高度,也促成教师对培训的新需求,"技术培训的需求还是很大的,但我们只是听说,并没有实际接触,大部分要靠教师自学"(LWGZT1)。信息化的领跑,已经开始要求整个教育领域进行信息化变革,对教育信息化的前进形成了推力,"整个社会都在信息化,连学校考核都要有信息化;我们是很愿意让孩子们用信息化手段来学习,但是区里的年底考查都要有纸质作业,也要求教师拿出纸质教案,这和信息化的教学方式完全不符"(FBXXT3)。总体上,目前技术发展处于持续上升态势,社会生活中的技术应用无论从教学支持还是应用创新来讲,都要远远领先于教育领域的信息技术应用,但需要关注的一个问题是,商业化的应用包含了太多干扰性因素,不能很好地达到"纯净的教育平台"的要求,"QQ 或微信家长看没看(我们老师)不清楚。时间一长,文件也会失效。我们学校和公司合作的一款软件,如果没有点击,系统会给予提醒,家长点击文件后教师就能看到。另外与微信不同,我们的软件是去社会化的,没有额外干扰"(MLZXT3)。

技术带来的破坏性创新在教育领域有所显现。互联网开放、共享的特性,增加了每个个体的投入感,"学生在暑假期间利用平台实现口语练习,每个学生通过给图片配音,完成每个单元的 Topic(话题),作业的形式更加丰富了"(YYZXT1),这些在课堂中来不及完成的任务,可以通过平台在课后拓展。精细化服务的小众软件给教学带来了多种可能,"上次看到陈老师拿着一本册子,里面的每一道题目后面都有一个二维码,如果你不会做这道题,你只要扫一下二维码,就会获得有针对性的解题过程,就像名师讲解一样"(HMZXT1)。教师普遍表达了对这些小巧的、接地气的 APP 的欢迎,例如:有教师提到"默写生字的、默写古诗的,或者只要读一读就能够检测的,这种 APP 是非常需要的"(HMZXT2)。同样的教学材料,"我在平台上设置了快、中、慢三种语速的听力材料,满足了不同层次学生的需求"(CNZXT3),教师通过一些基本的技术实现了分层教学。用于学生自主学习的工具不断增多(如使用纳米盒来听录音、查笔顺等),"在同样的学校设置平板班级和非平板班级,学生选择平板班级的热情都比较高"(JDSXT1)。学生内隐的特质通过技术得到显示,教师对内向孩子的关注本来很少,但是通过网上的数据能够更加了解每个孩子的特质,"没有技术,得依靠经验和感觉;有了数据之后,判断更加客观了"(DTZXT1)。在学校之外的非正式教育领域,技术的破坏性创新则体现更多,社会经济领域中以消费者为中心的服务模式也渗透到了教育领域,"我们很多学生的课外辅导班,信息化应用非常多。教学资源从单一走向多元,在线课程提供了多种学习路径的可能性,并且与学校教育相比,孩子的个性化学习需求更容易得到满足"(HMZXT3)。还有教师指出,校外语言学习的支持得到了很大的创新,"有的 APP 能够自动检测学习者所处的位置,提供情境有关的单词或表述,把生活中的不同环境都变成了学习场所,使得学习能够真正随时随地开展"(YYZXT2)。

缺乏实证性研究以及唯分数的选拔机制,制约了技术在教育中的应用。在开展应用移动终端的学习过程中,技术是以延伸课堂的工具被应用的。因顾虑网络会对学习产生不良影响,课堂上使用移动终端的频率不高,这在一些学校是普遍的现状。考评选拔制度关乎学生的未来发展,信息化学习没有立竿见影的效果,都是导致信息技术应用频率不高的因素。"信息化关注孩子课后学习,社会对信息化学习有一些不认同,与应试教育存在冲突"(SDFZT1),社会与家长不可避免带有这种心理。已有的学校探索证明,"信息技术对孩子的影响是很滞后的,创新性的、明显显现的量化证据表明信息技术有用,但这些证据是有限的"(CNZXT2)。

第二节 系统性设计：信息化社会的教育新格局

随着第四次工业革命的来临,技术发展的速度已经超越人力资本的供给,它裹挟着强劲的动力冲击了信息时代的社会生态。在社会各领域中,技术的领跑态势催生了诸多领域的颠覆性创新,信息技术所重塑的社会生态带来的新挑战也促使世界教育格局发生巨变,从教育环境到教学方法、从教学内容到学习过程无一不展现出革新之态势。系统性的教育变革正在且必然会继续发生,在对教育的核心进行重新思考的基础上,在可预见的未来,我们认为信息技术将从人才培养目标、学习环境以及教与学的过程形成三位一体的系统性设计,实现对教育形态的重塑。

一、工业 4.0 时代的新挑战——形成具有竞争力的人力资本

在社会及技术指数级进步的推进下,第四次工业革命以智能化和信息化席卷而来,无论是德国的工业 4.0、美国的工业互联网标准,还是我国的相关信息化、高科技发展规划,此次新一轮全球工业革命实际上是借助两个 IT 的结合(Industry Technology & Information Technology,工业技术和信息技术),实现移动互联网和工业的深度融合,实现智能制造。不同于前三次工业革命在特定领域引起"海啸",这一次工业革命不再局限于某一特定领域,从通信技术和传感技术、材料领域的纳米技术、神经及脑科学研究技术,到广泛应用于各领域的 3D 打印技术……特别是它们之间的跨学科研究和相互辅助效用,均是此次工业革命涉足的领域,其产生的强大联动力量使得整个社会形态产生巨变。同样在教育领域,科技革命改变教育内容,信息革命改变教育模式。教育必须主动适应,才能帮助未来的人才建构起符合时代要求的思维方式和知识结构。若想在智能化时代不被替代,就必然需要通过教育来确证人的本质力量与主体地位,这将对我们的教育提出更新、更高的要求。

针对我国工业革命正处于高端承接、中端升级、低端转移交叉并存的转型期,我们将面临与发达国家在高端环节更直接竞争,与新兴市场国家在中低端环节更激烈争夺的双重竞争压力。因此,培养学生哪些核心能力,才能使其在 21 世纪成为具有竞争力的人力资本,是我国工业 4.0 时代人才培养面临的新挑战。这就要求学校对教什么,

以及如何教都要有系统性的创新思考。更重要的是，教育所发挥的作用将不仅仅是操作层面的，即不断提高人本身的技能及知识储备来与技术相抗衡；而应当是创造性的，即直面新兴技术的发展，认清新技术的本质、优势与局限，成为掌握技术、改进技术的人，使得人在这个技术蓬勃发展的年代发挥更大的主观能动作用。因此，在人才培养目标方面，需要在核心能力的培养、课程方式、师生角色等方面进行系统性的全新思考，也需要在这些全新思考的实施中充分利用和发展互联网思维，并加快推进扁平化的知识创造与知识传播新模式。

二、新的知识视野——多元化互联世界中的教与学

互联网技术的飞速发展促使知识创造和传播方式发生创新。由于知识更新的速度加快，知识传承不再是学习的主要目的，更重要的将是学习的迁移以及不断学习的能力。这就需要教育体制下的课程设计与教学方法，能够为学习者提供多样的创新学习历程，使其具备基本的学习迁移能力以及学会学习的能力。信息技术为学习体验中对知识本质的探究创造了更多的可能性，也为知识创造提供了拟真的条件和连接的资源。如何增强教育的包容性、反思多元化互联世界中的教育新模式，便成为当前信息化教育要面临的主要挑战。

在教的方面，教育体制应以提供探究和知识创造的机会来设计课程和学习历程。从创新的教学设计可以看到，永不停止对未知世界的探究以及在此基础上的知识创造是人类与生俱来的能力，也是那些不易被机器所取代的核心能力。因此，围绕着这一目标，依托信息化提供的多样课程的拓展、便利的资源连接、拟真的知识创造和知识应用，实现创新教学模式是未来教学的发展趋势。在学的方面，教育体制的改革，需要在如何应用信息技术实现可能性创新学习历程方面着力。在知识呈指数式更新的时代，学习终身化已成为基本特征，人人、时时和处处的学习以及共同的知识创造已成为常态。针对1996年发布的《德洛尔报告》提出的学习四大支柱，当前的教育很好地实现了"学会认知"、"学会做事"，即教会学生学习广泛的一般性知识，并就一些科目展开深入研究；掌握职业技能，具备处理各种情况和团队协作的能力。但随着全球知识格局和物质基础发生翻天覆地的变化，我们正步入一个新的历史阶段，各个社会之间相互联系、相互依存，各种复杂性、不确定性和张力都达到了前所未有的程度。除了知识传递外,教育的社会化功能的重要性也愈发凸显。因此,必须根据可行、可持续的人类和社会发展新观念来重新审视教育的目的和学习的组织方式,"学会做人"、"学会共存"成为我们无法回避的新诉求。如何借助信息技术培养个性化的、具有创造力的、善于协作的人,使得未来的人们能够在不断增强的自主性、判断力和个人责任的基础上采取行动,在学会沟通、认识相互依存的道理下解决问题,乃是新格局下的学习目标。

三、迈向新的学习空间网络

作为工业时代的产物,学校在人力资本的培养上无疑发挥了巨大的作用,并且已经成为社会生态的组成部分。虽然对学校是否会消亡的预言自媒体技术出现以来一直不绝于耳,但学校作为教育的核心组织形式,已经成为社会文化的一部分,面对不确定的未来也将继续存在。但同时,学校无疑将发生变革,将迈向新的学习空间网络。空间上,传统教育机构转向混合、多样化和复杂的学习格局,实现更流畅的正规学习、非正规学习和非正式学习一体化学习方法;时间上,学校和正规教育机构与其他非正规教育机构开展更加密切的互动,而这种互动从幼儿阶段开始,延续终生。学习空间、时间和关系的变化有利于拓展学习空间网络,让非正规和非正式的学习空间与正规教育机构相互影响,并相互补充。同时,互联网连接和移动技术的飞速发展以及开放的公共教育机会,正在改变着社会、民间和政治参与的模式,越来越多的工人和学生在国家间流动,变换工作岗位和学习空间,全球学习格局的显现使得有必要重新考虑如何承认、认证及评估学习和能力。

第三节　培养目标: 那些不易被取代的能力

随着全球化和信息社会的飞速发展,特别是工业 4.0 时代的到来,智能制造在使个人生产效率得到巨大提升的同时,将进一步取代机械性的、可重复的脑力及体力劳动。技术进步将导致大部分人工岗位消失,现有教育体制下培养的人力资源将无法适应第四次工业革命发展的需求。面对这一新的挑战,许多国家开始思考什么才是未来学习者需要具备的核心技能,特别是那些不易被技术取代的能力,进而形成 21 世纪具有竞争力的人力资本。

一、21世纪的核心能力

应对21世纪技能需求演变这一挑战,如何定义及培养核心能力成为这场竞赛中的制胜关键。从世界各地及组织颁布的前瞻性报告中,我们可以窥见一斑:经济合作与发展组织定义了诸如文化表达、人际交往等八类关键能力;欧盟定义了语言、数学与科学、信息素养及创新精神等公民素养;联合国教科文组织提出的四大学习支柱。可以看到,未来教与学的目标已经不再是以传统的以知识为核心的传授,而是增添了对于交流、合作、组织、问题解决等一系列学习迁移能力、分析与创新能力的培养。又由于技术的广泛接入,信息素养与数字素养的培养也成为关注所在。

面对不确定的未来,无论教育形式怎么发展变化,根基依然是知识与技能,但在技术变革社会生态的潮流之下,人才培养需要在保证知识与技能这一核心能力的基础上,发展出顺应时代变迁的能力。因此,全球互联使得学会做人与学会共存等能力也成为关键。

在知识方面:除了基本知识的习得、信息素养、数字素养以外,也应考虑发展出新的思维与方法,如系统性思维(Systems thinking)——具备跨学科知识整合能力和碎片化信息整合能力;设计思维(Design thinking)——具备将认知创新实践和体系化归类的能力;全球化素养(Global literacy)——具备国际化视野,充分理解每个个体的思维方式及看待问题的不同视角。

在技能方面:整合经合组织及联合国教科文组织提出的技能,包括问题解决、批判性思维、创造力、协作、沟通、信息收集等,其中的批判性思维、创造力、协作与沟通成为未来社会急需培养的核心技能。

在学会做人方面:在了解自身的基础上,发展元认知能力,懂得自律与自我反思,能够在不断增强的自主性、判断力和个人责任的基础上采取行动;同时在品格方面,呈现具有同理心、包容心、好奇心及领导力等综合素养。

在学会共存方面:增强公民素质。加深对于他人的理解,认识相互依存的道理,以及在相互联系日益紧密和彼此依存日益加深的世界中,能够形成对他人的责任意识和责任感。

二、可转移的技能与创造力

探索永恒的人性,追随变化的发展,才是引领教育的核心精神。当今世界格局错综复杂,资源矛盾突出,而在技术蓬勃发展的同时,机遇转瞬即逝。面对这种情况,人们寄希望于教育能够培养出适应环境快速变迁并及时做出应对的人。因此,在 21 世纪核心技能中,除了读写计算等基础技能及职业技能外,可转移技能成为未来人力资本的核心竞争力。可转移技能可以简单定义为找到工作和保持工作,它包含能够适应不同工作需求及环境变迁的多种技能,是一种分析问题、解决问题、沟通与决策、领导力与责任感的综合体现。从目前的教育体制来看,需要不断丰富当前教育内容与方法以实现对这种复合能力培养的环境搭建。

此外,在政策、资本、技术三重利好之下,人工智能以其卓越的计算能力、漫无边际的数据集、深度神经网络分析等优势成为未来十年最具破坏性能量的技术。"机器将取代人类",成为当前人类恐惧人工智能的焦点所在。但理性思考后就会发现,不能独立进行常识性推理、创造及规划工作的机器人并不存在与人类抗衡的智力,人机协作才是未来技术浪潮的发展趋势。因此,面对新一轮人力资本竞赛的教育体制系统性变革,必须将释放创造力作为一个重要的考量因素纳入培养目标设计。创造力作为一种所有思维能力的综合,需要长期的思维习惯和良好的整体氛围,如何构建创新生态系统,开发人类智力及好奇心,需要在未来培养或释放创造力方面进行充分设计。对于鼓励个性创造的信息经济和知识经济而言,更需要一种"差异的平等"基础上的公平和效率。"差异的平等"观念不仅尊重人性的丰富多样性,更凸显内在的"公平"和因材施教。最有效率的教育活动不是培养少数英才,而是面向大众真正地因材施教,让每个人都获得与自身相比的进步和最大潜能的激发。"差异的平等"应面向受教者的复杂性、教育活动与过程的复杂性和受教者发展的无限多种可能性,尽可能因材施教。严格来说,教育者面对多少个学习者,他就必须建立多少种不同性质的关系,发出多少种不同的影响,接受多少种不同的评价。需要指出的是,创造性人才不是指向少数人的创造能力培养。在"差异的平等"观念里,每一个人都具有创造的潜能,要把每一个人的创造潜能都激发出来,才是真正面向大众的创造性人才的培养。因此,如何建立一种更具包容性和弹性的教育观和教育制度,通过建立"异质的、多元的标准"来达成"差异的平等",从而实现所有人基于自身个性的发展和成功,实现人的创造性,是信息化时代对现代教与学提出的新挑战。

　　总的来说，要培养什么样的人，是时代变迁赋予我们的难题。无论是面对教育的经济功能，还是生存功能，最终的目标都是帮助人类在不断学习、解决问题、提升创造力的情形下，能够与他人及自然实现和谐共存。回归到本质，教育承载的应该是一种可持续的发展观。

第四节　学习环境的革新

一、学校新形态

　　复杂科技在为学生提供灵巧便利的学习工具、真实丰富的学习体验的同时，也逐步影响着未来学校的形态。学校不再仅仅是空间的存在，学校的时空将会通过网络延伸；学校不再是统一的模样，教育体制下需要设计更具多样性的学校，针对通用能力和不同侧重的能力为多样化人才培养提供机会；也将有更多的定制化的学校，特别是在后义务教育阶段；学校将成为学习体验的主要场所，包括学习者体验科学过程、体验知识的应用、体验对话、体验合作、体验创造，而知识传承的过程，将分散在信息化所创造的环境中，通过个别化、自适应的方式发生。

（一）新范式的实验样本学校

　　为了应对工业4.0时代人力资源的全新挑战，一些有别于工业3.0时代办学理念的系统性变革思想开始出现。具体的变革体现为基于信息时代的关键特征及教育需求，设计范式变革方案，其中包括教学设计理念的系统重构以及个性化教学的设计与实施。这种系统性教育革命思想分别在学校层面以及学区层面产生实验样本，如美国明尼苏达新乡村学校（MNCS），以及美国楚加奇学区。这些学校是落实教育设计理论领域著名的瑞格鲁斯（Charles M. Reigeluth）教授及其同事提出的"学校系统变革草案"思想的实验样本。

　　有别于一般的学校，新范式学校全面实施六个核心理念：（1）基于目标达成的学习进程（Attainment-based Progress），该理念强调关注学习者的学习状态，而非注重对学习者分等分类，操作上该模式以"掌握学习"（Mastery Learning）为目的，关注学生在掌握某一个技能或学习某一主题时应达到的掌握目标；（2）生本中心教学，该理念包括定制个性化学习计划、完成基于项目的学习、合作学习和个性化教学支持等,该过程中学生与导师共同定制学习计划,学生基于自我指导学习、个性化学习和小组项目学习完成学分任务;(3)拓展课程视野,该部分因不同学校和学生需求而异,例如 MNCS 就为学生设立了关于尊重/责任感、学业成就达成与增强参与度为主题的各式拓展课程;(4)转换角色,在 MNCS,教师被称为导师,他们拥有两种角色即教学与管理,在教学时,他们是学习的促进者而不是知识的传播者,在管理时,由于没有校长一职,因此教师们共同决定学校的运营;(5)培养学习文化,例如强调学生的内部学习动机和自我指导的学习、提供家庭服务等方式;(6)组织、激励结构变革,包括集团化学校联盟取代学校,提倡学生自主选择等。

(二)定制化的学校

互联网所具有的精细化、定制化特性在学校办学范式上也已经崭露头角。代表性的此类办学实例,一是适宜大众、在职人员的 UniversityNow;二是以小班化、精英式培养为特色的密涅瓦计划(The Minerva project)。

作为一个定制化的学校,UniversityNow 面向相对低端的用户人群,即那些由于经济、机会或其他原因错失高等教育机会的人群,为其定制学习机会。UniversityNow 是一家总部位于美国旧金山的营利性教育科技公司,作为一家创新企业,旨在迎接世界高等教育事业发展过程中成本、机会和完成率的挑战,其主要途径是通过运用新技术来运营一所高质量的、学习者支付得起的私立大学,目标在于确保高质量的高中后教育为任何地方的任何人所拥有。

同样可以被视为定制化学校项目的密涅瓦计划,则面向相对高端的用户人群,即那些有兴趣体验丰富大学校园生活的学习者。密涅瓦计划是一所由多名美国教育家一同创造的新的四年制本科大学。凭借严苛的学术标准、科学的教学方法和优秀的师资,利用尖端技术的先进的互动式学习平台,加上四年真实的全球体验,致力于向全球最具智慧、最积极进取的学生提供一种全新的大学体验。四年间,密涅瓦的学生能够获得浸入式的全球体验,四年里的每个学期都会去世界上一个不同的城市生活和学习;课程学习体验是现代化的,课堂中没有传统的教条式授课,每一堂课都控制在 20个学生以内;学生将获得终身的成就支持。密涅瓦不仅仅是一所本科大学,许多世界顶尖的营利性和非营利性机构都与它建立了关系,等待密涅瓦的学生参与实习和工作;学生能够享受到无差别的招生理念。为此,密涅瓦招生采用的是自行设计的线上评估考试,它不仅仅对学生的知识面和分析能力进行考量,还对学生的领导才能和创造力给予充分重视。

二、学习空间新模式

随着学校新形态的不断涌现,配合以电子资源和移动设备的普遍使用,学习空间也在不断延展。学习与探索变成可以在任何地方、任何时间发生的一种行为。实体空间与虚拟空间的深度融入,跨学科研究激发的深度学术关系与互动,协作性与创造性不断带来新鲜的学习体验,使得分散式、混合式、扁平式等多种学习空间在未来的学习中发挥巨大的能量。

(一) 混合式学习空间

当以学生为中心的教学模式成为趋势之时,教学法将转向以协同为导向、以项目为基础的学习模式。这时,越来越多的学习活动需要在传统教室之外的场所展开,学习者参与探究、制作、模拟、感知及小组互动成为最主要的学习活动。各种新式创客空间、沉浸式设备为学习者提供了创新体验与协作的条件,并在不断激发学习兴趣的同时,实现创造力与跨学科能力的培养。在这种趋势之下,校园规划需要有新的设计洞见:如何更加有效且高效地使用教学空间? 如何借助初露端倪的变化趋势来预设空间的使用? 混合式学习空间成为帮助校园应对日益增长压力的途径。

传统校园或学习空间总是依照建筑的范畴来划分空间,如教室、院系或行政楼,但随着学习空间的不断延伸,传统分类方式正逐渐失去其意义。对非正式学习环境需求的增加,使得空间不再那么单一化使用,各式学习活动混合在一起形成分布式学习。此时的校园可以理解为由不同场所组成的"网络群",用以支持教师、学生及行政人员间的交流与互动,甚至在全球范围内形成学习社区,构建对话机制及开展项目探索研究。因此,混合式学习空间可以理解为在整合正式和非正式学习环境的基础上,通过分布式学习空间的策略,并借助于非正式环境来激发实验性发展和创新。这种新型的学习空间不再以建筑为空间划分类型,而更有可能的是围绕着人的活动和互动模式来进行,依托于更便利的移动性,为学习者提供更多样性的选择,并借助设施之间的耦合以及群组优势产生出协同增效的作用。因此,基于整合正式与非正式空间的规划原则,提供能够支持混合型活动的、富有活力的空间节点网络,将是未来学习空间的发展趋势,其中如何有效地分配和统筹这些空间系统则是挑战之一。

(二)分散式合作课堂

最能体现互联网思维特征的知识创造和传播模式,也开始在课堂实践层面涌现。具有代表性的是分散式合作课堂,以充分挖掘学习参与者个体智慧与资源的互联网方式,汇聚学习者的经历与思想。作为分散式合作课堂实例,2010 年上海世博会"走走·停停"项目由同济大学和上海建桥学院包括信息、电影、机械、数字媒体等七个专业方向的师生合作完成,其组织形式体现了互联网思维的分散式合作。该项目能够满足来自不同文化背景的人在虚拟世界里实时加入同一个主题项目,通过人与人之间的互动产生想法,启发参与项目的学生从竞争性比赛转变成互相合作、充满关爱的学习体验,开阔视野,尝试跨界思考,培养多维思考的能力。

分散式合作的学习方式,能够把知识创造和传播的社会属性引入课堂。当不同背景的学生通过技术连接参与到同一个课堂项目时,学习就成为一种能够延伸至知识创造的全球体验。例如,在伊拉克战争期间,美国布鲁克林科技高中的学生和瑞士温特赫尔李氏学校的学生一起参与了一个分散式合作课堂项目,他们一起探寻不同文化是如何看待这场战争以及其他全球冲突的,并就解决争议、倡导和平提出问题和建议。分散式合作课堂使得学校的学习环境得以拓展,使得学生能够体验到真实世界的知识创造和传播过程。

(三)扁平式项目

同样能够在课程实施层面体现互联网时代知识创造和传播模式的,是学习项目的"扁平化",具有代表性的扁平式学习项目正在逐步得到应用,体现出全新的学习者和教师角色的动态性与生成性,以及知识传递的多向性和知识生成的多元化。

第一个发现扁平化学习项目具有巨大价值的学者是伦敦大学附属医院的 L·J·阿伯克龙比。在 20 世纪 50 年代进行的研究中,阿伯克龙比发现了一个很有趣的事实:当一批医科学生跟医生查房并一起对病人的病情进行诊断时,他们得出的结论比单个学生陪着医生去查房时得出的结论更加准确。由此,阿伯克龙比认为团队的互动使得学生有机会质疑对方的假设,发表个人看法,借鉴别人的观察,最后对病人的病情达成共识。

扁平化项目的特点是把学习过程的重心从个人转移到了相互依赖的团体上,通过与他人深入互动、交换想法、相互审思来完成学习过程中的深入思考,最后得出学习共识。在此过程中,学生不仅学会互相学习,还学会对话、学会解决纠纷。教师的作用则主要在于促进学生间的讨论,分享自己的专业知识。

第五节　教学过程的建构与重构: 延续与颠覆并存

在教育领域,信息技术被引入到教与学的各个环节,对教学过程和教学效果产生了深刻的影响。依托信息技术构建的多媒体和网络教学环境,为多元"学与教"方式的实现,提供了理想的场所和技术的支持,使得教学效果有了显著的提高。同时,移动技术和互联网技术的飞速发展,又给教育领域带来了颠覆性创新变革。信息时代,延续性创新和颠覆性创新同时存在,共同建构与重构教学过程。

一、延续:信息化增能教学过程

(一)拓展学校形态

信息技术的飞速发展改变了学校的形态,并使其呈现多样化、定制化的特征。新范式的实验样本学校,从工业革命的教育范式转向当今信息社会所呼吁和需求的教育体制,支持合作学习、个性化学习、小组项目学习;定制化的学校提供技术提升的"以学习者为中心"的服务模式,具有精细化、定制化的互联网特性;分散式合作课堂突破区域和文化挑战,通过互联网形成全球的学习环境,充分挖掘学习参与者的个体智慧与资源;大规模在线课程突破时间和空间的限制,让学习者随时、随地参与课程的学习和交流;扁平式学习项目将学习重心从个人转移到团体上,通过学习者之间的合作,增强学习者的学习欲望和批判性思维能力,从课程层面体现互联网时代知识创造和传播的模式。

(二)信息技术建构/重构教学过程

信息技术构建以学习者为中心的学习环境,以符合学习的结构性、社会性、情境性等学习科学基本观念;将技术所创造的学习过程(如在线学习)整合到现有课程以提升课程教学实践效果;以技术为学习过程提供优化服务,如适应性和路径推荐。

（三）从组织、管理及决策的角度为教学过程提供支持

有效组织课堂方面，利用信息技术组织有效课堂和课堂教学策略，进行课堂教学有效管理，并对在项目学习中课程、教学设计和评估的集成及应用提供支持。教学管理方面，基于信息技术的教学管理模式，主要集中在教学管理模式的构建以及比较方面。决策支持方面，认识到教育是一个复杂系统，通过应用大数据技术深入洞悉教育现象背后所蕴含的深层逻辑，对存在的问题以及需要的决策提供支持，推进教育决策的科学化和教育治理的动态化。

（四）从学习评价方式的角度为教学过程提供支持

采用信息技术为形成性评价和发展性评价提供有利条件，根据学习内容和学习目标的差异建立不同的学习过程性评估模型，从而构建信息技术环境下的学习过程评价体系，实现基于数据的有效学习评估。借助信息化评价工具和方法能够对学习过程中学生的学习效果进行测试，实时监测学生的变化情况，并将学习分析结果作为学习改进的依据。

二、颠覆：信息化创新学习历程

（一）每个学习者都不容忽视：以学习者为中心，挖掘人的潜力

随着互联网技术的飞速发展，满足多样服务需求的互联网应用在教育领域的作用日益凸显，催生了很多新型互联网教育形态。这些教育形态有别于工业时代的"标准化教育"，都是以学习者为中心，基于学习者的个性化差异和学习需求，提供更多选择性的学习内容和学习方式。新一代互联网教育形态体现了服务精细化的特点，使得大众的多样化需求得到释放，特别是个性化的、"小众"的需求能够得到与"大众需求"同等的关注与满足。目前诸多此类的创新学习方式已然出现，在教育体制的改革中，需要对此类创新学习方式加以认可，同时从制度和机制上提供相对宽松的发展环境。

（二）多样性的学习选择：目标、机会、路径、资源、体验

学习的终身化必将成为 21 世纪的常态。此外，信息时代学习者对学习方式的诉求，由被动接受向主动探究转变，由学习内容的消费者向学习内容的创造者转变，由工业时代的"班级授课制"向信息时代的"个性化学习"转变。在这个过程中，技术更多地被用于个性化学习，为学习者提供前所未有的多样化学习选择。学习者可在不同的情

境中学习,通过移动设备简单、快速地实现学习情境和学习方式的切换,更好地融合正式学习与非正式学习。互联网技术使得学习资源从单一走向多元,为学习者提供了多路径学习方式。借助移动和互联网技术,学习者可以随时随地、平等地获取和使用各类数字化学习资源,拥有公平的学习机会。通过仿真和虚拟现实等技术能够模仿真实世界中的情境,使学习者能够在虚拟情境中开展学习,为学习者提供个性化的学习体验。

(三) 在知识创造中发挥价值

信息社会造就的知识创造和传播方式的创新,充分挖掘了个体智慧,使每个学习者都能在知识创造中发挥其价值。"互联网＋"时代,知识不再是被动地接受和灌输而是主动地生成,生成的方式就是主动分享,在不断分享的过程之中产生新的知识。通过社交网络、在线问答社区等新的知识交流模式,激活每个学习者的传播能量,人人都可以进行知识的社会化表达与分享,增加自我价值。信息社会涌现的互联网创新教育应用,使得人人都能够创造知识,人人都能够共享知识,人人都能够在知识创造中发挥其最大价值。

三、展望: 人工智能时代的学习新形态

(一) 信息化生态中已有的新形态

教育体制中,学校教育无疑是主阵地。而同时,学习作为人类的终身事业,又远远不限于发生在正规学校范围内。如果说学校已经开始在信息化生态中体现些微创新形态,那么在作为教育私人产品的教育市场所涌现的创新学习形态,则更为蔚然,更能够为教育创新带来全新思路。具有代表性的学习新形态,包括真正实现了自适应学习、个别化学习、基于位置的学习等。

1. 自适应学习

美国目前最大的自适应学习平台 Knewton 就是一个自适应学习的代表性案例,依托亚马逊的大数据和云平台服务,以及对学生的持续测试,Knewton 不断挖掘学生表现数据,从而建立知识图谱和概率图模型为其推荐个性化的学习路径。

自适应技术与网络学习和数据挖掘技术的结合,满足了学习者个性化服务的需求。与传统课堂中教师难有精力顾及每一个学习者的个性化需求不同,互联网学习环境中的自适应学习技术,使得"因材施教"变得不再遥远。

2. 个别化学习

作为私有教育产品的在线教育,满足个别化需求是其最大的一个特征。这类产品在语言类学习中尤其突出,例如扇贝单词、拓词、百词斩等。记忆单词的核心即是利用记忆曲线进行重复,以及推动学习者坚持完成该过程,但是学习者的记忆能力、学习时间、学习目的和基础水平都有所不同,因此需要满足个别化学习的需求。以扇贝单词为例,最大的特点是能够定制个性化需求,比如选择背单词的等级(如大学英语四级、六级、雅思、托福等),制订背单词的具体计划,并能结合每个人一段时期内学习的程度和复习结果自动调整学习进度和内容,帮助学习者树立学习目标,从易到难、循序渐进地学习。一方面满足个别化的需求,另一方面激励和鼓励学习的信心和学习动机。此类应用的个别化还体现在能够记录每一位学习者的学习过程,如单词学习数量、测试成绩、点击数据等,并据此推荐最适合个人的学习路径。

3. 基于位置的学习

将互联网基于位置的服务应用于教育产品而打造的基于位置的学习,是最能体现教育产品创新的一种教育应用服务。Voxy是此类教育应用的代表性案例,它是一个移动语言学习位置服务应用,能够根据用户所在地理位置和所在场景,为其推荐最适合的语言学习单词和语句,并支持语音朗读和选词填空等学习方式。其目标是要实现"从生活中学习语言",使用户在日常英语学习中更紧密地结合生活细节和实用功能,获得沉浸式的语言学习体验。此类教育服务应用,把生活中的不同环境都变成了学习场所,使得学习能够在所需要的时间和地点自然地发生和开展。

(二)人工智能时代的新形态

1. 人工智能席卷而来

随着技术的蓬勃发展,教育不仅将会更加有力地推动人类进步,从教育的本体论而言,教育自身也将更接近其本质,"人"在教育中的核心地位也将更加凸显。人工智能的出现,也使得教育进一步确证人的本质力量与主体地位。从广义上讲,人工智能的应用已经非常广泛,各大新闻客户端会根据阅读者的阅读兴趣推送相关新闻,各大电商平台会根据购物者的购买习惯推送相关商品,几乎所有浏览过的网页所呈现的广告都与历史搜索相关……这些都可以称得上是人工智能的结果。而且,与过去60年人工智能的发展主要集中在实验室里不同，新一轮的人工智能已经在诸多应用场景中发挥威力。应该说，新一轮的人工智能浪潮才刚刚开始。

从云计算到大数据，人工智能已经具备了相对坚实的基础。其中，大数据称得上是人工智能赖以开展的生产资料，而云计算则是人工智能发展的生产工具。人工智能已经能够迅速变革各个行业。缘于人工智能的三大推动力是：数据、网络、计算能力，它们各自都在以指数级的速度发展。而人工智能的发展形式，可以分为三个阶段：首先具备认知能力，然后能根据认知能力智能处理数据，最后成为"虚拟的人类"。预计到 2030 年，人工智能发展将进入第二阶段。

2. 人工智能初级阶段

之所以说人工智能已经从婴儿时期进入到幼儿时期，主要是由于人工智能已经从对世界的观察和理解时期开始蹒跚学步，逐步向自己周围的环境进行探索，并参与其中。这主要表现在以下几个方面。

➤ 识别与理解能力开始显著提升

在语音识别与理解领域，IBM 在 20 世纪 50 年代末就开始了语音识别研究工作，并在 1962 年西雅图世界博览会上展出了被称作"鞋盒"的语音识别机器，1992 年研制成功世界上第一套听写系统 ISSS，1997 年推出了 ViaVoice。目前，自然语言识别与理解技术已经超过人类，实现在语音输入、自动化客服等相关领域商用，并开始向同声传译进军。不仅如此，牛津大学研发出的人工智能系统 LipNet 能够将视频中人物的嘴巴活动与其台词进行匹配，准确率高达 93.4%，而即使最专业的唇语解读者，其准确率也只有 20%—60%。在图像识别与理解方面，目前机器图像分类的错误率仅为 3.0%，并能够根据图像写出其所表达的含义，而人眼的辨识错误率在 5.1% 左右。除此之外，图像识别与理解技术在自动驾驶、智慧医疗等领域的能力表现也显著超过了人类顶级专家。

➤ 基于深度学习的各类应用已陆续展开

目前，基于深度学习的各类人工智能应用已经取得了较好的应用效果，并且正在推动人类社会从信息化时代向智能化时代转变。在云计算、大数据以及深度学习的推动下，人工智能技术已经开始改变网络空间中的业务模式。搜索引擎机器人能够根据用户画像为用户推荐满意的搜索结果和广告，写作机器人能够自动撰写新闻甚至科研论文,传媒监管机器人还能够自动识别色情和政治敏感的图像与视频。尤其是 IBM 基于前期 60 多年的持续技术积累,已经将其技术精髓集中体现在 Watson 之中,并从近几年开始陆续将其取得的成果在十几个行业进行商用,从最初的信息产业延伸至医疗、环保、投资、保险、并购、法律、时尚等行业,为相关用户提供较为完善的解决方案,期望引领整个社会全面迈入认知商业新时代。此外,卡内基梅隆大学正在考虑将 Libratus 技术应用在商业谈判、军事战略和大型银行使用的高频交易系统等各个领域,日本已经开始将情绪识别与理解用于检测网民的自杀倾向。

➤ 人工智能尚未出现本质性突破

人工智能的发展已经经历了三次大的浪潮。现在人工智能在深度学习的推动下,迎来了新一轮的发展浪潮。不过,本次浪潮还是由互联网、云计算、大数据等发展所带来的红利,无论是从技术上还是从应用上来看,人工智能仍然处于初级发展阶段,没有出现本质性的突破。面对不确定的未来,声音识别技术将更精准,电脑视觉技术也会提高,SLAM(Simultaneous Localization and Mapping)技术作为业界公认视觉领域空间定位技术的前沿方向,将让机器人的动作更加流畅,并且具备翻译能力以及针对限定领域进行的对话,机器人还可能会了解人类的情绪并模仿。

3. 人工智能用于教育

人工智能最初和最终的目的是为了让人类能够从重复性的、繁琐的、重体力型的工作中解放出来,去进行更有意义的、创造性的工作。在教育领域,人工智能与教育如何相互赋能是学者们关注的焦点。

从减轻工作量的角度来看,教师作为紧缺资源,将大量精力投入类似批改作业的机械性工作中是巨大的浪费,所以未来人工智能在教育产业中要解决的重要问题之一,就是如何让教师更专注地投入到提升教学效果的工作中去。除此之外,人工智能还会给教学方式、教学效果以及教师现状等方面带来变革,课堂设备的改变让教育的形式更直观,学习情况反馈的信息和速度都有大幅度的优化,让教师能够通过对数据的分析来灵活调整课程内容和进度。未来所有的人工智能技术都是为了优化教学场景和流程而服务的。

在学习方面,人工智能已经展开一定程度的应用。根据格悦科技 CEO 王冲总结,目前人工智能能够明确应用的场景和领域有三块,分别是专家系统、对话型 BOT 机器人以及认知计算。人工智能改变教育也需要按步骤进行，专家系统实际上已经有了30—40年的发展历史，相对成熟，是比较适合通过匹配相应数据直接投入应用的；另外在语言类教育中BOT机器人也有很大的应用空间，这主要体现在口语练习方面，通过智能对话低成本、灵活地提升口语能力；最后则是认知计算，落实到实操上就是图形识别系统，这一部分对于技术要求相对较高，若加以调整和适配，对于数据收集、分析都会有巨大的助力。

除此之外，类似虚拟助手等人工智能的应用也已被证明是有效的，澳大利亚迪肯大学（Deaken University）引进了IBM公司的技术平台Watson，为学生提供一周7天、每天24小时的虚拟咨询服务。这些Watson虚拟顾问一学期就处理了3万多个问题，使得教师有时间去应对更复杂的问题。人工智能的另一项应用是聊天机器人。聊天机器人引入了自然语言处理技术，比如Siri，因此能够像人类一样回答作业相关的问题，帮助学生处理文件。已经有许多学生使用诸如Siri和Cortana这样的虚拟助理来在线研究信息，或者管理自己的学习和提醒设置。人工智能在教育中的应用，还包括个性化学习、课程质量与教学内容的评估，以及运用智能辅导系统促进一对一辅导等。随着人工智能的发展，下一步很可能会出现被设计用来回答特定科目和概念的专门课堂AI，并能够根据说话者的年龄和能力调整答案。

与此同时，检查和评估学生进步的方法也将因人工智能而发生改变。伦敦大学学院最近的一个项目使用人工智能软件分析了数百堂课程的音频和书面数据，旨在确定哪种教学方法对学生最有效。项目发起者认为，在课程计划上采用类似的方法并导入学生成绩数据，有助于确定哪些地方的个别学生可能有学习困难，并提出相应的替代方案。

（三）脑机接入的新形态

1. 虚拟终成现实

当今，关于虚拟现实（Virtual Reality，简称VR）的研究呈现出井喷状态，专家们开始探寻可以使虚拟体验更具沉浸感、更加真实的创新方法。现在，VR技术已经超越了视觉和声音，开发出了可以让用户触摸虚拟对象，感受风和温度的变化，甚至在VR中品尝食物的技术。

然而，尽管已经取得了这样的进步，但仍然没有人会把虚拟环境错当成现实世界。

这项技术尚不够先进，而且如果仍然需要依靠传统头显和其他可穿戴设备，VR 就永远不能实现其真正的承诺。在创建一个真正与现实别无二致的世界之前，需要离开虚拟现实时代，并进入一个全新的时代——神经现实时代。

2. 虚拟现实 2.0：脑机增强

神经现实是指由跟人类大脑直接相关的技术所驱动的现实。传统的 VR 取决于用户对外部刺激的物理反应，例如挥舞控制器以挥动屏幕上的虚拟剑刃。而神经现实系统则通过脑机接口（Brain Computer Interface，BCI）直接与用户生物对接。从定义上说，脑机接口就是研究如何用神经信号与外部机械直接交互的技术。BCI 是人类大脑连接到机器的一种手段，它可以是侵入式（需要某种种植体）或非侵入式（依靠电极或其他外部技术来检测和引导脑信号）。侵入式的更精确，植入式电极相比头皮贴片而言精确度高得多，可以编码更复杂的命令，比如三维运动。非植入式的则更安全，所以接受程度高很多；如果面向健康人类开发产品，这可能是唯一选择。

专家们预测，BCI 的进步将带来人类进化的新时代，因为这种设备有可能彻底改变人类治疗疾病、学习和沟通等的方式。简而言之，它们将彻底改变人类看待周围世界，以及与之交互的方式。事实上，一些公司已经在新兴的神经现实系统领域取得了创新成果。EyeMynd 于 2013 年由物理学家丹·库克（Dan Cook）创立，其目标是创建一个用户通过意念即可导航虚拟世界的 VR 系统，不需要会打破沉浸感的控制器。库克表示："无论是玩游戏还是别的，当你身处虚拟现实中，你不希望一直担心你的双手在做什么。纯脑电波控制会更好。这将是一种更令人满意的体验，并将实现更高程度的沉浸感。你可以忘记你的身体，只需关注你前面发生的事情即可。"库克把这种体验比作是做梦，他说："在梦中，你无须移动双脚即可实现奔跑。做梦和想象创造了我们可以阅读的大脑信号。借助这一点，你无需眼球即可看见，无需耳朵即可听见，也无需双手和双脚，我们可以绕过所有这一切。"EyeMynd 的系统属于非侵入式类别，这意味着不需要用户进行任何类型的设备植入。相反，用户只需佩戴头显（包括 EEG 传感器）来跟踪他们的脑电波。EyeMynd 不是唯一一家探索通过脑波检测外部技术来使 VR 体验更加"无缝"的公司。位于波士顿的初创公司 Neurable，生物信息学公司 EMOTIV，以及社交网络巨头 Facebook 都在致力于研发非侵入式设备，允许用户通过意念导航虚拟世界。

然而，正如音频技术初创企业 OSSIC 的技术总监乔伊·莱昂斯（Joy Lyons）在 2016 年洛杉矶虚拟现实夏季博览会上所说的那样，无论多么先进，创建新现实的理想硬件不是外部头显，而是"大脑中的一块芯片"。

3. 意念中的世界

在 2017 年初，埃隆·马斯克（Elon Musk）创办了 Neuralink，其目标是开发出尖端技术，通过一系列植入电极把人类大脑与数字世界相连接。在马斯克宣布这一决定后不久，Braintree 创始人布莱恩·约翰逊（Bryan Johnson）宣布了类似的决定，他投资了 1 亿美元来解锁人脑的力量，希望可以编程人类的神经代码。约翰逊的公司 Kernel 正在努力研发世界上第一个神经假体。马斯克预测，人类最终将能够创造出与现实别无二致的计算机模拟，如果这些大脑接口得以实现，它们可以作为人类体验这种模拟的平台，不仅可以看到逼真的数字世界，同时能触摸它，真正感受到它。

在一份关于 Neuralink 推出的详细报告中，蒂姆·厄本（Tim Urban）详细介绍了这一技术将给人类对现实的理解带来怎样的潜在影响——不再需要头显、手套或耳机等外部硬件来欺骗大脑并让其相信面前的虚拟环境是真实存在的，可以编程并触发大脑中认为体验就是现实的相同部分。厄本表示："当然不需要屏幕，因为你可以在视觉皮层中显示一个虚拟屏幕，或者带着所有的感官步入一场 VR 电影。你几乎可以免费体验任何东西。"

当人类在这个新现实中咬下一块比萨饼时，尝试真实比萨饼时所被刺激的大脑部分将会被触发，并提供一种仿佛是在吃比萨饼的感觉；当他/她站在虚拟大西洋的岸边时，这一相同的部分将会被触发，并提供在现实世界中呼吸海风时的感觉。现实世界和虚拟世界将别无二致。对于所有意图和目的，差别将不复存在。

弄清楚神经代码技术实际上能否实现并不容易，克服非技术相关的障碍将会带来额外的挑战，如开发人脑和所有神经元的全面图。选择性脑部手术是一个非常有争议的课题，过去的实验并没有产生如此有前景的结果。Neuralink 和其他志同道合的公司将需要进行多年的研究，这样才能准备进行人工植入。即使如此，也需要克服法规和道德上的障碍。

4. 脑机拓展学习边界

脑机在当下最具前景的教育应用将会是辅助残疾人学习，像理论物理学家霍金这样的运动神经元残疾的病人只要戴上脑电帽,就可以记录和识别一些简单的脑电活动,再加上计算机模式识别的帮助,就可以实现打字、控制轮椅等简单任务,进而像正常人一样学习工作、沟通交流。脑机技术增强的中长期愿景是通过植入"颅内芯片",帮助人提升学习能力、逻辑运算和记忆力。例如,可以成为算术超人——只需想想这个算法,就会立即收到来自"辅助"机器的答案,而无须掏出计算器或智能手机来运算。

而脑机接口技术的长期愿景无疑是在生理上利用神经可塑性,建立和强化关键区域的脑神经联结,进而在心理认知层面加速人的学习进程。目前,技术还完全没有达到读取和操控思维的水平,当前任何一种脑机接口技术都需要使用者非常主动地配合,才能把一定程度的思维活动信息读取出来。至于思维活动信息的写入,更是难上加难。人类的思维活动在时间上是连续的,面对不确定的未来还无法像基因信息那样编辑。即使如此困难,仍有勇敢者不断尝试,比如 MIT 的 Tonegawa 实验室在过去 3 年中先后在转基因小鼠身上,通过光遗传技术实现了一个比特(bit)恐惧信息的删除、修改和写入。也许在未来,会像科幻小说《三体》中提到的一位面壁者希恩斯,发明"全息思维成像"和"思想钢印",实际上就是终极的脑机接口技术,既能精确读出,也能精确写入。

在未来,人们的想法可以被即刻分享和数据化,极大地推动创造知识、学习知识、交流知识的整个过程。在现在的传统学习模式中,需要通过不断地讨论和争辩才能真正理解他人所想,通过不断地笔记才能记住知识点。但是,未来的"心灵感应"技术,将使这一切都能在片刻完成。随着微系统、全脑仿真等技术的进步,意识上传不再是遥不可及的科幻,同时随着脑机接口、脑植入电极以及相关理论研究的进步,用人造神经元逐步替换大脑也将成为可能。

(四)未来技术构想

在过去的几百年里,技术创新一直是经济发展的根本推动力。特别是广为应用的"通用技术",成为这些技术创新中的核心。从早期的蒸汽机、电力、内燃机,到计算机、互联网、云计算,再到当下最火爆的人工智能,它们每一项都催化了互补性创新与机遇的浪潮。面对不确定的未来,人工智能技术将继续发酵,实现与新兴技术的深度融合。在教育领域,随着脑科学、可穿戴设备技术与人工智能的蓬勃发展,微型化、智能化、个性化的学习也变得越来越普及,无处不在的混合技术将进一步深入人的学习,实现对感知、认知与行为的交互干预。其中，强人工智能和 4D 打印技术均属于正在发展中的，有可能对教育产生影响的未来技术。

强人工智能又名通用人工智能，最初是由约翰·罗杰斯·希尔勒（John Rogers Searle）在针对计算机和其他信息处理机器进行创造时提出的，他认为"强人工智能不仅是用于研究人类思维的一种工具，相反，只要运用的程序够好，计算机本身就会有思维"。但这一构想在当时提出时，希尔勒本人也不确定其能否实现，他更像是对理想中的高级人工智能提出了一种愿景。但随着技术的发展，这一设想将逐渐成为可能，在不久的将来，机器将具有真正的推理和解决问题的能力，有自我意识与知觉，可以独立思考并制订解决问题的最优方案。目前看来，最有可能应用的场景是人体机能增进。例如，通过可穿戴设备或更先进的外在手段提高人体机能，特别是提供超过人体极限的那些性能：以外骨骼的形式增强体力；人工耳蜗、应用程序优化或植入磁体监测电流等增强感知；以脑刺激或脑机接入提高注意力，等等。这一切对人体机能的增进都将从根本上改变学习的形态。

在 3D 打印广泛应用于各领域之时，4D 打印技术也悄然而至。所谓 4D 打印，比 3D 打印多了时间维度这一参数，人们可以通过软件设定模型和时间及其关系，变形材料会依照设定的时间按照参数变形为所需的形状。从本质上来说，4D 打印是一种能够自动变形的材料，直接将设计内置到物料当中，不需要连接任何复杂的机电设备，就能按照产品设计自动折叠成相应的形状；4D 物体通过自行组装、变形与修补，实现自动对环境做出反应。该技术是用动态能力（或功能、属性）对材料进行编程，并通过化学、应用电子、颗粒或纳米材料将其改变。相较于静态的 3D 物体，其打印过程还需要人工控制，4D 打印则更顺应数字化制造的本质，即第四度空间的发展——打印随时间变化的物体。目前，4D 打印在生物医学领域及航空领域已取得进展，哈佛大学团队运用其打印转换的组织工程支架，用来支持细胞的生长；美国宇航局工程师运用其打印"太空链邮件"。在教育领域，可以预见，随着个性化学习与自适应技术的发展，关于如何高效准确地提供自适应的学习材料与支持，4D 打印在其中可以发挥相当大的作用。

除了未来技术对教育领域会产生深远影响之外，通信技术的高速演化也加快了历史的进程。从 20 世纪 90 年代的 2G，到 2010 年左右的 4G，信息成为一切技术与网络的基础，通信行业也承担了为应用提供通道的角色。5G 作为新一代蜂窝标准，以其更高速率（eMBB）、更大容量（mMTC）、更低时延高可靠（URLLC），成为支持物联网通信、工业控制和虚拟现实等技术的核心，也将对教育领域的信息化产生影响。它将为"万物相连"提供一个一体化分布式平台，将网络资源、存储、链接与计算包括其中，从根本上提供连接时代最有力的支撑。从高速率角度来看，高速上传下载意味着高清视频的实时播放，工作与学习的云端支持，AR/VR 与游戏化学习相结合，无处不在的媒体传播；从大容量角度来看，最大受益者是物联网，虽然近几年物联网一直占据热门话题，但受限于终端的功耗与网络覆盖，真正意义上的广域物联网还未成形。随着 5G 的出现，智慧城市、智慧校园、学习行为实时追踪等将广泛应用起来；从低延时高可靠角度来看，5G 未来最有效的应用在于远程医疗、远程驾驶及工业控制等，在教育领域则可对远程实时课程提供助力。

未来世界，通信与技术将更加智能及便捷，其对教育产生的影响源远流长，也将继续此消彼长地伴生下去。不同于传统社会靠人与人的连接实现社会传播与互动，新时代的人与物、物与物将组成一个新的链接网络，每个人或每个物都将成为网络中的一个节点，并形成巨大的数据网络。这其中将产生难以想象的互动与联系，这些信息又将进一步推动技术的进步，从而更好地提升体验，这一循环迭代的过程将从根本上改变人类的生活、学习方式，也将颠覆现阶段的教育模式，实现更大程度的自由化与个性化。

参考文献

中文文献

[1] 百度百科："教育部 IC 设计网上合作研究中心"，https://baike. baidu. com/item/教育部 IC 设计网上合作研究中心，检索日期 2017‐9‐28。

[2] 标委会：《CELTSC 标准清单》，http://www. celtsc. org/content/bzlist/26ef87d956c61ece 01581f99fb140b35. html，检索日期 2017‐8‐20。

[3] 邓小平：《在全国教育工作会议上的讲话》，《山西师院》1978 年第 2 期，第 1—5 页。

[4] 丁兴富：《我国远程教育的繁荣、发展和调整——中国远程教育的历史发展和分期(2)》，《现代远距离教育》2001 年第 2 期，第 6—9 页。

[5] 丁兴富：《我国组织实施跨世纪的现代远程教育工程——中国远程教育的历史发展和分期(3)》，《现代远距离教育》2001 年第 3 期，第 7—12 页。

[6] 付子堂：《高技术研究及高技术产业化立法研究》，《科技与法律》1996 年第 1 期，第 49—56 页。

[7] 顾小清，胡艺龄，蔡慧英：《MOOCs 的本土化诉求及其应对》，《远程教育杂志》2013 年第 5 期，第 3—11 页。

[8] 顾小清，王春丽，王飞：《回望二十年：信息技术在教育改革与发展中的历史使命及其角色》，《电化教育研究》2017 年第 6 期，第 9—19 页。

[9] 顾小清，张进良，蔡慧英：《学习分析：正在浮现中的数据技术》，《远程教育杂志》2012 年第 1 期，第 18—25 页。

[10] 顾小清，郑隆威，简菁：《获取教育大数据：基于 xAPI 规范对学习经历数据的获取与共享》，《现代远程教育研究》2014 年第 5 期，第 13—23 页。

[11] 国家教委科技司：《实施"科教兴国"战略推动国家信息化发展》，《管理信息系统》1997 年第 8 期，第 3—8 页。

[12] 何克抗：《从"翻转课堂"的本质，看"翻转课堂"在我国的未来发展》，《电化教育研究》2014 年第 7 期，第 5—16 页。

[13] 何克抗：《大数据面面观》，《电化教育研究》2014 年第 10 期，第 8—16 页。

[14] 何克抗：《论现代教育技术与教育深化改革(下)——关于 ME 命题的论证》，《电化教育研究》1999 年第 2 期，第 21—29 页。

[15] 何克抗：《迎接教育信息化发展新阶段的挑战》，《中国电化教育》2006 年第 8 期，第 5—11 页。

[16] 黄荣怀，陈桄，邬红艳：《建设北京数字学校，打造北京智慧学习环境》，《基础教育参考》2012 年第 21 期，第 8—10 页。

[17] 黄荣怀，沙景荣：《关于中国教育技术学科发展的思考》，《中国电化教育》2005 年第 1 期，

第5—11页。

[18] 黄辛白：《适应教育事业发展需要，努力开创电教工作新局面》，《电化教育研究》1983年第4期，第1—8页。

[19] 教育部：《教育信息化"十五"发展规划（纲要）》，《教育信息化》2003年第4期，第15—18页。

[20] 教育部：《2002—2003年教育信息化发展概况》，http://www. edu. cn/sj_6538/20111215/t20111215_719726. shtml，检索日期2017-8-20。

[21] 教育部：《基础教育课程改革纲要（试行）》，《西藏教育》2003年第1期，第17—19页。

[22] 教育部：《教育部关于印发〈国家教育事业发展第十二个五年规划〉的通知》，http://old. moe. gov. cn//publicfiles/business/htmlfiles/moe/moe_630/201207/139702. html，检索日期2017-8-25。

[23] 教育部：《教育信息化"十三五"规划》，http://www. moe. gov. cn/srcsite/A16/s3342/201606/t20160622_269367. html，检索日期2017-8-25。

[24] 教育部：《教育信息化建设》，http://old. moe. gov. cn//publicfiles/business/htmlfiles/moe/moe_1187/200702/16438. html，检索日期2017-9-30。

[25] 教育部：《教育信息化十年发展规划（2011—2020年）》，《中国教育信息化》2012年第8期，第3—12页。

[26] 教育部办公厅：《关于做好西部中小学现代远程教育工程项目和西部中小学现代远程教育培训中心教师培训项目实施工作的通知》，http://www. moe. edu. cn/jyb_xxgk/gk_gbgg/moe_0/moe_8/moe_23/tnull_192. html，检索日期2017-9-30。

[27] 教育部高教司远程与继续教育处：《"新世纪网络课程建设工程"总体情况介绍》，《中国远程教育》2003年第9期，第67—68页。

[28] 刘博智，宋伟涛：《大数据"导航"学生成长——上海闵行区的教育管理信息化变革》，http://old. moe. gov. cn//publicfiles/business/htmlfiles/moe/s7822/201403/166331. html，检索日期2017-8-13。

[29] 李龙：《"电教百年"回眸——继承电化教育优良传统开创教育技术辉煌未来》，《中国电化教育》2012年第3期，第8—15页。

[30] 李龙：《加强史学研究，促进学科发展（一）——"教育技术史"学科初探》，《电化教育研究》2006年第11期，第3—8页。

[31] 李龙：《加强史学研究，促进学科发展（二）——"教育技术史"学科初探》，《电化教育研究》2006年第12期，第21—26页。

[32] 南国农，李运林编著：《电化教育学》（第二版），高等教育出版社1998年版。

[33] 南国农：《80年代以来中国电化教育的发展》，《电化教育研究》2000年第12期，第3—6页。

[34] 南国农：《从视听教育到信息化教育——我国电化教育25年》，《中国电化教育》2003年第9期，第22—25页。

[35] 南国农：《教育信息化建设的几个理论和实际问题（上）》，《电化教育研究》2002年第11期，第3—6页。

[36] 南国农：《面向21世纪的中国电化教育》，《电化教育研究》1996年第3期，第3—8页。

［37］南国农:《我国电化教育学科建设的回顾与展望》,《华东师范大学学报(教育科学版)》1990 年第 1 期,第 21—30 页。

［38］南国农:《中国教育技术发展概述》,《现代远距离教育》2010 年第 5 期,第 17—18 页。

［39］南国农编著:《中国电化教育(教育技术)史》,人民教育出版社 2013 年版。

［40］裴纯礼,衷克定:《加强与发展普通高等学校文科专业的计算机基础教育》,《教育研究》1996 年第 4 期,第 29 - 33 - 42 页。

［41］任友群,卢蓓蓉:《规划之年看教育信息化的顶层设计》,《电化教育研究》2015 年第 6 期,第 5—14 页。

［42］任友群,郑旭东,吴旻瑜:《深度推进信息技术与教育的融合创新——〈教育信息化"十三五"规划〉解读》,《现代远程教育研究》2016 年第 5 期,第 3—9 页。

［43］谭浩强:《高等学校计算机基础教育改革的新阶段》,《计算机教育》2003 年第 1 期,第 27—28 页。

［44］图书装备专业委员会:《积极发展教育技术,推动教育现代化》,http://www.ceiea.com/html/200902/20090221143955w1nw.shtml♯,检索日期 2017 - 8 - 14。

［45］万玉凤:《教育部在线教育研究中心发布 2016 中国慕课行业研究白皮书》,http://www.moe.edu.cn/jyb_xwfb/s5147/201610/t20161011_284285.html,检索日期 2017 - 8 - 22。

［46］王锡林,常蓬彬:《高等学校计算机基础教育比较研究》,《兰州大学学报》1992 年第 s1 期,第 72 - 77 页。

［47］王珠珠:《国家教育资源公共服务平台及数字资源中心建设与教育资源共建共享》,《中国教育信息化》2013 年第 1 期,第 17 页。

［48］韦钰:《抓住机遇,加快发展我国现代远程教育》,《中国高等教育》2000 年第 12 期,第 9—13 页。

［49］韦钰:《总结经验,积极探索,开创我国教育信息化新局面》,《中国电化教育》1998 年第 12 期,第 5—8 页。

［50］杨宗凯:《"三通两平台"促进教育教学创新——以苏州教育信息化发展实践为例》,《中国教育信息化》2014 年第 9 期,第 17—20 页。

［51］杨宗凯:《大数据驱动教育变革与创新》,http://epaper.gmw.cn/gmrb/html/2017-04/18/nw.D110000gmrb_20170418_3-13.htm,检索日期 2017 - 8 - 12。

［52］祝智庭,管珏琪,刘俊:《个人学习空间:数字学习环境设计新焦点》,《中国电化教育》2013 年第 3 期,第 1—6 页。

［53］祝智庭,管珏琪,邱慧娴:《翻转课堂国内应用实践与反思》,《电化教育研究》2015 年第 6 期,第 66—72 页。

［54］祝智庭,管珏琪:《"网络学习空间人人通"建设框架》,《中国电化教育》2013 年第 10 期,第 1—7 页。

［55］祝智庭,闫寒冰:《〈中小学教师信息技术应用能力标准(试行)〉解读》,《电化教育研究》2015 年第 9 期,第 5—10 页。

［56］祝智庭:《关于教育信息化的技术哲学观透视》,《华东师范大学学报(教育科学版)》1999 年第 2 期,第 11—20 页。

［57］祝智庭:《中国教育信息化十年》,《中国电化教育》2011 年第 1 期,第 20—25 页。

［58］邹家华:《加快推进国家信息化》,《求是》1997 年第 14 期,第 2—6 页。

英文文献

［1］ Arias, E., Eden, H., Fischer, G., Gorman, A., & Scharff, E., "Transcending the individual human mind—creating shared understanding through collaborative design". *ACM Transactions on Computer-Human Interaction（TOCHI）*, 2000(7), pp. 84 – 113.

［2］ BBC NEWS, "Havard plans to boldly go with 'SPOC'", http://www. bbc. co. uk/news/business-24166247, 检索日期 2017 – 7 – 22.

［3］ Brown, J. S., & Duguid, P., "Organizational learning and communities-of-practice: Toward a unified view of working, learning, and innovation", *Organization science*, 1991(2), pp. 40 – 57.

［4］ Brush, T., Glazewski, K. D., & Hew, K. F., "Development of an instrument to measure preservice teachers' technology skills, technology beliefs, and technology barriers", *Computers in the Schools*, 2008(25), pp. 112 – 125.

［5］ Cabrol, M. & Severin, E., "ICT to improve quality in education —A conceptual framework and indicators in the use of information communication technology for education (ICT4E) In European Commission", in: Joint Research Centre, eds. *Assessing the effects of ICT in education — Indicators, criteria and benchmarks for international comparisons*. Luxembourg: Publications Office of the European Union, 2009, pp. 83 – 106.

［6］ Engeström, Y., "Expansive learning at work: Toward an activity theoretical reconceptualization". *Journal of education and work*, 2001(14), pp. 133 – 156.

［7］ Engeström, Y., & Sannino, A., "Studies of expansive learning: Foundations, findings and future challenges". *Educational research review*, 2010(5), pp. 1 – 24.

［8］ Fu, J. S., "ICT in education: A critical literature review and its implications", *International Journal of Education and Development using Information and Communication Technology*, 2013(1), p. 112.

［9］ Glaeser, E. L., Scheinkman, J., & Shleifer, A., "Economic growth in a cross-section of cities", *Journal of monetary economics*, 1995(36), pp. 117 – 143.

［10］ Hutchison, A., & Reinking, D., "Teachers' perceptions of integrating information and communication technologies into literacy instruction: A national survey in the United States", *Reading Research Quarterly*, 2011,46(4), pp. 312 – 333.

［11］ K. Collins, R. Ison, "Living with environmental change: adaptation as social learning", *Environmental Policy and Governance*, 2009(19), pp. 351 – 357.

［12］ Kikis, K., Scheuermann, F., & Villalba, E., "A framework for understanding and evaluating the impact of information and communication technologies in education In European Commission", in: Joint Research Centre, eds. *Assessing the effects of ICT in education — Indicators, criteria and benchmarks for international comparisons*. Luxembourg: Publications Office of the European Union, 2009, pp. 69 – 82.

［13］ Lucas, R. E., "On the mechanics of economic development", *Journal of monetary economics*, 1988(22), pp. 3 – 42.

［14］ Machin, S. et al., "New technologies in schools: Is there a pay off?", http://ftp. iza. org/

dp2234. pdf♯search＝％22New％20technologies％20in％20schools％3A％20，检索日期 2017－8－10.

[15] OECD, "Students, computers and learning: making the connection", http://dx. doi. org/ 10. 1787/9789264239555-en，检索日期 2017－8－25.

[16] Oremus, W. , "Forget MOOCs: Free online classes shouldn't replace teachers and classrooms. They should make them better", http://www. slate. com/articles/ technology/technology/2013/09/spocs_small_private_online_classes_may_be_better_than_ moocs. html，检索日期 2017－7－22.

[17] Roberts, J. , "Can technology genuinely reduce teacher workload?", http://www. advanced-learning. co. uk/wp-content/uploads/2016/03/Can-Technology-Genuinely-Reduce-Teacher-Workload-2. pdf，检索日期 2017－8－14.

[18] Reid, S. , "The integration of ICT into classroom teaching", *Alberta Journal of Educational Research*, 2002(48), pp. 30－46.

[19] Romer, P. M. , "The origins of endogenous growth", *Journal of economic perspectives*, 1994(8), pp. 3－22.

[20] Sánchez, J. J. C. , & Alemán, E. C. , "Teachers' opinion survey on the use of ICT tools to support attendance-based teaching", *Computers & Education*, 2011(3), pp. 911－915.

[21] Simon, C. J. , "Human capital and metropolitan employment growth", *Journal of Urban Economics*, 1998(43), pp. 223－243.

[22] Solow, R. M. , "Technical change and the aggregate production function", *The review of Economics and Statistics*, 1957, pp. 312－320.

[23] Tezci, E. , "Factors that influence pre-service teachers' ICT usage in education", *European Journal of Teacher Education*, 2011(34), pp. 483－499.

[24] UNESCO, "Learning to be: The world of education today and tomorrow", http:// unesdoc. unesco. org/images/0010/001095/109590eo. pdf，检索日期 2017－8－10.

[25] UNESCO, "Learning: The Treasure With-in", http://unesdoc. unesco. org/images/ 0000/000018/001801e. pdf，检索日期 2017－8－10.

[26] UNESCO, "Rethinking Education: Towards a global common good?", http://unesdoc. unesco. org/images/0023/002325/232555e. pdf，检索日期 2017－8－11.

[27] World Economic Forum, "New Vision for Education: Unlocking the Potential of Technology", http://www3. weforum. org/docs/WEFUSA _ NewVisionforEducation _ Report2015. pdf，检索日期 2017－8－14.

图书在版编目(CIP)数据

从辅助教学到重塑生态：教育信息化发展之路/顾小清等著.
—上海：华东师范大学出版社，2018
(教育现代化的中国之路.纪念教育改革开放40年丛书)
ISBN 978 - 7 - 5675 - 7712 - 1

Ⅰ.①从…　Ⅱ.①顾…　Ⅲ.①教育工作-信息化-研究-
中国　Ⅳ.①G52

中国版本图书馆 CIP 数据核字(2018)第 155371 号

教育现代化的中国之路——纪念教育改革开放 40 年丛书

从辅助教学到重塑生态
——教育信息化发展之路

著　　者　顾小清等
组稿编辑　张俊玲
项目编辑　袁梦清
审读编辑　程云琦
责任校对　时东明
装帧设计　高　山

出版发行　华东师范大学出版社
社　　址　上海市中山北路 3663 号　邮编 200062
网　　址　www.ecnupress.com.cn
电　　话　021 - 60821666　行政传真 021 - 62572105
客服电话　021 - 62865537　门市(邮购)电话 021 - 62869887
地　　址　上海市中山北路 3663 号华东师范大学校内先锋路口
网　　店　http://hdsdcbs.tmall.com

印 刷 者　杭州日报报业集团盛元印务有限公司
开　　本　787×1092　16 开
印　　张　20.25
字　　数　320 千字
版　　次　2018 年 7 月第 1 版
印　　次　2018 年 7 月第 1 次
书　　号　ISBN 978 - 7 - 5675 - 7712 - 1/G·11118
定　　价　78.00 元

出 版 人　王　焰

(如发现本版图书有印订质量问题,请寄回本社客服中心调换或电话 021 - 62865537 联系)